Friedhelm Vahsen · Gudrun Mane

Gesellschaftliche Umbrüche und Soziale Arbeit

AF167909

VS RESEARCH

Friedhelm Vahsen
Gudrun Mane

Gesellschaftliche Umbrüche und Soziale Arbeit

VS RESEARCH

Bibliografische Information der Deutschen Nationalbibliothek
Die Deutsche Nationalbibliothek verzeichnet diese Publikation in der
Deutschen Nationalbibliografie; detaillierte bibliografische Daten sind im Internet über
<http://dnb.d-nb.de> abrufbar.

Die in diesem Buch wiedergegebene empirische Studie zur Lebenslage
von russlanddeutschen Jugendlichen wurde aus Mitteln des
Niedersächsischen Ministeriums für Wissenschaft und Kunst
im Rahmen der Arbeitsgruppe Innovative Projekte (AGIP) finanziert.

1. Auflage 2010

Lektorat: Dorothee Koch / Dr. Tatjana Rollnik-Manke

VS Verlag für Sozialwissenschaften ist Teil der Fachverlagsgruppe
Springer Science+Business Media.
www.vs-verlag.de

Umschlaggestaltung: KünkelLopka Medienentwicklung, Heidelberg
Gedruckt auf säurefreiem und chlorfrei gebleichtem Papier
Printed in Germany

ISBN 978-3-531-17160-9

Inhalt

1 Einleitung: Soziale Arbeit im Wandel - Gespräche in einer Szenekneipe

Dieses Buch handelt von den Grundlagen sozialarbeiterischen Handelns in Zeiten der Auflösung gesellschaftlicher Bindungen, der Verunsicherung, zunehmender Armut aber auch sprunghafter Entwicklung gesellschaftlicher Strukturen und Veränderung der Anforderung an die Profession Soziale Arbeit.

Es geht um den Stellwert einiger ausgewählter soziologischer Erklärungsansätze für die Soziale Arbeit und die Überprüfung ihrer Leitorientierung für die Beschreibung des Lebens in der „flüchtigen" Moderne, wie Zygmunt Bauman die derzeitige gesellschaftliche Situation benennt.

Ein besonderes Augenmerk richtet sich auf die Aspekte der Migration, den Diskurs um Menschenrechte, alltagsorientierte Soziale Arbeit und Prozesse, die über die jeweilige Gesellschaft hinausragen, also transnationale und transkulturelle. Die Auswahl der dargestellten Theorien ist selektiv, aber nicht beliebig, und umfasst bewusst auch populär-wissenschaftliche Erklärungsansätze.

Es geht um die Darstellung unterschiedlicher Aspekte der zukünftigen demographische Entwicklung, Veränderungen im Zusammenleben der Menschen, die Auswirkungen der Netzwerkgesellschaft und gesellschaftliche Mechanismen der „Entbettung" des Einzelnen aus sozialen Bezügen und Bindungen.

Die dargestellten theoretischen Ansätze sollen auf ihren Erklärungsgehalt für Soziale Arbeit als Profession und Disziplin hin überprüft werden. Geben sie Handlungsorientierung für die Soziale Arbeit, moralisch-ethische Leitlinien zur Gestaltung der sozialen Beziehungen in einer sich grundlegend wandelnden Gesellschaft? An welchen gesellschaftstheoretischen Erklärungsmustern orientiert sich Soziale Arbeit? Lassen sich daraus Hinweise für die weitere Entfaltung einer umfassenden Theorie ableiten?

Doch verfolgen wir die Entwicklung der Sozialen Arbeit zunächst anhand mehrerer Kneipengespräche im Ablauf der letzten Jahrzehnte. Hier lassen sich Trends, Moden, Orientierungen und veränderte Methoden lokalisieren.

Einige - fiktive - Gespräche in einer In-Kneipe, von Sozialpädagogen und Dozenten seit vielen Jahren als Stammkneipe auserkoren, soll in der Abfolge der Jahre den Wandel der theoretischen Orientierungen verdeutlichen.

Szene 1

Ein Architekturstudent, nennen wir ihn Peter, fragt im Jahre 1973 in unserer kleinen Rückschau eine Sozialpädagogin, mit der er am Tresen ins Gespräch kommen will: „Was studierst Du eigentlich?" Die Studentin im dritten Semester, nennen wir sie Sabine, eine der ersten, die an der Fachhochschule Sozialpädagogik studiert, die den Typ ganz nett findet und auch gerne mit ihm flirten will, druckst etwas verlegen herum, kramt in ihrem Gedächtnis: „Was haben die noch mal im Seminar „Gesellschaftliche Funktion" der Sozialpädagogik gesagt, diese vier Hochschullehrer, die zusammen eine Veranstaltung zum Kontext von Sozialer Arbeit, kapitalistischer Struktur und Entwicklung anbieten? Soziale Arbeit als Sozialisationsagentur, als Oppressionsagentur, als Disziplinierungsinstanz, als Feuerwehr, die immer zu spät kommt? Verlegen murmelt sie etwas von „Randgruppentheorem, Emanzipation aus der Klassengesellschaft, Hilfe zur Veränderung der Klassenlage des Proletariats, insbesondere der Ausgebeuteten und sozial Deklassierten".

Der angehende Architekt schaut verwundert. „Was macht ihr denn in der Praxis und was habt ihr für Grundlagen für euer Studium?" Sabine verweist auf die „Blauen" Bände – die Marxsche Gesamtausgabe, auf Zeitschriften wie „Erziehung und Klassenkampf", Bücher wie „Gefesselte Jugend", „Sozialarbeit unter kapitalistischen Produktionsbedingungen", vielleicht auch noch, da sie belesen ist, auf Mollenhauers Einführungswerke, „die man jedoch mit Vorsicht genießen soll, da hier der Klassenstandpunkt nicht sauber herausgearbeitet wäre."

„Außerdem werden wir nächste Woche mit Obdachlosen das Sozialamt besetzen und dann noch mit Jugendlichen ein selbst verwaltetes, autonomes Jugendzentrum in einer ehemaligen Tankstelle ausbauen."

Der Architekturstudent erschrickt, als er die Studentin vom revolutionären Elan reden hört, vom Verteilen von Flugblättern vor dem Fabriktor, von der Notwendigkeit der Transformation der kapitalistischen Gesellschaft, denn er will sein klar strukturiertes Studium an der berühmten Bauakademie mit guten Noten beenden, dann im Bauunternehmen des Vaters anfangen und später den Betrieb übernehmen. Langsam rutscht er von Sabine weg.

War nicht nächste Woche sein Verbindungstreffen? Aber mit so Einer könnte er dort nicht auflaufen. Besser die Finger davon lassen. Sabine, die seine Skepsis bemerkte, murmelt etwas von fehlendem Klassenbewusstsein und wendet sich erleichtert einem ihr bekannten Kommilitonen zu, den sie aus dem Seminar „Gesellschaftliche Funktion" kennt und der schon wiederholt prägnante Beiträge zur Beschreibung der Klassenlage des Proletariats in Deutschland geliefert hat.

Szene 2: wir schreiben das Jahr 1980

Die selbe Kneipe, das Interieur weitgehend unverändert. Nach wie vor treffen sich hier Studierende und Dozenten und mittlerweile auch Ehemalige des Fachbereiches der Uni Ochtersum, wie es im Jargon heißt.

Wieder Zwei am Tresen, diesmal Michael und Christine. Michael vergewissert sich mit einem heimlichen Blick auf die neben ihm stehende Christine ihrer weiblichen Formen, die auch die lila Latzhose nicht ganz verbergen kann, hier handelt es sich um eine hübsche Zwanzigjährige. Vermutlich studiert sie Sozialpädagogik, denn dort studieren überwiegend Frauen. Da ihm nichts Besonderes einfällt, stellt er sein Bierglas ab und wendet sich Christine zu, die leicht gelangweilt den verqualmten Raum mustert, vielleicht ist jemand aus ihrer Frauengruppe hier.

Michael versucht Kontakt zu finden: „Was studierst Du denn?" Christine mustert Michael von oben bis unten. Sie, die gerade Alices Schwarzers Buch „Der kleine Unterschied" gelesen hat, fährt Michael voller Empörung an: „Blöde Anmache! Lass dir etwas Besseres einfallen, wenn Du mit mir sprechen willst. Außerdem habe ich deinen sexistischen Blick auf mich genau registriert!"

Michael will sich schon frustriert abwenden. „Blöde Emanze", denkt er, aber wagt es nicht laut zu sagen, denn er studiert auch Sozialpädagogik. Da fährt Christine fort: „Wenn Du es genau wissen willst, ich studiere Soziale Arbeit und setze mich intensiv mit feministischer, parteilicher Sozialpädagogik auseinander. In unserem feministischen Frauenseminar, an dem Männer ausdrücklich nicht teilnehmen dürfen", fährt sie triumphierend fort, „diskutieren wir intensiv feministische, psychologische Ansätze und haben das Freudschen Libidotheorem als männlichkeitsbezogenen, patriarchalischen Interpretationsansatz entlarvt: Die Annahme einer ödipalen Phase ist genauso redundant wie die Fixierung auf den Phallus in der Theorie von Sigmund Freud." Michael ist beeindruckt, wagt nicht zu widersprechen und überlegt, wie er den Faden aufnehmen kann. Schließlich möchte er ja gerne anbandeln.

„Also, bei uns im Männerseminar", setzt er einschmeichelnd an, „haben wir das Habermas'sche Papier zur Sozialisationstheorie gelesen und jetzt diskutieren wir da so ein neues Buch eines Psychoanalytikers aus Berlin, glaube, er heißt Wiek, der herausgearbeitet hat, „Männer lassen lieben", so in etwa lautet der Titel."

Christine ist erstaunt, offensichtlich doch nicht ein völliger Chauvi, sondern ernsthaft bemüht, sein patriarchalisches Ego zu hinterfragen. „Wir können ja vielleicht gemeinsam ein Paper für das Seminar ‚Beratung und Therapie in der Sozialen Arbeit' anfertigen, derzeit <u>das</u> Seminar am Fachbereich. Außerdem könnten wir uns auch im Seminar zur Diskussion der ‚Alltagsorientierten Wende der Sozialpädagogik' treffen. Hier soll abgeklopft werden, inwieweit der

Thiersch'sche Ansatz tragfähig für Soziale Arbeit ist. Im feministischen Seminar wurde vorgeschlagen, ,den Thiersch gegen den Strich gebürstet zu lesen', dann hätte er durchaus vernünftige Anregungen in seinem Grundlagenartikel in der Neuen Praxis vor zwei Jahren formuliert, um aus der Klassenfixierung der antikapitalistischen Sozialarbeit herauszukommen. Allerdings fehlt der feministische Ansatz."

Szene Drei: Wir schreiben das Jahr 1990
Wieder dieselbe Kneipe. Das Interieur ist geblieben. Jetzt treffen sich dort nur noch Studierende und Ehemalige. Dozenten nicht mehr. Die Preise sind gestiegen. Die Ehemaligen sind teilweise etabliert, sie befinden sich auf dem Marsch durch die Institutionen.

Ulrike und Norbert am Tresen. Er Bauingenieurstudent, sie wiederum Studierende der Sozialpädagogik. Ulrike mustert Norbert, der neben ihr steht, genau. Gar nicht so schlecht der Typ. Entschieden wendet sie sich ihm zu: „Was studierst Du denn?"

Norbert antwortet präzise: „Ich werde Bauingenieur, spezialisiere mich auf Hoch- und Tiefbau, bin im 5. Semester und werde demnächst ein Praktikum in Russland machen. Wir haben ja guten Kontakt zu russischen Universitäten."

Ulrike ist beeindruckt. „Was studierst denn Du?", nimmt Norbert den Faden auf. „Ich studiere Sozialpädagogik und hier insbesondere: Umgestaltung Sozialer Organisationen, außerdem psycho-soziale Beratungsmethoden der Sozialen Arbeit. Nächste Woche fahre ich in die Toskana zu einem Gestalttherapieseminar der renommierten Würzburger Schule." Norbert ist beeindruckt. „Vielleicht werde ich mich später selbständig machen, auf jeden Fall werde ich mich noch zur Kinder- und Jugendpsychotherapeutin ausbilden lassen", fährt Ulrike fort.

Szene Vier: Wir schreiben das Jahr 2008
Wieder treffen sich zwei Studierende in der Kneipe: Beide sind im Bachelor-Studiengang Soziale Arbeit, der den Diplomstudiengang Sozialpädagogik/ Soziale Arbeit abgelöst hat.

Sie, Karin, Studienanfängerin wendet sich direkt an ihren Nachbarn: „Dich habe ich schon in der Modulveranstaltung 2, ,professionelle Identitätsbildung' gesehen, im Modul 1 ,Mentoring' außerdem im Modul 4, ,Handlungsfelder' und in der Einführungsveranstaltung. Hast Du eine SL oder PL angemeldet? Was verlangt Dein Dozent dafür? Was ist denn ,aktive Teilnahme'?"

Karin ist sichtlich verunsichert. Der neue Studiengang sollte doch mehr Klarheit in die Studienstruktur bringen. Doch offensichtlich sind die vielen Aufteilungen des Studiengangs nicht immer einsichtig. „Wie viele credit-points machst Du denn in diesem Semester? Kannst Du mir etwas über die work-loads zu der Veranstaltung sagen", entgegnet Holger, ebenfalls Student im 1. Semester.

Karin wechselt das Thema: „Hast Du gestern auch im Seminar ‚Gesellschaftlicher Wandel' das Referat zu den Thesen von Lutz zum Wandel der Sozialen Arbeit gehört. Offensichtlich gibt es in Zukunft - nach seiner Auffassung - zwei Arten Sozialer Arbeit, die der Suppenküchen, Randständigen, drop-outs und die der Förderungsfähigen und -willigen. Sie oszilliert in Zukunft zwischen Aktivierung, Case-Management, Agency und „fürsorglicher Belagerung" hin und her. Kontraktmanagement ist das Stichwort. Mit den Modellen der Kontextsteuerung kommt Soziale Arbeit in der Sozialwirtschaft an. Lutz meint, das Soziale müsse reformuliert werden, es gäbe keine Parteilichkeit der Hilfe mehr, das so genannte Doppelte Mandat habe sich aufgelöst."[1]

„Wie siehst Du das?", wendet sich fragend eine sichtlich verunsicherte Karin an ihren Kommilitonen. Hatte sie nicht deshalb Soziale Arbeit studieren wollen, da sie anderen Menschen helfen wollte?

Auch ein Blick auf Vorlesungsverzeichnisse der letzten Jahrzehnte belegt: Die Studieninhalte in der Sozialen Arbeit haben sich mehrfach verändert. Der Blick der Studierenden auf Studienziele und Seminarinhalte und die Vorstellungen über ihre Berufsrollen unterlag offensichtlich mehreren Wandlungsprozessen.

Es ist zu vermuten, dass diese Veränderungen mit gesellschaftlichen, sozialen Wandlungsprozessen korrespondieren, die hinter dem Rücken der Akteure, hier den Lehrenden und Lernenden, Lerninhalte gewandelt haben. Die Vorstellung der Erziehung zur Normalität nach Otto/Seelmeyer, ein Kernparadigma der Sozialen Arbeit, unterliegt selbst dem Wandel der Vorstellungen über das, was Normalität repräsentiert (Otto/Seelmeyer, 2004:50ff.).

Die Darstellung einzelner theoretischer sozialwissenschaftlicher Beschreibungen und Erklärungen der gesellschaftlichen Entwicklung, aber auch von Veränderungen und Brüchen soll zum einen soziale Wandlungsprozesse verdeutlichen. Zum anderen soll aber auch aus der Analyse und Beschreibung dieser Theorien zum Leben in der Moderne ein Bogen zur Situation der Sozialen Arbeit geschlagen werden.

Ziel ist es, einen Erklärungsrahmen für die unterschiedlichen Lebenschancen und -möglichkeiten zu liefern, der das Verstehen von gesellschaftlichen Einflüssen auf das Leben des Einzelnen erleichtert. Es geht also um grundlegende Darstellungen. Die Auswahl der herangezogenen Theorien ist selektiv, aber doch an aktuellen Diskursen orientiert und an ihrem Bezug zu sozialen

---

[1] Auf den Artikel von Lutz wird weiter unten eingegangen.

Fragestellungen, Problemen und der Erfassung von Lebenslagen Einzelner und spezifischer Gruppen. Es werden sowohl - im soziologischen Sinn - fachbezogene Theoriestränge, als auch mehr alltäglich-prägnante, populärwissenschaftliche Erklärungsmuster zum Leben in der Moderne, aber auch deren weiteren Entwicklung aufgegriffen. Den roten Faden bildet die Frage nach der optimistischen oder pessimistischen Einschätzung der Entwicklungschancen unserer Gesellschaft insgesamt. Dazu werden einzelne Theoriestränge anhand prägnanter Autoren entwickelt. Ein wichtiger Bezugspunkt ist die Frage nach der gesellschaftsübergreifenden Strukturierung des Lebens im Prozess der transnationalen, transkulturellen Ausgestaltung der umfassenden Globalisierung. Neben der Frage nach Migrationsprozessen, ethnischen Ausgrenzungs- und Integrationsmechanismen, verdeutlicht an der Lebenssituation von Russlanddeutschen, wird auf der Binnenebene nach grundlegenden Veränderungen gefragt, hier bezogen auf demographischen Wandel, Generationenbezug und familiale Orientierung. Die Darstellung entwickelt sich über eine knappe historische Rückschau hin zu einer zusammenfassenden Darstellung einzelner Erklärungsansätze zur Beschreibung des Jetzt und der antizipierten zukünftigen Gestalt der Gesellschaft. Dies wiederum soll dann zu einer Diskussion der Rolle der Sozialen Arbeit verdichtet werden.

Dabei schwingt die Frage mit, ob es einen Gemeinschafts- oder Sinnverlust in der Moderne gibt, Ethik und Moral sich geändert haben und inwieweit die Gesellschaft gestaltbar ist. Im Sinne der semantischen und strukturellen Inhalte von Moderne geht es um vier Unterscheidungsmöglichkeiten: zeitlich, sachlich, normativ und sozialräumlich (vgl. Nassehi 2003:152ff.). Insofern ist auch zu fragen, ob sich die Paradigmen der Sozialen Arbeit grundlegend verändert haben in der (Neu-)Konturierung einer Gesellschaft mit extremen Widersprüchen, erodierenden Milieus und zunehmender Polarisierung.

2 Generelle Aspekte: Soziale Arbeit zwischen Markt und gesellschaftlichen Umbrüchen auf der Suche nach der eigenen Identität

Soziale Arbeit steht an einem Scheideweg: Ökonomisierung und Erbringung von Dienstleistung sind zwei Stichworte, von Einigen als zentrale Momente auf dem Wege zur Vernünftigkeit und Rationalität sozialpädagogischen Handeln deklariert. Case-Management ist dabei die zentrale Methode. Effizienz und Rationalität schimmern so in der Sozialen Arbeit als quasi betriebswirtschaftliche Ansätze auf und verleihen dem Beruf methodisch klares Gerüst und dienen als Leitschnur.

Dies wird von einigen begrüßt, von Anderen als ein herber Verlust der Grundstruktur sozialarbeiterischer Profession gesehen, die auf dem Klienten-Sozialarbeiter-Bezug aufbaut, der paradigmatisch auf der stellvertretenden Deutung und Hilfe durch den Sozialarbeiter und dem Aushandeln zwischen Klient und Sozialarbeiter beruht. Sie will dem Einzelnen Möglichkeiten seines Handelns eröffnen, die er realisieren kann, ihm aber auch offen lassen, seine eigenen Vorstellungen zu entfalten.

Generell erscheint für viele die Sozialraumorientierung ein Fix- und Angelpunkt sozialarbeiterischen Handelns zu sein, der Ort, an dem sich - als alles übergreifende Lösung - unterschiedliche Handlungsansätze und divergierende methodische Ansätze vereinigen lassen, die zusammengefasst der Sozialen Arbeit eine neue Struktur verleihen.

Doch was können eigentlich noch Grundlagen der Sozialen Arbeit sein, in Zeiten von Auflösung, Unsicherheit, zunehmender Spaltung der Gesellschaft? Bauman schreibt vom „Verworfenen Leben", von den Ausgegrenzten der Moderne. Die Gesellschaft erscheint als bedrohlich und zerstörerisch. Mit der Moderne entfaltet sich nicht eine moderne Gesellschaft, sondern Menschen werden an den Rand gedrängt. Sie sind überflüssig, bestenfalls noch Teilnehmer an Massenkommunikationsprozessen und willkommene Konsumenten.

Andrerseits besteht die Welt nicht nur aus Armen und Ausgegrenzten, die Menschen richten sich in den Verhältnissen ein, gestalten sie, stellen sich gegen Marginalisierung und entwickeln „Widerstandsidentitäten" wie es Manuel

13

Castells formuliert. Dies betrifft lokale Projekte des Sich-Wehrens genauso wie gesellschafts- und nationenübergreifende Ansätze gegen Globalisierung und Umweltzerstörung.

Wo befindet sich in dieser spannungsreichen Situation Soziale Arbeit? Schon unsere Kneipengespräche signalisieren den Wandel der Orientierungsmuster, der Methoden, der Lehrinhalte und der normativen Vorstellungen über Soziale Arbeit.

In diesem Beitrag zur Analyse der Lage der Sozialen Arbeit geht es nicht um die unterschiedlichen Methoden, die Diskussion ihrer Ansätze und Reichweite, sondern vielmehr um die Frage: Gibt es ein Gerüst gesellschaftstheoretischer Orientierungsmuster für die Soziale Arbeit? Ein Gerüst, das nicht auf ein vermeintliches Mandat pocht, auf passgenaue Handlungsanweisungen für die jeweilige berufliche Praxis, sondern vielmehr einen Orientierungsrahmen für soziales Handeln in umbrechenden Gesellschaftsstrukturen bietet. Es geht auch nicht um ein Darstellungsmonopol spezifischer Erklärungsansätze und die Beanspruchung von Stimmigkeit bestimmter Denktraditionen und Schulen.

Dennoch werden hier Landkarten gesucht, die der sozialarbeiterischen Orientierung dienen können, jenseits allzu pragmatischer Handlungsanweisungen, die aus dem Blick einer spezifischen Handlungssituation allumfassende Gültigkeit beanspruchen. Ziel ist also weder die Umgrenzung klarer Handlungsanweisungen noch die handlungsmethodische Füllung einer spezifischen Alltagspragmatik.

Mit Talcot Parsons könnte man von einem frame of reference sprechen, einem Bezugsrahmen, den es zu umgrenzen gilt. Es soll versucht werden, vorhandenen Ideen und Beschreibungen des Lebens in der Moderne nachzuspüren und diese in eine gewisse Systematik zu bringen. Der alltagstheoretische Bezug zu populärwissenschaftlichen Diagnosen und Prognosen wird bewusst gewählt, da ihre Verbreitung und damit vielleicht auch Aufnahme und Akzeptanz bisweilen größer sein mag als bei einem (wissenschaftssprachlich) hochkonzentrierten, fachlich interessanten, aber wenig rezipierten Werk.

3 Theoriegeschichte - die alltagsorientierte Wende der Sozialen Arbeit

In der Nachkriegszeit fand die Theorie der Sozialen Arbeit sicherlich einen Kulminationspunkt in den Schriften von Mollenhauer, Müller und Kentler.

Die schon von Nohl beabsichtigte Erweiterung der Jugendfürsorge durch Jugendpflege wurde unter dem Aspekt der Jugendbildung weiter ausformuliert und die praktische Erfahrung in der Jugendarbeit fand ihren Niederschlag in den Schriften zur offenen Jugendarbeit.

Mollenhauer spürte den Wurzeln der Sozialpädagogik in der industriellen Gesellschaft nach und in der sich ausgestaltenden Bundesrepublik erschloss die Theorie der Sozialen Arbeit emanzipatorische Ansätze der Öffnung von Gestaltungsräumen für Jugendliche, sei es in Jugendzentren, auf Reisen oder auch in unterschiedlichen Freizeit- und Bildungsstätten.

Diese Entwicklung fand dann in den 70er Jahren eine deutliche Veränderung mit der Studentenbewegung, der Politisierung der Jugend- und Erwachsenenbildung. Oskar Negts „Soziologische Phantasie und exemplarisches Lernen" regte Pädagogen an, neue Pfade der Bildungsarbeit zu beschreiten.

Die Theorie der Sozialen Arbeit spitzte sich deutlich zu: Mobilisierung der Randgruppen (Herbert Marcuse) und deren Emanzipation, aber auch die der Benachteiligten insgesamt wurde zum zentralen Ansatz.

Abstrakt zusammengefasst, lässt sich die Entwicklung der Sozialpädagogik seit den 70ern unter verschiedenen Aspekten beschreiben:

Tabelle 1: Dimensionen der Ausdifferenzierung

Theoriegeschichtlich	Wie entfalten sich einzelne Theoreme der Sozialen Arbeit?
Rechtlich	Wie werden rechtliche Standards gesetzt und weiterentwickelt?
Institutionsgeschichtlich	Wie differenzieren sich Institutionen der Sozialen Arbeit und welche Veränderungen erfahren sie?
Hochschulpolitische Aspekte	Wie verändert sich die Ausbildung der Sozialen Arbeit und Erziehung?

In den 70er Jahren war Sozialarbeit eindeutig in ihrer wilden Phase. Lehrbücher die zwischen 1970 und 1975 entstanden, trugen Titel wie „Sozialarbeit unter kapitalistischen Produktionsbedingungen", „Gefesselte Jugend – Fürsorge und Erziehung im Kapitalismus", die Zeitschriften hatten Titel wie „Erziehung und Klassenkampf", „Proletarische Erziehung" usw.

Es war die Zeit, als an den Hochschulen Marx/Engels rezipiert wurden und Sozialarbeit ein Vehikel sein sollte, den gesellschaftlichen Wandel herbeizuführen, die kapitalistische Gesellschaft zu transformieren und in eine „befreite" zu überführen.

Sozialarbeit sollte antikapitalistische Bildungsarbeit sein, sollte die Randgruppen zum Klassenkampf mobilisieren und in den Kinderläden - eine Antwort auf die etablieren bürgerlichen Kindergärten - sollten die Kinder antiautoritär erzogen werden, ohne Pressionen und in so genannten Produktionsspielen mit der Lage der Arbeiterklasse vertraut gemacht werden.[2] Repressionsfreie Erziehung jenseits der Ketten der bürgerlichen (Sexual-)Moral war das Schlagwort.

Diese revolutionäre Phase der Sozialarbeit dauerte bis etwa Mitte der 70er Jahre. Gleichzeit wurde Sozialpädagogik zu einem beliebten Studienbereich, nicht zuletzt durch die Begründung der Fachhochschulen im Jahre 1971 gefördert.

Die Theorieproduktion wurde weitgehend von Soziologen getragen. Hans Uwe Ottos Bände „Gesellschaftliche Perspektiven der Sozialpädagogik" waren wegweisend. Der sozialpädagogische Diskurs wurde von der Gesellschaftstheorie nicht zuletzt der Frankfurter Schule getragen und zugleich eingeengt. Es gab Definitionsmächte in den Hochschulen, die die richtige Theorie vorgaben. Diese war - was dies auch immer bedeutete - links.

Untersucht wurde das Lohnarbeiterverhältnis der Erzieher, die Qualifikationsfunktion der Sozialen Arbeit für die industrielle Produktion. Ein zentrales Thema war die schichtenspezifische/klassenspezifische Benachteiligung durch unterschiedliche Sprachcodes. Kurz: Das Soziale hatte Renaissance und wurde zur verursachenden Variablen (fast) aller Tendenzen und Prozesse abweichenden Verhaltens. Pädagogik hatte kritisch zu sein. Unkritisch zu sein, nicht den richtigen Standpunkt zu haben, galt als schlimmstes Verdikt und wurde an Hochschulen das Schlagwort zur Anfeindung und Ausgrenzung anderer.

Da diese Phase zu Verletzungen und Kränkungen führte, warteten viele auf das Ende der Staatsmonopoltheorien, der revisionistischen Positionen, kurz des Streits um den richtigen Weg zur befreiten Gesellschaft.

---

[2] Als Pendant dazu fand sich später in der damaligen DDR ein Vorschulbuch in dem als didaktische Einheit der Aufbau eines Truppenübungsplatzes demonstriert wurde.

Diese Zeit bedarf noch genauerer Aufbereitung und kann als Lehrstück gesehen werden über das Verhältnis von Zeitgeist, Wissenschaft und Pädagogik im Allgemeinen und Besonderen.

Allerdings bleibt eine Neuorientierung der Sozialpädagogik aus dieser Zeit bestehen: Die Erforschung der Institutionen gerät in den Mittelpunkt der Analysen, deren Stigmatisierungswirkung und deren Kontrollwirkung (Niemeyer 1998:237). Dies Thema ist derzeit wieder aktuell durch die Untersuchung der kirchlichen Einrichtungen für „Fürsorgezöglinge". Offensichtlich hatte sich die Profession in den 50er und 60er Jahren nicht aus der Tradition einer Heimerziehung befreit, die sich tendenziell an der Aussonderung von vermeintlich Gemeinschaftsfremden orientierte.

Schließlich gelang Hans Thiersch der von vielen erhoffte Ausweg aus der einengenden Politisierung: Im Jahre 1978 publizierte dieser einen wegweisenden Artikel, mit dem er der Sozialarbeit eine „Alltagswende" geben wollte. Sozialarbeit, so seine Auffassung, habe sich am Alltag der Klienten zu orientieren. Zwar sei dieser durchaus pseudokonkret (hier bezieht sich Thiersch auf Karel Kosik), verstellt und voller Widersprüche, zugleich sei er doch Ausgangspunkt und Gegenstand der Sozialpädagogik.

Thiersch ging es darum, von der politischen Radikalität zum Ernstnehmen dieses Alltags der Klienten zu gelangen. In seinem Artikel „Alltagshandeln und Sozialpädagogik" propagiert er trotz aller ideologiekritischen Betrachtung des „Alltags" der Handlungszwänge und Routinen, der Undurchschaubarkeit der Umgebung für den Einzelnen, die Lebenswelt zum Ausgangspunkt und Gegenstand progressiver sozialpädagogischer Praxis werden zu lassen.

Tabelle 2:   Lebenswelt als Ansatzpunkt der Sozialpädagogik:

▪ Alltag ist überformt und verstellt.
▪ Alltägliches Handeln ist routinehaft.
▪ Aber gleichfalls: Menschen handeln in ihrem Alltag sinnvoll.
▪ Eine Verbesserung der alltäglichen Bedingungen ist zentrales Ziel
▪ wie auch die Gestaltung eines lebenswerten Raumes.

Thiersch transformierte die politischen emanzipatorischen Ziele auf die faktische Ebene sozialpädagogischen Handelns. Das Theorem der Lebensweltorientierung prägt seitdem zentral die Sozialarbeit, schlägt sich in vielen Ausbildungsordnungen nieder und ist zum klassischen Paradigma sozialpädagogischen Handelns geworden.

17

In der alltagsorientierten Sozialpädagogik von Hans Thiersch geht es darum, die Zweideutigkeit des Alltäglichen zu erschließen und Anknüpfungspunkte für die Verbesserung in der Lebenswelt für den Klienten zu finden.

Als Thiersch den Artikel zur Alltagwende publizierte, wies er damit einer ganzen Generation von Theoretikern und Praktikern der Sozialen Arbeit den Weg: Lebensweltorientiert sollte die Soziale Arbeit werden. Es galt die Lebenswelt nicht nur als überfremdete, bornierte durch Alltagsroutinen verstellte zu erfassen, sondern das in ihr schlummernde Potential zu entdecken.

Ohne es so konkret zu formulieren, war dies auch eine „Absage" an die damals herrschenden Lehren der Sozialen Arbeit, die sich mit wenigen Ausnahmen an unterschiedliche „Klassentheorien" angelehnt hatten.

Durch das Thiersch`sche theoretische Konzept der Sozialen Arbeit war ein Fixpunkt für die Disziplin und Profession entstanden, der von nun an die weitere Entwicklung der Lehre und Forschung erheblich beeinflusst hat. Nicht nur, dass ein Kinder- und Jugendhilfebericht sich inhaltlich und methodisch an diesem Paradigma orientierte, auch zahlreiche Autorinnen und Autoren der Disziplin bezogen sich darauf.[3]

In seiner Griffigkeit und Plausibilität löste das Lebensweltkonzept die Sozialpädagogik aus der Umklammerung rigider Formulierungen und Ansprüche, die nicht nur die Gesellschaft von den Randgruppen her verändern wollten, Studierende nicht nur in die Adaption theoretischer Versatzstücke trieb, sondern auch in praktische Aktionen, deren vermeintlicher Nutzen allerdings nicht oder wenig die Interessen der Adressaten traf, die es eigentlich zu vertreten galt.

Doch ist im Kern dies Konzept mehr voluntaristisch, denn konkret beschreibbar, umsetzbar und vor allem in einen methodisch-analytischen Rahmen zu fassen: Daraus empirisch nachvollziehbare Forschungskonzepte zu entwickeln ist schwierig, so dass das Paradigma mehr einer normativen Zielsetzung entspricht, denn einer forschungsleitenden, theoretischen Orientierung:

Was heißt gelingender Alltag? Wie fasse ich Lebenswelt konkret? Wo beginnt, wo endet die jeweilige Lebenswelt? Forschungspragmatisch schwer zu umgrenzen.

Außerdem konkurrieren verschiedene soziologische Erklärungsmuster: Lebenslage und Milieu, Lebensstil und sozialpsychologische Ansätze aus der Gemeindepsychologie mit dem sozialpädagogischen Konzept der Lebenswelt und nicht zuletzt mit sozialökologischen Ansätzen zur Erklärung der Lebensbedingungen von Menschen.

---

[3] Noch heute ist Thiersch gern gesehener und vor allem gehörter Gast bei vielen Veranstaltungen zur Kinder- und Jugendhilfe oder zur Lebenslage von Menschen allgemein.

Doch dessen ungeachtet: Viele praxisorientierte Werke der Sozialen Arbeit greifen diesen Ansatz auf und verwenden ihn als Orientierungsrahmen und Bezugpunkt. Die Nachhaltigkeit dieses Konzeptes ist enorm.

4 Exkurs: Alltagsorientierte Forschung

Das Konzept der Sozialen Arbeit von Thiersch beansprucht, den Alltag zum Ausgangspunkt und Gegenstand der Disziplin Sozialpädagogik zu machen.[4] In weiteren Beiträgen formulierte Thiersch die alltagsorientierte Ausrichtung der Sozialen Arbeit aus. Er präzisierte: „Die Rede vom Alltag ist ambivalent. Alltag meint das unverbildet Offene, in dem Menschen unmittelbar gefordert sind, meint aber ebenso das Banale, das routinisiert Bornierte. Dieses ambivalente Gesicht des Alltags verweist auf Traditionen" (Thiersch 1995:41). Handelnde sind kompetent und unterliegen zugleich den Friktionen ihrer Gewohnheiten und Alltagsrituale. Alltag ist ein „sozialwissenschaftliches Konzept" (ebd.: 43).

Gerade Prozesse der Individualisierung und Pluralisierung lassen die Alltagsmuster in ihrer Brüchigkeit, die Lebensbewältigung, die Lebensführung zum Gegenstand der Wissenschaft werden. Es geht um

- das „Interesse an der Pragmatik des Überschaubaren und Selbstverständlichen",
- „die Brüche in ihm und die Anstrengungen, in ihm verlässlich und pragmatisch zu Rande zu kommen" (ebd.: 45).
- und es gilt zu beachten, dass Alltag auch „reflektiertes Alltagshandeln" ist (ebd.: 45).

Forschung muss dazu beitragen, beide Momente des Alltäglichen offen zu legen. Das Routiniert-Bornierte und das Reflektierte. Die Methode der Rekonstruktion des Alltäglichen bedient sich der Methode der „kritischen Ethnographie" (ebd.: 46).

Thiersch macht eine analytische Unterscheidung, die häufig vernachlässigt, nicht gesehen oder verwechselt wird: Es muss zwischen Lebenswelt-Orientierung und Alltagsorientierung unterschieden werden. Alltagsorientierung ist die „spezifische Art Wirklichkeit zu erfahren, sich in ihr zu orientieren, sie zu gestalten" (ebd.: 46). Es ist die Unterscheidung und „Differenz zwischen einem Rahmenkonzept und einem spezifischen Verstehens- und Handlungskonzept"

---

[4] Es erfolgt nicht die Verortung des Bezuges zur Subjekttheorien wie von H. Sünker ausformuliert im Anschluss an Lefebvre und Agnes Heller oder an sozialökologische Überlegungen von Bronfenbrenner in der Gemeindepsychologie.

(ebd.: 46). Lebenswelt und Alltag werden bei ihm dann offensichtlich mit dem Begriff Alltäglichkeit gleichgesetzt und zusammengeführt:

„Alltäglichkeit meint ein heuristisches Prinzip, gleichsam ein Rahmenkonzept (frame-work) zur Koordination von Fragen. Alltäglichkeit meint aber auch einen besonderen, charakteristischen Modus des Verstehens und Handelns" (ebd.: 46).

Alltäglichkeit (Frame-Work)

Lebenswelt ↔ Alltag (Modus des Handelns)

Alltäglichkeit ist geprägt durch die Erfahrungen der Menschen, ihre Lebensgeschichte, ihre „in ihnen gesicherten Kompetenzen", „aber auch durch ,Zwänge' und Unübersichtlichkeiten" (ebd.: 47). Dies impliziert, Grenzen zu kennen, Abhängigkeiten, Zwänge aus Umwelt und Institutionen (Düformantel 1998:134), aber auch die Möglichkeiten zu erkennen, die vorhandenen Freiräume zu nutzen. Es geht darum, der Wirklichkeit der Klienten gerecht zu werden, gemeinsame Lösungen von Alltagsproblemen zu finden. Es müssen klientenbezogene Formen im Umgang, in der Sprache, in der Beziehung zu Institutionen gefunden werden (ebd.: 132).

Für die Forschung in der Sozialen Arbeit ergeben sich einige Konsequenzen. Thiersch ordnet dies unterschiedlich unter forschungsmethodischen Aspekten. Es müssen folgende Schritte angewandt werden:
- Rekonstruktion des Alltäglichen und „Verständnis" (Thiersch 1995:48). In einer ersten Schicht kann Alltäglichkeit „beschrieben, interpretiert und geordnet werden" (ebd.: 48).
- „In einer zweiten gleichsam dahinter liegenden Schicht können Phänomene erklärt werden in spezifischen Konzepten, z.B. in historischen, politischen oder interaktionistisch-handlungstheoretischen Konzepten" (ebd.: 48).

Dies kann z.B. psychoanalytisch geschehen, wie bei Bettelheims Untersuchungen zum Heimalltag. Lerntheoretische Konzepte wiederum beziehen sich auf „das Material der Alltagserfahrung"(ebd.: 48).

„Da heute in unserer gegebenen Wissenschaftskultur keine „Übertheorie" verfügbar ist und für einzelne Aspekte von Alltag nur konkurrierende Einzeltheorien nebeneinander stehen, muss das Bild des komplexen Alltags zwischen den Ebenen einer komplexen Beschreibung und speziellen und darin reduktionistischen Erklärungen vermittelt werden. Nicht alles Beschreibbare lässt sich in gegebenen Konzepten erklären, und nicht alles Erklärbare lässt sich nur in einem Wissenschafts-Konzept erklären. Das Bild des komplexen Alltags erscheint gleichsam wie in den Prismen eines Insektenauges gebrochen" (ebd.: 48).

Alltäglichkeit als spezifische Form des Verstehens und Handelns bezieht sich bei Thiersch auf die Dimensionen:
- erfahrene Zeit,
- erfahrener Raum,
- erfahrene Sozialbezüge,
- pragmatische Handlungsorientierung,
- Typisierungen und Routinen,
- in nochmals eingeengtem Sinn orientiert am „Kleinen, Unscheinbaren, an jenen immer wiederkehrenden Vollzügen, die den Bestand der gegebenen Alltagswelten sichern" (ebd.: 49).

In der Verbindung der Orientierung an Erfahrungen von Raum, Zeit und sozialen Bezügen, von Pragmatik und jenen Notwendigkeiten, die den Bestand von Lebensvollzügen sichern, liegt ein besonders wichtiges Charakteristikum des Alltagskonzepts" (ebd.: 48f.).

Alltag muss auf „das Konzept Lebenslauf, Biographie" bezogen werden. Entwicklungsstufen müssen verdeutlicht werden und „vor allem Probleme des Zusammenhangs des Lebens in und durch die Phasen hindurch z.B. als Statuspassagen oder als Problem der Identität, der patch-work Identität (Keupp 1990) verhandelt werden (Thiersch 1995:51).

Düformantel umgrenzt das sozialwissenschaftliche Instrumentarium der alltagsorientierten Forschung wie folgt: Alltagsorientierte Forschung bedient sich insbesondere der Methodik der Attribuierungstheorie: Diese stellt als sozialpsychologisches Konzept die Frage, nach den „Vorstellungen und Einstellungen, die der Mensch benutzt, um das Verhalten von Mitmenschen zu beschreiben, zu erklären und vorherzusagen" (Düformantel 1998:126).

Es müssen Typisierungen, Regelvorstellungen, Realitätsinterpretationen herausgearbeitet werden, die der Alltagsbewältigung dienen. Es geht um drei Aspekte:
1. die Analyse und Beschreibung der Kommunikationsabläufe,
2. muss insbesondere die Mimik und Gestik erfasst werden (Ehlich/Rehbein 1977:127) und
3. sollen Interviews zu Alltagshandeln und -verhalten erfolgen, anhand so genannter handlungsdetachierter Interviewverfahren. Ergo: Wissenschaft und Alltag sind nicht getrennt.

Ziel ist die „sinnverstehende, handlungsorientierte Rekonstruktion der alltäglichen pädagogischen Mikrowelt" (Düformantel 1998:123). Hier bezieht er sich auf Alfred Schütz. Er fasst die Alltagswelt als soziales Beziehungsgeflecht auf, als intersubjektive Welt (ebd.: 123). Die Nähe zur Aktionsforschung wird deutlich. Es geht darum, die Wirklichkeit mitgestalten zu helfen. Keine indifferente analytisch-distanzierte Haltung, sondern Parteinahme und Einsatz für den Klienten ist das Ziel.

Forschung soll insbesondere
- den Alltag in all seinen Facetten erfassen,
- die Kompetenz des Akteurs erkennen,
- seine Ressourcen beschreiben,
- seine Lebensmöglichkeiten und -perspektiven,
- und muss dem Einzelnen Unterstützung geben bei der Realisierung von Bewältigungsstrategien (Coping).

Offen bleibt dabei die Nähe und Differenz zur Lebensstilforschung, die forschungspragmatische Umsetzung in eine spezifische Methodik, also die Operationalisierbarkeit der Forschungsfragen. Wie nimmt dieser Ansatz rekonstruktive Verfahren auf, wie quantitative Untersuchungsmethoden? Dennoch geraten mit diesem Forschungsansatz die alltäglichen Dinge in den Blickpunkt. Parallelen zur Soziologie des Alltags werden deutlich und zur Lebenslagenforschung.

Rosen hat z.B. versucht, in ihrer Untersuchung von türkischen Studierenden, das theoretische Konstrukt der Lebenswelt, der Alltagswelt von Menschen zum Ausgangspunkt zu machen (Rosen 1997:53). Lebensweltanalyse erfordert - so Rosen - ein „adäquates Forschungsinstrumentarium" (ebd.: 53). Dies wird dann faktisch mit qualitativen Forschungsmethoden gleichgesetzt. Lebensweltanalyse sei deshalb kein eigener Forschungspfad im Sinne einer ausgearbeiteten Methode, sondern ein Konzept der „Erfassung und Deutung der Aussagen von Menschen, die ihr Leben betreffen" (ebd.: 53).

Die Lebensweltanalyse geht von folgenden theoretischen Annahmen aus:
- Subjektive Handlungsintentionen und -muster der Befragten sind ernst zu nehmen und nachzuzeichnen (im Sinne Webers: subjektiv-sinnhaftem Handeln).
- Menschen haben Kompetenz.
- Geschildertes Verhalten ist Realität präsentierend und nicht nur durch stellvertretende Deutung zu erfassen (Eigendeutung ernst nehmen).
- Alltag hat eine eigene Bedeutung.

Als grundlegende Kritik lässt sich formulieren: Wo liegen die Grenzen des Alltags – sowohl zeit-räumlich, als auch interaktiv? Wo beginnen die jeweiligen Alltagsräume? Wie kann ich zwischen Alltag als überformter, verdinglichter Lebenswelt und Alltag als eigenem Gestaltungsbereich unterscheiden? Das Methodenrepertoire ist hier nicht hinlänglich spezifiziert. Unklar bleibt das Verhältnis von Offenheit, Akzeptanz der angebotenen Eigenerzählung, Deutungen und notwendiger Sekundärinterpretation.

Wenn dieser Forschungsansatz ausformuliert werden soll, dann muss das Konzept weiter konkretisiert werden. Soziale Arbeit will die Lebenswelt verbessern und beansprucht Lebensweltanalysen vorzunehmen. Es erscheint als offen, ob die Lebensweltanalysen ein operationalisierbares Konzept zur Untersuchung von Menschen in ihren sozialen Bezügen liefern? Kann man „gelingendes" Leben fassen? Wie kommt man von der nachvollziehenden Beschreibung des Falles zu einer allgemeinen Aussage, die sozialpolitische Interventionsmöglichkeiten und -ansätze umgrenzt und definiert? Können der konkrete Fall in den jeweiligen Alltagsdimensionen und die einzelnen Interpretationen und Deutungen des beforschten Subjektes zum Maßstab des Gelingens werden?

Die Idee der Alltagsorientierung ist in einer anderen Variante von Rainer Wendt als ökologische Sozialarbeit ausformuliert worden. Wendt greift auf die amerikanische Sozialwissenschaft zurück, hier insbesondere auf sozialökologische Ansätze. Sozialarbeit muss bei den Fähigkeiten und Kompetenzen der Betroffenen ansetzen, darf immer nur vorübergehend sein und ist nie langfristig angelegt. Diese ressourcenorientierte Sozialarbeit will die Kompetenz des einzelnen Akteurs stärken und seine Selbsthilfepotentiale ansprechen. Als Teile eines Unterstützungsmanagements müsse eine sorgfältige Bewertung des konkreten Falles (assessment) zu Hilfe führen, die eine Bewältigung des Problems beinhalten soll, um dem Betroffenen zu ermöglichen, sich in seiner Lebensnische zu behaupten (Wendt 1990:50ff.). Hier orientiert sich die Sozialarbeit an vorübergehenden Unterstützungsansätzen für den Einzelnen in seiner spezifischen Umwelt, die auch spezifische Ansätze zur Bewältigung erfordert. Hier werden Subjekt, alltägliche Lebenswelt und zeitlich limitierte Hilfeleistung stärker in Bezug gesetzt.

Neben dieser alltagsorientierten Sozialpädagogik hat sich ein anderer Theoriestrang und damit auch eine andere Forschungsorientierung entwickelt. Diese geht von der Autonomie der Lebenspraxis des Klienten aus. Diese Autonomie der Lebenspraxis gelte es gegen die Kolonialisierung durch Herrschaft zu immunisieren (Sünker 2005). Die Subjektivität zu fördern, trage zur Bewahrung einer autonomen Lebenspraxis bei. Dies geschieht insbesondere durch adäquate Bildungsunterstützung. Sozialarbeit habe nicht nur analytische Funktionen, sondern auch eine (gesellschafts-)orientierende Funktion (Hamburger 1995:15).

25

Hamburger - wie weiter unten dargestellt - geht auch vom einzelnen Subjekt aus und entwickelt ein Konzept sozialarbeiterischen Helfens, das sich an dem Konzept der reflexiven Moderne orientiert. Werner Thole u.a. beziehen sich gleichfalls auf dieses soziologische Konzept als paradigmatische Orientierung.

Anders Dewe/Otto in ihren früheren Publikationen: Sozialpädagogik habe sich ihre kritische Distanz zur Praxis zu bewahren. Sie müsse praxiskritisch reflektieren und sei ein Korrektiv zur Alltagspraxis, die häufig deformiert und verzerrt sei. In der kritischen Distanz könne Sozialpädagogik nicht nur Praxis analysieren, sondern auch Theoreme der Sozialpädagogik entwickeln, um Sozialpädagogik als grundlegende Reflexionstheorie zu etablieren.

Sozialpädagogik werde in diesem Sinne kritische Wissenschaftstheorie und könne dazu beitragen - als Kind der Modernisierung entstanden - die zweite und dritte Modernisierung menschlicher zu gestalten. Dieser umfassende Anspruch ist in der allgemeinen Pädagogik nicht ohne Widerspruch geblieben. Die Kritik ist unter anderem darauf ausgerichtet, die sozialpädagogischen Intentionen massiv zu kritisieren, einschließlich der Leistungsfähigkeit ihrer Denkmuster, ihrer Theoreme, der wissenschaftlichen Ansätze, Forschungsmethoden und Erkenntnisse (Prange 1996). Neuerdings vertritt Hans-Uwe Otto allerdings stärker den Ansatz einer dienstleistungsorientierten Sozialen Arbeit, so dass die Grenzen zwischen kritischer Wissenschaft und professionellem Handeln durchlässiger werden.

Dies korrespondiert mit einigen Versuchen, Theoreme der Sozialpädagogik am professionellen Handeln zu orientieren. Seitens einiger Praxisvertreter wird seit Jahren gefordert, die Theoreme der Sozialpädagogik herunter zu buchstabieren. Es gehe darum, Handlungswissen für praktisches Handeln zur Verfügung zu stellen, an dem sich Sozialarbeiter orientieren können. Ebenfalls gehe es darum, Wissen aus der Praxis zu ordnen, zu systematisieren und anderen Akteuren zur Verfügung zu stellen.

Sozialpädagogik habe dies vernachlässigt, schwebe in einem analytischen Himmel der mit dem Alltag wenig zu tun habe (Engelke 1992). Dies zu überwinden sei Aufgabe einer Wissenschaft der Sozialen Arbeit. Die Wissenschaft der Sozialen Arbeit habe Sozialpädagogik als Leittheorem abzulösen. Dies sei insbesondere damit zu begründen, dass social work in vielen Ländern – nicht zuletzt in Amerika – der Bezugspunkt sozialen Handelns sei, nicht eine pädagogische Reflektionstheorie (vgl. Wilken 1998). In Deutschland hat dieser Diskurs auch mit der Auseinandersetzung zwischen den unterschiedlichen Hochschultypen zu tun, auf die wir nicht weiter eingehen werden. Fest steht: Der Berufsverband der Sozialarbeiter und insbesondere Disziplinvertreter der Fachhochschulen fordern, das Handeln in Organisationen, professionelle Verhaltensstandards des Organisierens, des Managements und Planens zum Ausgangspunkt einer sozialpädagogischen Theoriebildung zu machen und nicht die Vorstellungen einer allumfassenden Wissenschaftstheorie, die letztlich alles interpretiere und nichts fasse.

Neben diesen beiden voneinander abgrenzenden Entwicklungslinien konturiert sich derzeit eine dritte, die in dem deutschsprachigen Raum mit dem Namen Staub-Bernasconi verbunden ist. Staub-Bernasconi versucht Sozialarbeit an dem Theorem der Menschenrechtsprofession zu orientieren[5]. Die generelle Durchsetzung der Menschenrechte auf den unterschiedlichen Ebenen sei die zentrale Aufgabe der Sozialarbeit. Hier trifft sie sich mit systemtheoretischen Vorstellungen eines Niklas Luhmann der in „Das Recht der Gesellschaft" über die entstehende Weltgesellschaft reflektiert, die als Teil einer sich globalisierenden Gesellschaft, an Bedeutsamkeit gewinne. Die Idee der Menschenrechte geht davon aus, den Einzelnen Rechtsschutz gegen staatliche Willkür zu liefern. Menschenrechte werden aber nicht nur als Abwehrrechte gesehen, sondern auch als Versorgungsrechte. Luhmann greift dies - sich distanzierend - folgendermaßen auf: „Das Problem der Menschenrechte verschmilzt mit einem immens erweiterten Desiderat für Sozialarbeit und Entwicklungshilfe" (Luhmann 1995:578). Deshalb ist er skeptisch, ob dies überhaupt ein geeigneter Ansatz für eine Theorie der Sozialen Arbeit sein kann (vgl. Vahsen 2000). Sozialarbeit hat in diesem Sinn darum zu kämpfen, dass sich Rechtstaatlichkeit durchsetzt, Menschen unterschiedlicher Herkunft gleich behandelt werden, die Geschlechterdifferenz verringert und Menschenrechtsverletzungen entgegengetreten wird. Dieser weit gespannte Anspruch ist noch nicht sehr dezidiert ausformuliert und sicherlich theoretisch noch umfangreicher zu begründen. Dies gilt gerade auch für eine Beschäftigung mit der Kritik an dem universellen Anspruch der Menschenrechte aus afrikanischen und asiatischen Ländern.

Die forschungspragmatische Ausformulierung des prätentiösen Konzepts Staub-Bernasconis bleibt offen. Allerdings treten mit diesem Ansatz Forschungsdesiderate hervor, die noch der Bearbeitung harren, so z.B. Fragen zum Rassismus in unserer Gesellschaft: Wie geht Soziale Arbeit nicht nur mit unterschiedlichen Religionen und Kulturen um, sondern gibt es Trennungslinien des Umgangs entlang der Hautfarbe? Welche Partizipationschancen in politischen Parteien haben Menschen mit Migrationshintergrund? - um nur einige Aspekte zu nennen.

Fasst man die theoriegeschichtlichen Entwicklungslinien seit der Gründung der Fachhochschulen im Jahre 1971 und der Etablierung von sozialpädagogischen Studienschwerpunkten an den Universitäten zusammen, so kann man

---

[5] Im Kapitel „Menschenrechte als Paradigma der Sozialen Arbeit?" erfolgt eine ausführliche Auseinandersetzung mit diesem Ansatz.

verschiedene Wellen und Moden erkennen: Grob zusammengefasst kam nach der Politisierungsphase der frühen 70er Jahre die Alltagswende. Auf die darauf folgende Therapeutisierungsphase folgte als Gegenreaktion eine Enttherapeutisierungsphase. Diese wurde begleitet von dem Diskurs um die Rolle der ausgebildeten Sozialarbeiter und die Bedeutung der Ehrenamtlichkeit. Es gab sowohl eine Professionalisierungsdebatte als auch eine Entprofessionalisierungsdebatte. Offensichtlich kommt jedoch in den letzten Jahren ein weiter Diskurs (wieder) in Gang: Zum einen sucht Sozialpädagogik erneut Anschluss zu finden an die Klassiker: Die Klassiker sollen Hinweise geben für eine Theorie der Sozialen Arbeit wie eingangs schon bei Hermann Nohl angedeutet? Zum anderen wird versucht, die Organisationen der Sozialen Arbeit genauer zu erfassen, nicht nur als Kritik an den Institutionen, sondern auch unter dem Aspekt der geeigneten Arrangements pädagogischer und helfender Handlungen insgesamt.

Gleichzeit will die Disziplin „Anschluss finden" an die großen Diskurse, an die großen Erzählungen, wie die Analysen eines Wilhelm Heitmeyer zur Erosion der Gesellschaft in Deutschland in der Tradition von Emil Durkheim oder auch zu dem Individualisierungstheorem eines Beck bzw. der Theorie der „reflexiven Modernisierung" von Giddens.

Dem gegenüber steht eine Entwicklung, die vor allem Forschungsmethoden der Sozialarbeit vorantreibt. Strukturalhermeneutische Analysen, die Rezeption der Grounded Theory von Strauss u.a. aus Amerika, die Ausgestaltung narrativer Interviewtechniken nimmt im Kontext von Lebenswelt- und Stadtteilanalysen immer breiteren Raum ein. Forschungsmethodisch wendet sich die Sozialarbeit insbesondere den qualitativen Methoden der Wissenschaft zu. Dies entspricht der verstehenden und interpretativen Selbstdeutung der Sozialarbeit selbst. Eine Wissenschaft, die sich als helfend interpretiert, neigt wahrscheinlich automatisch zu „weicheren" Methoden des Erfassens und Erkennens, die sensibler auf Stimmungen, Botschaften, Signale reagieren, denn „härtere" Verfahren der quantitativen Methodik. Dies bedeutete in den letzten Jahren aber auch, sich kritisch mit dem Professionalisierungsstand auseinander zu setzen. Analysen von Thole und Ackermann u.a. machen deutlich: Sozialarbeiterische Handlungskompetenz ist alltagspragmatisch, greift oft auf Kompetenzen zurück, die vor dem Studium angeeignet worden sind und wird im Regelfall nicht von großer Methoden- und Reflexionskompetenz begleitet (Ackermann 1999). „Dann kann diesen Job ja auch ein Maurer machen", (Thole/Küster-Schapfl 1997) korrespondiert mit den Aussagen in Interviews zur professionellen Handlungskompetenz: „Das bisschen Psychologie, das ich gelernt habe, hilft mir wenig. Und falls ich sie dann wirklich einmal brauche, probiere ich es erst an meinem Hund aus und wenn es da klappt, dann nehme ich es auf."[6]

Ein weiterer Strang der neueren Entwicklung bezieht sich auf den Aspekt der Ökonomisierung der Sozialen Arbeit, der Anwendung betriebswirtschaftlicher Methoden. Sozialarbeiterisches Handeln soll gezielt methodisch strukturiert und das Verhältnis zum Klienten auf eine Kundenbasis gestellt werden, in dem Kontraktvereinbarungen, Social-Mangement, Case-Management und Soziale Hilfe zu einem kalkulierbaren, bewertbaren Dienstleistungsangebot gerinnen. Dies wird weiter unter noch eingehender dargestellt und diskutiert.

Festzuhalten bleibt: Soziale Arbeit ist auf dem Wege zu einer lebensweltorientierten Sozialen Arbeit auf halbem Wege stehen geblieben. Thiersch, der auch in der neuesten Ausgabe seines grundlegenden Buches, seiner Argumentationslinie treu bleibt, weist die Richtung, doch der steinerne Pfad der forschungspragmatischen und methodischen Begründung wird kaum begangen.

Quantitative Forschungsverfahren gewinnen in der Sozialen Arbeit an Bedeutung. Grundlegende Studien wie die des Deutschen Jugendinstituts zur Lebenssituation von Kindern in Deutschland, die Shell-Jugendstudien oder auch die 1. World-Vision-Studie sind qualitativ und quantitativ angelegt. Möglicherweise entsteht hier ein Zugriff, der die Lebenswelt noch stärker zum Sprechen bringt und auf notwendige Hilfen verweist, so z.B. der gezielten Förderung von Kindern mit Migrationshintergrund.

Es wäre aus unserer Sicht sinnvoll, die paradigmatische Formulierung der Lebensweltorientierung weiter mit Inhalt zu füllen, um vielleicht stärker auf Zusammenhänge zwischen bestimmten Alltagsstrukturen verweisen zu können und Chancen zur Entwicklung von Lebensbedingungen aufzuzeigen. Bei der Darstellung der eigenen Forschungsmethoden und -ergebnisse zur „Lebenslage von Russlanddeutschen zwischen Bleiben und Auswandern" werden wir dies weiter unten wieder aufgreifen.

---

[6] Interview im Rahmen des Forschungsprojektes der Dokumentations- und Informationsstelle zur Geschichte der Sozialen Arbeit und Erziehung zu „Jugend und Gewalt" 1996

5 Soziale Arbeit und die Reflexive Moderne (Beck, Giddens und Lash)

Ein anderes Konzept, das Generationen von Diplomarbeiten beeinflusst hat, ist das von Ulrich Beck ausformulierte der Individualisierung und Pluralisierung. Im Buch „Risikogesellschaft" aus 1986 umgrenzt er sein theoretisches Konzept. Auch dies ist, wenn man so will, eine Antwort auf die Dominanz von Klassentheorien, die die „bürgerliche" Schichtungstheorien abgelöst hatten und die Gesellschaft anhand der Klassenlage der Menschen als Kollektive untersuchten und die Widersprüche zwischen den Klassen und auch innerhalb der Klassen.

Auch die Dahrendorfsche Analyse der deutschen Gesellschaft in Anlehnung an die Untersuchungen der US-Gesellschaft von Bendix und Linton als Gesellschaft der sozialen Differenzierung, der Über- und Unterordnung, in der Menschen in ihren jeweiligen Statuslagen Rollen spielen und Konflikte austragen, galt als obsolet. Beck schlug wie Giddens und Lash einen neuen Weg ein, er ging im Prinzip auf die Betrachtung der Anfänge der Entfaltung des Bürgertums zurück: Der Einzelne rückte in den Blickpunkt als Organisator und Motor des ökonomischen und gesellschaftlichen Fortschritts. Die Rolle des Individuums als dynamischer, gestaltender Faktor wird genauer untersucht. Die Durchsetzung rationaler Prinzipien, die eigendynamische Steuerung des Verhaltens - wie sie Max Weber für die industrielle Revolution schon beschrieben hatte - wird nun in der sich entfaltenden Industriegesellschaft zum erneuten gesellschaftstheoretischen Ansatz.

Beck erlangte mit diesem Buch einen enormen Bekanntheitsgrad und ist sicherlich einer der meistzitierten Autoren zur gesellschaftstheoretischen Verortung von Menschen in dieser Gesellschaft, vor allem in der sozialarbeiterischen Fachliteratur. Hier will es die Ironie der Auf- und Übernahme von theoretischen Konzepten, dass sein Ansatz häufig verkürzt wiedergegeben wird. Individualisierung wird einseitig mit Freisetzung aus gesellschaftlichen Zwängen gleichgesetzt, mit Freiheit zur Gestaltung des Lebens.

Ausgangspunkt ist aber vielmehr die Annahme, dass in der heutigen Gesellschaft der Einzelne *gezwungen* ist, sein Leben individuell zu gestalten. Dies bezieht sich auf die Notwendigkeit des differenzierten Erwerbs von Wissen, die

Planung des Lebens, die Gestaltung der Lebensstrukturen, den Zwang zur beständigen Flexibilität. Die Ungewissheit löst die Gewissheit ab und jeder muss antizipierend von der Schule an, über Ausbildung und Studium sein Leben so an die wandelnden Bedingungen anpassen, dass er/sie sich in der Gesellschaft platzieren kann.

Dabei nehmen die „Freiheitsgrade" nicht zu, sondern im Gegenteil, es sind eher die Zwänge, die zunehmen. Beck skizziert dies am Fahrstuhleffekt, alles hat sich um eine Stufe höher verschoben: mehr Bildung, längere Ausbildungsdauer, Notwendigkeit der Weiterbildung und Mobilität. Die Wahlmöglichkeiten steigen (scheinbar), doch wir finden uns auf einer neuen Etage wieder, auf der der soziale Druck eher größer wird, denn geringer.

Letzteres wird bei der Darstellung der Beckschen Analyse häufig übersehen, doch er betont ausdrücklich, dass Individualisierung und Pluralisierung nicht mit Individuation gleichzusetzen sei.

Dies wird noch deutlicher, wenn man sich mit dem gemeinsam mit Giddens und Lash verfassten Werk zur „reflexiven Moderne" beschäftigt: Beck skizziert eindrucksvoll Moderne und Gegenmoderne. Moderne ist nicht gleichzusetzen mit einer irreversibler Erfolgsgeschichte der Prinzipien wie politischer Freiheit, Begründungszwang, einem gewissen Maß an Rationalität. Vielmehr werden Modernisierungsschübe tendenziell von Phasen der Gegenmodernisierung abgelöst. Was Faschismus und Kommunismus signifikant belegen (Beck 1996:60ff.).

Beck unterscheidet prinzipiell zwischen einfacher und reflexiver Modernisierung. Einfache Modernisierung führte zur Durchsetzung der Industrialisierung, Orientierung am zweckrationalen Handeln. Die reflexive Modernisierung betrachtet auch die Nebenfolgen der Gesellschaftsveränderung. In das Zentrum der Betrachtung rückt die Gegenmoderne, die tendenziell neue - alte Rigiditäten und Grenzen einzieht. Reflexive Modernisierung wiederum ist reflexartig und geschichtsmächtig, meint die Vertiefung und Verallgemeinerung von Unsicherheiten.

Beck verwirft Modelle der gesellschaftlichen Entwicklung, die von einer Annahme der Linearität ausgehen. Es geht gerade auch um die Selbstveränderung, Selbstgefährdung, Auflösung von Rationalitätsgrundlagen als unkontrollierbare Nebenfolgen der Industrialisierung. Auch die Einrichtung und Ausdehnung von Schulen und von Sozialarbeit birgt nicht die Hoffnung, die Gefährdungen der reflexiven Moderne zu lösen. Im Gegenteil, sie verlängern und erzeugen Problemlagen von Ausgeschlossenen. So ist die Abhängigkeit von vielfältigen Institutionen in der Moderne konstitutiv. Individualisierung ist paradox, sie signalisiert einen Positivzirkel: mehr Bildung, fester Beruf, politische Freiheitsrechte und endet doch in der Summe in „der Drei-Sterne-Melancholie gehobener Aussichtslosigkeit" (Beck 1996:92). Der Negativzirkel, die Exklusion steht als Mauer der Vergeblichkeiten den hochgezüchteten Zugangsvoraussetzungen gegenüber.

Die Kritik von Beck an der Beantwortung sozialer Probleme über die Erweiterung wohlfahrtstaatlicher Regelungen verweist auf die abgeschnittenen Möglichkeiten der Selbstversorgung in der Moderne. Die Lebensführung ist hochgradig vergesellschaftet, das Bild der individuellen Autonomie ein Trugbild (ebd.: 90f.).

Beck entwickelt in seiner ‚Kontroverse' mit Giddens und Lash die Analyse der Gesellschaft weiter. Zur Kategorie der Reflexivität tritt die Beschreibung der Enttraditionalisierung, hier insbesondere auch die Untersuchung der Binnenstruktur der Gesellschaft. Beziehungen zwischen den Geschlechtern und familiale Lebenslagen werden analysiert. Drittens wird auch die Ökologie zum Untersuchungsgegenstand, nicht als Angelegenheit der Umwelt, sondern als Teil menschlichen Handelns. Somit rückt bei ihnen auch der Alltag, der Wandel gesellschaftlicher Organisationen im Prozess der Globalisierung in den Blickpunkt, vor allem unter dem Aspekt der Ausgestaltung der politischen Ordnung jenseits formaler politischer Systeme.

Bei der Beschreibung des sozialen, kulturellen und gesellschaftlichen Wandels konzentriert sich hier die Darstellung auf das Konzept der reflexiven Modernisierung. Reflexive Modernisierung meint die Selbsttransfomation der Industriegesellschaft und ist nicht gleichzusetzen mit überlegter (reflektierter), gesteuerter gesellschaftlicher Veränderung, sondern meint vielmehr deren unreflektierten, ungewollten Nebenfolgen.

Diese Veränderung ist geprägt von:
- Unsicherheit,
- Politisierung,
- Ringen um (neue) Grenzen.

Es geht um die Zerbrechlichkeit sozialer Lagen und Biographien, es geht um die Nebenfolgen der Nebenfolgen wie es Beck formuliert. Gleichzeitig entstehen neue Handlungschancen, die aber von „Unsicherheiten" begleitet sind (Giddens 1999).

Reflexive Modernisierung ist unreflektierte, gleichsam mechanisch-eigendynamische Grundlagenveränderung der entfalteten Industriegesellschaft, die sich im Zuge normaler Modernisierung ungeplant und schleichend vollzieht und auf dreierlei zielt:
- Eine Radikalisierung der Moderne,
- Auflösung der Konturen der Industriegesellschaft,
- und Öffnung von Wegen in eine andere Moderne oder Gegenmoderne.

„Reflexive Modernisierung meint - schlichter gesagt - eine *potenzierte* Moderni-sierung mit *gesellschaftsverändernder* Reichweite." (Beck/Giddens/Lash 1996:30) - so formuliert es Beck prägnant. Die reflexive Modernisierung voll-ziehe sich samtpfötig, unbemerkt auch von Soziologen.[7]

Giddens steht für einen theoretischen Erklärungsansatz des Lebens in der Moderne, der insbesondere Mechanismen der Entbettung und Rückbettung thematisiert. Dies umfasst auch die Analyse der Zeit. Giddens diskutiert aus-führlich die Konsequenzen der Moderne:

Zwei Aspekte werden von ihm im seinem Buch „Konsequenzen der Moderne" einleitend erörtert: Zum einen geht es um die Bewegungskräfte der Gesellschaft, zum anderen um die Rolle der Soziologie in der Moderne. Für ihn ist *das* Prinzip der heutigen Gesellschaft, das *Diskontinuierliche*. Dies ist jedoch nicht im Marxschen Sinne zu verstehen. Es gibt keine Gesamtrichtung wie bei Marx. Geschichte ist keine Totalität.

Aus Giddens Sicht lösen sich die sozialen Ordnungen auf. Dies bedeutet:
- Extentional - weltumspannende soziale Verbindungen schaffen neue Struk-turen
- und intentional - intimste Merkmale unserer persönlichen Existenz verän-dern sich (Giddens 1999:12f.).

Dies bedeutet zwar nicht nur Chaos. Doch als Strukturmerkmal gilt, dass die Geschwindigkeit des Wandels und seine Reichweite zunehmen. Das innere Wesen der Institutionen verändert sich: Als Beispiel führt er den Wandel der politische Systeme oder der Städte an.

Aus seiner Sicht stehen sich verschiedene Aspekte gegenüber:
- Sicherheit versus Gefahr
- Vertrauen versus Risiko

Nach Giddens wird bisher zu sehr das Positive der Entwicklung hervorgehoben. Dies gälte für viele klassische Soziologen wie Emil Durkheim und Max Weber. Weber ist aus seiner Sicht am pessimistischsten. Sie sähen zwar den repetitiven Fron der Industriearbeit, aber nicht das destruktive Potential. Ökologische Fra-gen spielten in der Soziologie lange keine große Rolle, auch die Rolle der Macht des Militärs in der Moderne werde nicht erfasst. Die Verbindung der industriel-len Entwicklung und der Organisation mit militärischer Macht werde nicht er-

---

[7] Wahrscheinlich könnten die eingangs skizzierten Kneipengespräche ähnlich unter Beteiligung von Studierenden der Soziologie geführt werden.

kannt. Gleichzeitig gehöre aber auch der Verlust des Fortschrittsglaubens zur Moderne.

Wenn die Soziologen die Moderne interpretieren, dann verweisen sie häufig, so Marx, Durkheim und Weber, auf die Umgestaltungsdynamik der Gesellschaft. Es geht um die Dynamik des Kapitalismus bei Marx, die Folgen der Arbeitsteilung bei Durkheim und bei Weber um die Rationalisierung, die in der Technologie und in der Gestaltung der Bürokratie zum Ausdruck kommt.

Giddens stellt aber bereits infrage, ob diese Erklärungen zur gesellschaftlichen Entwicklung ausreichen, oder nicht die *rationalisierte Steuerung der Information* (vgl. ebd.: 22ff.) als hauptsächliches Grundmerkmal anzusehen sei?

Auch der Rückgriff auf die Kategorie Gesellschaft, um das Leben in der Moderne in soziologischer Terminologie zu fassen, erscheint ihm als zu eng. Gesellschaften stehen für abgrenzbare Einheiten, offensichtlich nichts anderes als *Nationalstaaten*.

Wird dann wie bei Parsons (1985) zum Hauptziel soziologischer Interpretationen, das Problem der Ordnung zu lösen, also Mechanismen der Integration zu identifizieren, dann verfehlt die Soziologie die gesellschaftliche Realität. Zwar lassen sich Abgegrenztheiten lokalisieren, doch sind moderne Gesellschaften Teilsysteme miteinander verflochten, die quer zum soziopolitischen System des Staates und zur kulturellen Ordnung der Nation verlaufen. Hinzu kommt die Vieldimensionalität heutiger Institutionen.

Zentral ist aus Giddens Sicht die *Trennung von Raum und Zeit* und deren Neuverbindung. Es gibt eine raum-zeitliche Abgrenzung in der Moderne, zugleich aber eine neue Struktur.[8]

Zusammenfassend stellt Giddens fest:
- Die Trennung von *Raum und Zeit* wird von der Einteilung des sozialen Lebens in präzise Raum-Zeit-Zonen begleitet.
- Hinzu tritt die *Entbettung* [*disembedding*] der sozialen Systeme.
- Mit diesen Faktoren steht im engen Zusammenhang *die reflexive Ordnung und Umordnung* gesellschaftlicher Beziehungen.

---

[8] Welche Rolle spielt dabei grundsätzlich die Soziologie? Ist sie soziale Physik? Giddens sieht die Verbindung von Alltag und Expertenwissen und die gegenseitige Durchdringung. „Soziologisches Wissen schraubt sich in den Alltag hinein und aus diesem Bereich wieder heraus". Doppelte Hermeneutik ist sein Begriff, um das Verhältnis von Soziologie und menschlichen Handlungen zu erklären. Sicherlich kann man dieses Bild auch auf die Soziale Arbeit übertragen. Medien vermitteln (scheinbar) Handlungswissen für konkretes Verhalten: Grenzen-Setzen-Publikationen und Supernanny seien hier als Beispiele genannt.

Kennzeichnend für die Moderne ist die Umgestaltung von Raum und Zeit: Früher gab es eine Verbindung von Zeit und Raum, strukturell gebunden an wiederkehrende Naturereignisse, jetzt gibt es eine Trennung von Zeit und Raum, hervorgerufen durch die Erfindung und Verbreitung mechanischer Uhren vom Ende des 18. Jahrhunderts an. Die Uhr führt zu einer Einheitlichkeit der gesellschaftlichen Organisation von Zeit, sie schafft eine weltweite Standardisierung des Kalenders. Dadurch werden gleichzeitig präzise Zeitzonen des Tages geschaffen. Es kann zwischen verschieden Dimensionen unterschieden werden: Arbeitszeit, „leere" Zeit.[9]

Es entsteht eine gesellschaftliche Organisation von Zeit, eben nicht durch Jahreszeiten oder rituelle/religiöse Ereignisse vorgegeben. Aber auch heute gibt es noch Einbrüche, Naturkatastrophen, die diese Chronometerisierung in frage stellt.

Neben dieser Aufteilung von Raum und Zeit ist für Giddens die Trennung von Raum und Ort wichtig: der lokale Ort wird *phantasmagorisch*. Dies bedeutet: Menschliches Handeln wird eben nicht nur von einem konkreten Schauplatz bestimmt, sondern kann auch aus der Entfernung beeinflusst, durch soziale Einflüsse geprägt und gestaltet werden, die von weit her stammen können. Es findet nach Giddens eine Dislozierung des Raums vom Ort statt.

Dieser Prozess ist seiner Meinung nach von ausschlaggebender Bedeutung für die extreme Dynamik der Moderne, denn diese ist:
1. die Voraussetzung für Prozesse der Entbettung,
2. lässt sie bürokratische, rationalisierte Organisationen entstehen und
3. stellt sie eine durchgreifende Historizität her und bewirkt einen weltgeschichtlichen Rahmen des Handelns und der Erfahrung.

Die grundlegende Kategorie der Entbettung definiert Giddens als das „Herausheben" sozialer Beziehungen aus ortsgebundenen Interaktionszusammenhängen und ihre unbegrenzte Raum-Zeit-Spannen übergreifende Umstrukturierung" (ebd.: 33). Im Prinzip umgrenzt hier Giddens Aspekte einer Theorie der Sozialpädagogik als Geschichte und Gegenstand. Denn gerade in der Entbettung aus sozialen Bezügen, der Auflösung des Oikos-Systems des „Ganzen Hauses" lassen sich die Ursprünge der Sozialen Arbeit (mit-) verorten.

---

[9] Gerade die Erziehung zur Industriosität als das Erziehungsziel der Industrialisierung spielt in der Entstehungsphase der Sozialen Arbeit eine wichtige Rolle: sich an die fixierten Zeiten der Industriearbeit zu gewöhnen und deren Einhaltung zu verinnerlichen.

Giddens unterscheidet zwei Arten von Entbettung:

1. Schaffung symbolischer Zeichen
Dies sind unterschiedliche Medien des Austauschs, die umhergereicht werden können, ohne dass sie an spezifische Merkmale von Individuen oder Gruppen gebunden wären. Giddens verdeutlicht dies am Beispiel des Geldes. Geld ist Mittel zur Zeitverklammerung, aber auch Abstandsvergrößerung, es lässt Transaktionen zwischen Akteuren zu, die in Raum und Zeit weit voneinander entfernt sind (ebd.: 37). Auch wenn es in der vormodernen Zivilisation schon Geld gab, so verändert sich doch Geld zu gespeicherten Ziffern auf einem Computer. In der avancierten Geldwirtschaft weiten sich die Geldmärkte aus, Geld wird zum inneren Bestandteil des modernen Lebens und überwindet in den Transaktionen beliebige Abstände. Historisch gesehen bedeutet dies: Der Tauschhandel wird durch Geldwirtschaft ersetzt. An die Stelle eines Warenaustauschs tritt das Bankgeld, das als standardisiertes Zahlungsmittel Transaktionen zulässt, die sich vom konkreten Raum und Markt gelöst haben.

Der Staat bürgt nun gewissermaßen für den Wert des Geldes und schafft damit das Vertrauen für Transaktionen. Das Vertrauen richtet sich abstrakt auf die Geldzeichen an sich, nicht auf konkrete Individuen, ist zugleich Glauben, nicht nur als kognitive Einsicht, sondern wird auch als Verpflichtung wahrgenommen. Vertrauen ist Grundlage der modernen Ökonomie, ist eine interessante Alternative zur Theorie der Entfremdung in der Netzwerkgesellschaft, weil hier die Grundlage des Funktionierens der „Weltgesellschaft" beschrieben wird. Ob dies Giddens heute noch so schreiben würde, sei dahingestellt.

2. Installierung von Expertensystemen
Unter Expertensystemen versteht Giddens professionelle Sachkenntnis, Systeme technischer Leistungsfähigkeit. Diese wirken sich in kontinuierlicher Weise auf uns aus. Zugleich haben wir von den jeweiligen Bereichen wenig Kenntnis, ob Hausbau, Straßenbau, Auto, Flugzeug, wir verlassen uns auf Experten. Die Welt wird von Expertensystemen geprägt, in die wir vertrauen.
Expertensysteme lösen soziale Beziehungen von den unmittelbaren Gegebenheiten ihres Kontexts. Die Experten liefern uns „Garantien", dass unsere Erwartungen auch über gewisse Raum-Zeit-Abstände hinweg erfüllt werden, lösen für uns spezifische Aufgaben und sind somit zweiter Bestandteil des Entbettungsmechanismus. Auch hier spielt der „Glaube" an das Funktionieren der Expertensysteme eine Rolle. Beide Entbettungsmechanismen fußen auf Vertrauen.

Exkurs: Vertrauen und Reflexivität

Der Prozess der Entbettung wird nach Giddens durch den Mechanismus des Vertrauens begleitet und abgesichert. Vertrauen wird von ihm zunächst definiert als: Zutrauen oder Sich-Verlassen auf eine Eigenschaft oder ein Merkmal einer Person oder Sache. Vertrauen setzt aber im Gegensatz zum Zutrauen oder zur Zuversicht voraus, dass man sich über das Riskante der Umstände im Klaren ist (ebd.: 45). Hier bezieht er sich auf Niklas Luhmann, der das Vertrauen in engem Zusammenhang mit dem Risiko sieht. Wer keine Alternativen in Erwägung zieht, hat Zutrauen; beim Vertrauen wäge ich Risiken ab, gehe also nicht blind ein Vertrauensverhältnis ein (ebd.: 46). Analog dazu ist die Unterscheidung zwischen Risiko und Gefahr zu sehen. Nach Giddens kann man aber beide Begriffe nicht trennen. Vertrauen ist eine bestimmte Form des Zutrauens (ebd.: 47).

Giddens nennt zehn Bedingungsmomente des Vertrauens:

1. „Vertrauen steht im Zusammenhang zeitlicher und räumlicher Abwesenheit.
2. In erster Linie ist Vertrauen mit Kontingenz verknüpft.
3. Vertrauen ist nicht das gleiche wie Glaube an die Zuverlässigkeit (…), sondern das, was aus diesem Glauben hervorgeht.
4. Vertrauen beruht auf dem Glauben an die Richtigkeit von Prinzipien.
5. Daraus folgt die Definition: Vertrauen kann als Zutrauen zur Zuverlässigkeit einer Person oder eines Systems gesehen werden.
6. Vertrauen ist nicht durch das Wesen der Dinge oder göttlichen Einfluss gegeben.
7. Gefahr und Risiko sind eng verwandt, aber nicht dasselbe.
8. Risiko und Vertrauen sind miteinander verflochten.
9. Risiken sind nicht nur individuelle Handlungen, sondern es gibt auch kollektive Risiken.
10. Das Gegenteil von Vertrauen ist nicht einfach Misstrauen" (ebd.: 48ff.).

Deutlich wird, dass Giddens von einem Transformationsspielraum des menschlichen Handels ausgeht. Die Verbindung von Entbettung, Vertrauen und Risikoeinschätzung schafft den Rahmen für das Leben in der Moderne. Moderne soziale Institutionen besitzen einen dynamischen Charakter. Es wird also die Moderne als eine Zeit gesehen, in der die handelnden Akteure in der Lage sind, zwischen Risiko und Gefahr zu unterscheiden. Hier tritt ein positiver Aspekt der Moderne hervor (ebd.: 49).

Hinzu kommt das Moment der Reflexivität. Während Beck von den unbeabsichtigten Nebenfolgen der gesellschaftlichen Entwicklung spricht und dies der Kategorie der Reflexivität zuordnet, kommt nach Giddens der Reflexivität auch eine andere Bedeutung zu:

Reflexivität bedeutet auch, soziale Praktiken zu überprüfen und weiter zu entwickeln, eine radikale Revision der Konventionen, die alle Aspekte des menschlichen Lebens erfasst. Dennoch ist auch bei Giddens nicht sicher, ob Wissen mit Gewissheit gleichzusetzen ist: „Wir sind in einer Welt unterwegs, für die reflexiv angewandtes Wissen durch und durch konstitutiv ist, doch wo wir zugleich niemals sicher sein können, ob irgendein gegebenes Element dieses Wissens nicht revidiert werden wird" (ebd.: 56).

Die Sozialwissenschaften sind in den Prozess der Wissensgenerierung involviert, zugleich aber auch gewissermaßen verstrickt. Ihr Wissen dringt in den Alltag ein, führt potentiell zur Revision und Weiterentwicklung sozialer Praktiken und Institutionen. Dies bedeutet aber nicht, dass das mehr an Wissen über das Soziale Leben auf eine umfassendere Kontrolle über unser Schicksal hinausläuft, eine Steigerung der Rationalität des Verhaltens entsteht - im Sinne einer Sozialtechnologie. Hier erfolgt seine Absage an die „Erben des Aufklärungsdenkens", denn Wissen und deren Anwendung ist erstens häufig mit Machtkonstellationen verknüpft, zweitens beeinflussen vorhandene Werte hinzukommendes Wissen, drittens trägt Wissen von dieser Welt auch zur Instabilität und Unbeständigkeit bei und viertens gibt es keinen linearen Bezug zwischen dem Wissen der Experten und dem Wissen, das beim Handeln von Nichtexperten zum Tragen kommt.

Die Moderne ist im Innern zutiefst soziologisch (ebd.: 60). Dies bedeutet nicht mehr Aufklärung und auch keine Verbesserung der Lebensumstände oder die Übernahme des Wissens in Praxis im Sinne einer sozialtechnologischen Verbesserung. Reflexivität führt zur Selbsterkenntnis, aber stabilisiert nicht Wissen zwischen Laien und Experten (ebd.: 62). Wissen und Gewissheit sind nicht gleichzusetzen und die Reflexivität der Moderne untergräbt die Vernunft (ebd.: 55).

Giddens skizziert darüber hinaus die Risiken der Moderne und deren Gefahren. Er nennt sieben spezifische Risikoprofile:

- Globalisierung der Risiken im Sinne ihrer Verstärkung (Atomkrieg),
- zunehmende Zahl kontingenter Ereignisse (Veränderung der globalen Arbeitsteilung),
- gestaltete Umwelt, vergesellschaftete Natur,
- institutionalisierte Risikoumwelten (Investitionsmärkte),
- Bewusstsein vom Risiko des Risikos, Wissenslücken lassen sich nicht mehr in religiöse oder magische „Gewissheiten" umwandeln,
- Verbreitung des Risikobewusstseins und
- das Bewusstsein von den Grenzen des Expertenwissens.

Für Giddens symbolisiert der Dschagannath-Wagen den Charakter der Moderne. Dieser zermalmt diejenigen, die ihm im Weg stehen. Wir können seine Route und Geschwindigkeit nicht bestimmen.[10]

Zusammengefasst umgrenzt er seine Phänomenologie der Moderne mit den Aspekten: Dislozierung und Rückbettung, Unpersönlichkeit und Intimität, Expertentum und Wiederaneignung, privatistisches Verhalten und Engagement. Die Erfahrungen sind ambivalent in der Moderne. Dislozierung bedeutet Auflösung vertrauter Ordnungen und Bindungen, zugleich findet aber eine Rückbettung statt z.B. durch neu gestaltete Örtlichkeiten und Wohnquartiere. Für die Moderne ist kennzeichnend, dass intime Beziehungen stets ambivalent sind und die Möglichkeit der Trennung stets präsent ist. Das Expertentum dringt zunehmend in den Bereich des Intimen ein, zugleich werden Dinge undurchschaubar, selbst wenn wir uns Wissen aneignen, dann gilt dies nur für einen kleinen Bereich, wir sind „alle Laien" und müssen mit dem Dschagannath-Wagen fahren. Auch wenn wir uns entscheiden können zwischen gesellschaftspolitischen und sozialem Engagement oder privatistischem Verhalten - Giddens sieht durchaus Chancen für soziale Bewegungen, doch sieht er auch die Grenzen derselben.

Seine Auffassung der radikalisierten Moderne ist zugleich eine Absage an die Analytiker der Postmoderne. Die Risken der Moderne nehmen zu, er erkennt Aspekte totalitärer Macht, Möglichkeiten des wirtschaftlichen Zusammenbruchs, des Verfalls oder der Katastrophen im ökologischen Bereich und die Möglichkeit von Kriegen bis hin zum atomaren Konflikt (vgl. ebd.: 211).

Zwar ist die Moderne zukunftsorientiert, doch enthält die Zukunft kontrafaktische Modellentwürfe.

---

[10] Dschagannath kommt vom Hinduwort „Herr der Welt". Dies ist ein Titel Krischnas. Früher wurde ein Bild des Gottes auf einem riesigen Wagen jährlich durch die Straßen gefahren und der Wagen zermalmte manche Anhänger dieser Religion (vgl. ebd.: 173).

6 Soziologische Hauptströmungen der Gegenwart

Zima (2001) fasst die modernen Strömungen der Soziologie prägnant in sechs Punkten zusammen. Diese spiegeln Fortschrittsglauben ebenso wie Pessimismus ob der gesellschaftlichen Entwicklung wider und geben erste Anhaltspunkte für einige Grundpositionen der Gesellschaftswissenschaft:

1. „Seit der Entstehung der modernen Soziologie, (…) setzen sich Sozialwissenschaftler kritisch mit der aufgeklärten, rationalistischen und rationalisierenden Moderne auseinander. Bei Autoren wie Max Weber, Alfred Weber, Georg Simmel und Emile Durkheim mündet diese Kritik bisweilen in Skepsis und Kulturpessimismus.

2. In der zeitgenössischen Soziologie mehren sich die Versuche einem modernen Denken abzusagen, das der Naturbeherrschung und einem aufgeklärten Rationalismus huldigt (…)

3. Zugleich wird eine Ablösung der auf Naturbeherrschung und Disziplinierung gegründeten Industrie- und Klassengesellschaft durch eine nachindustrielle Risikogesellschaft, eine postindustrielle Gesellschaft (Touraine, Bell) oder eine postmoderne Gesellschaft (Bauman, Welsch) festgestellt.

4. Diese postmoderne Welt wird vor allem von Bauman (aber auch von Lyotard und Welsch) als eine Welt des radikalen Pluralismus und der multikulturellen Polyphonie aufgefasst. Dass dieser Pluralismus in Indifferenz ausmünden kann, wird immer wieder von Touraine hervorgehoben.

5. Es ist gleichzeitig (sowohl bei Beck als auch bei Giddens) eine Welt des extremen Individualismus, der Anomie und Entfremdung, die durch das Streben nach Selbstverwirklichung und durch narzisstische Tendenzen gekennzeichnet ist.

6. Die hier kommentierten Soziologen sind sich darin einig, dass die modernen und postmodernen Probleme (Rationalisierung, Bürokratisierung, Fragmentierung, Umwelt) noch am ehesten durch radikale und umfassende Demokratisierung zu lösen sind" (Zima 2001:68f.).

In dieser Zusammenfassung einiger theoretischer Konzepte schwingt durchaus mit, die Welt nicht primär in Konzepten der Postmoderne zu sehen, vielmehr werden unterschiedliche Optionen und Sichtweisen deutlich.

Uns erscheinen die Konzepte, die sich auf die Risiken der Moderne beziehen und Moderne nicht mit Modernität oder Ununterscheidbarkeit gleichsetzen, den Lebensbedingungen in unserer Gesellschaft angemessen. Die scheinbare Vielfalt der Lebensbedingungen, das Sich-gegenseitig-Berühren, Anstoßen, Abstoßen und Beeinflussen suggeriert polyphone Lebensmöglichkeiten, die nur bedingt der gesellschaftlichen Realität entsprechen. Ausgrenzung, Isolation, strukturelle Armut von Alleinerziehenden, Alten aber auch Kindern spiegeln gesellschaftliche Bedingungen, die nicht auf eine soziokulturelle Amalgamierung der Lebensstrukturen verweisen.

Reflexive Modernisierung ist eben nicht gleichzusetzen mit einem Fortschritt an Humanität, gesellschaftlicher Harmonie und individueller Autonomie. Auch Manuel Castells verdeutlicht, dass in der Netzwerkgesellschaft Differenzen existieren, die sich nicht nur aus der geographischen Lage der Länder ergeben, sondern dass dies insbesondere für Kommunikationstechnologien und die Nutzung der drahtlosen Kommunikation gilt:

„Technology follows differential paths of diffusion and use according to age, gender, class, ethnicity, race and culture and is appropriated by people in terms of their values and needs... This is to say, that the social differentiation of technology closely reproduces the social differentiation of society, including the cultural diversity manifested within countries and between countries." (Castells u.a. 2007:75).

Gerade die Netzwerkgesellschaft schafft nicht nur Verbindungen, sondern trennt auch zwischen „in" und „out". Wer über die Technologie verfügt, der ist dabei. Interessant ist an Manuel Castells´ theoretischen Überlegungen zur Erfassung der Gesellschaft, dass Differenzierungen und auch Ethnizität sehr wohl noch eine Rolle spielen.

Mit reflexiver Modernisierung ist eben auch gemeint, dass die Gesellschaften sich in einem Transformationsprozess befinden, der weniger geplant, denn „eher unreflektiert verläuft" (Beck 1996:27), mit Prozessen der „Entbettung" (Giddens 1999:33ff.) einherschreitet und Nebenfolgen zeitigt, die auf „die Armutsfalle", „die Zerbrechlichkeit sozialer Lagen und Biographien" (Beck 1996:27) verweisen.

Beck macht deutlich, dass unter dem Stichwort der Selbsttransformation der Industriegesellschaft aber auch zu sehen ist: „Die überwiegende Mehrheit der Länder hechelt mehr oder weniger aussichtslos den Zielen der *einfachen* Industriemoderne hinterher... Sie verfügen weder über ein gesichertes Gewaltmonopol noch über Rechtstaatlichkeit..." (ebd.: S.28).

Beck fasst die Situation, die sicherlich auch jetzt noch gilt, plakativ zusammen: „An der Wende ins dritte Jahrtausend befinden sich die Zivilisationen in einer chaotischen Gleichzeitigkeit des Ungleichzeitigen" (ebd.: 29).

Deshalb beziehen wir uns in unserer theoretischen Orientierung auf die Positionen, die die Diskontinuitäten der Entwicklung (Giddens), der Lagerung der Menschen im Prozess der Individualisierung und Pluralisierung in den Blickpunkt rücken und ihre Teilhabe an gesellschaftlichen Gütern oder aber ihre Exklusion von und in der Netzwerkgesellschaft. Soziale Zwänge sind nicht aufgehoben, sondern im Wandel der Lebensbedingungen haben diese - wie bereits ausführlicher erläutert - sich nur nach oben verschoben, was Beck plastisch als „Fahrstuhleffekt" illustriert (Beck 1986).

Wenn auch von uns kein expliziter Bezug zum Diskurs über die Postmoderne hergestellt wird, so soll doch darauf verwiesen werden, dass Zima im abschließenden Kapitel seines Buches Moderne/Postmoderne einen Bogen zwischen den einzelnen unterschiedlichen Positionen zur Analyse der Moderne schlägt. Er attestiert dem engagierten Vertreter der Postmoderne, Welsch, das Bemühen, durch seine Konzeption *der transversalen Vernunft* „Übergänge und Verflechtungen" zwischen heterogenen Welten herzustellen. Gleichzeitig stellt er aber auch fest, dass sein „Diskurs *nolens volens* zum majorisierenden Metadiskurs" (Zima 2001:391) wird.

Giddens sieht als Bedeutung des Begriffs der Postmoderne die der *ästhetischen Reflexion* über das Wesen der Moderne (Giddens 1999:63). Dennoch gilt: Trotz der Kritik an Welsch und der Frage nach dem grundsätzlichen Stellenwert kulturtheoretischer soziologischer Ansätze, soll dennoch versucht werden „Übergänge und Verflechtungen" innerhalb gesellschaftlicher Gruppen aber auch zwischen einzelnen Gesellschaften zu erkennen und in den Blickpunkt zu rücken. Dazu gehört, sich mit den Aspekten der Transnationalität, der kulturellen Verflechtung zwischen einzelnen Gruppen und Ethnien auseinanderzusetzen. Transversalität schwingt aber - im Kontext der verdeutlichten Einschränkungen - als offener Aspekt in der Untersuchung der heutigen Gesellschaft mit.

Die reflexive Modernisierungstheorie handelt von den unbeabsichtigten Folgen der sozialen und ökonomischen Entwicklung. Sie verweist auf die Nichtsteuerbarkeit gesellschaftlicher Prozesse. Wie Bauman es formuliert, ist die Moderne ambivalent, wir leben in flüchtigen Zeiten und in Ungewissheit.

7 Ambivalenz, Individualität, Apriories und Soziologie des Raums (Simmel und Junge)

Die Analyse der unbeabsichtigten Nebenfolgen der Industrialisierung und deren Auswirkung auf das Leben in der Moderne von Beck, Giddens und Lash verweist auf die Brüchigkeit von Lebenslagen, Gefährdungen und Risiken. Reflexive Modernisierung, Vertrauen und Risiko, Mechanismen der Entbettung und Rückbettung, die Beschreibung der Gesellschaft als Risikogesellschaft, in diesen Begriffen schwingen Vorstellungen von sich widerstreitenden, entgegenstehenden gesellschaftlichen Entwicklungsprozessen mit. Offensichtlich haben Konzepte die auf ambivalente Strukturbedingungen in der Moderne verweisen, Konjunktur.

Doch schon Simmel hat die Bewegung der Gesellschaft untersucht. Sein Blick auf die Gesellschaft umfasst vier Aspekte: Ambivalenz, Wechselwirkung, Individualität und Aprioris.

Für Simmel ist Ambivalenz ein zentrales theoretisches Konzept und bezieht sich auf die Gleichzeitigkeit unterschiedlicher, sich teilweise widersprechender Prozesse. Unter Ambivalenz versteht er generell die Doppelwertigkeit von Sachverhalten. Beschreibungen des Lebens in der Moderne verweisen auf ihren ambivalenten Charakter: Der Differenzierung gesellschaftlicher sozialer Lagen steht eine Entdifferenzierung sozialer Milieus gegenüber. Die Institutionalisierung sozialer Systeme wird begleitet von einer Deinstitutionalisierung sozialer Gebilde, was sich an der Verfestigung neuer und Auflösung alter familialer Systeme verdeutlichen lässt. Die klassische Kernfamilie wird zunehmend durch weitere Formen ergänzt, Alleinerziehende, gleichgeschlechtliche Partnerschaften und Patchworkfamilien seien hier als Beispiel genannt. Der Globalisierung steht eine Rekonturierung lokaler Lebenszusammenhänge gegenüber, der Sozialraum gewinnt an Bedeutung. Die Menschen gründen Initiativen, wollen ihr Umfeld mitgestalten, wehren sich gegen Eingriffe in die Landschaft durch Strommasten, Straßen und Bebauung.

Die Gesellschaft ist durchgehend von Doppelwertigkeit und Widersprüchen geprägt. Verdichtungs- und Enstrukturierungsprozesse zugleich prägen die gesellschaftliche Entwicklung. Das so genannte Turboabitur beschleunigt die Schulphase, gleichzeitig werden schulische Unterstützungen wie Hausaufgabenhilfen und Sprachunterricht für Migranten gekürzt. Ambivalenzen erzeugen „Zwiespältigkeiten" und reproduzieren diese ständig neu.

Zu unterscheiden ist zunächst grundsätzlich zwischen Ambiguität als Zweideutigkeit und Ambivalenz als Zweiwertigkeit. Ambivalenz bezieht sich auf das individuelle Erleben und Handeln. Das jeweilige Subjekt deutet Zweideutigkeit in Zweiwertigkeit um. „Ambiguität, Zweideutigkeit, schlägt in Ambivalenz, Zweiwertigkeit, um, wenn das individuelle Erleben und Handeln sich mittels ambiguer Situationsbeschreibungen zu orientieren sucht" (Junge 2000:14).

Zweideutigkeit und Zweiwertigkeit können Angst auslösen, Handeln beeinflussen, sowohl fördernd als auch blockierend. Die Bewältigung von Ambivalenz ist das Grundmerkmal der modernen Gesellschaft, wir müssen auf allen Ebenen damit fertig werden. Dies kann sowohl durch Kontrolle als auch durch Akzeptanz geschehen.

Junge entwickelt anhand der Soziologie von Simmel ein Ambivalenzkonzept, das die Bedeutsamkeit dieses Erklärungsansatzes für die Situation im gegenwärtigen Vergesellschaftungsprozess aufzeigen will und dessen zeitdiagnostische Fruchtbarkeit. Junge sieht in der Soziologie von Simmel – trotz aller Kritik und negativen Bewertungen - einen wichtigen Ansatzpunkt zur Erklärung des Lebens im Übergang von der Moderne zur Postmoderne. Für ihn stößt das moderne Ordnungstreben „als Versuch der Unterwerfung und Zerstörung von Ambivalenz" an Grenzen und lässt „vermehrt Ambivalenzen auftreten" (Junge 2000:14ff.).

Ausgangspunkt der soziologischen Analyse der industriellen Gesellschaft von Georg Simmel ist nicht die Grundannahme einer permanenten Steigerung der individuellen Autonomie und der zunehmenden gesellschaftlichen Ordnung. Gesellschaften müssen sich nicht automatisch normativ integrieren, sondern sie können eine Vielfalt von Ordnungen entwickeln. Der Vergesellschaftungsprozess der Moderne entwickelt sich über Ambivalenzen. Die Ausbildung und Entwicklung von Individualität und deren Stabilisierung in der Moderne wird zunehmend schwieriger. Hier greift Simmel auf das Konzept der Aprioris zurück, die einerseits eine gewisse Stabilität der Orientierung für den Einzelnen bieten, jedoch auch historischem Wandel unterliegen.

Aprioris sind Typisierungen: „Wir sehen den anderen in irgend einem Maße verallgemeinert". Menschen entwickeln Schemata und Orientierungsmuster, um die Welt für sich zu interpretieren und um sich an der Realität orientieren zu können (Simmel 1992:47).

Simmel unterscheidet drei Typen so genannter Aprioris:

1. „Das Bild, das ein Mensch vom anderen aus der persönlichen Berührung gewinnt, ist durch Verschiebungen bedingt." Es ist ein geformtes Bild, das nicht mit der Wirklichkeit identisch ist (Simmel 2008:290).

Um den Menschen zu erkennen, sehen wir ihn nicht nur als Individuum, sondern ordnen ihn erhebend oder erniedrigend einem allgemeinen Typus zu. Simmel präzisiert: „So findet der Mensch in der Vorstellung der Menschen Verschiebungen, Abzüge und Ergänzungen", diese Verallgemeinerung ist „immer zugleich mehr oder weniger (..) als die Individualität" (ebd.: 292).

2. Das zweite Apriori, nennt Simmel das soziale Apriori. Diese „Kategorie, (…) lässt sich mit dem trivial erscheinenden Satz formulieren: dass jedes Element einer Gruppe nicht nur Gesellschaftsteil, sondern außerdem noch etwas ist" (ebd.: 293).

Dies zweite Apriori nennt Junge das Hintergrundapriorie (Junge 2000:73) - bezieht auch auf die Annahme, dass das Individuum „mit gewissen Seiten nicht Element der Gesellschaft ist" (Simmel, 2008: 293). Menschen können von der Gesellschaft ausgeschlossen sein, dies kann sowohl für den Fremden, den Feind, den Verbrecher, aber auch den Armen gelten. Gesellschaften sind Gebilde aus Wesen, „die zugleich innerhalb und außerhalb ihrer stehen" (ebd.: 295). Die Tatsache der Vergesellschaftung bringt das Individuum in eine Doppelstellung, denn es ist „ein Glied ihres Organismus und zugleich selbst ein geschlossenes organisches Ganzes, ein Sein für sie und ein Sein für Sich" (ebd.: 297). Das Innerhalb- und Außerhalb-Stehen der Individuen ist als soziologisches Apriori von Bedeutsamkeit, da hiermit die „einheitliche Position des sozial lebenden Menschen" (ebd.: 297) bezeichnet wird.

„Gesellschaft besteht nicht nur (…) aus Wesen, die zum Teil nicht vergesellschaftet sind, sondern aus solchen, die sich einerseits als völlig soziale Existenzen, andrerseits, den gleichen Inhalt bewahrend, als völlig personale empfinden" (ebd.: 298). Gerade die Fähigkeit des Individuums zur Synthese und die Gleichzeitigkeit der entgegengesetzten Bestimmungen „des Fürsichseins, des Produziert- und Befasstseins durch „die Gesellschaft und des Lebens aus dem eigenen Zentrum heraus und um des eignen Zentrums willen" (ebd.: 298) ist ein Moment, das durch dieses soziale Apriori erklärt wird.

3. Das Apriori der gesellschaftlichen Ordnung

Die Gesellschaft ist zunächst geprägt von einem unentwirrbaren Durcheinanderspielen von Funktionen, als ein Kosmos, dessen Mannigfaltigkeit „nach Sein und Bewegung" (ebd.: 299) unüberschaubar erscheint. Dennoch liegt auch in

dieser scheinbaren Unvollkommenheit eine Ordnungsstruktur, in der jedes Element „einen individuell bestimmten Platz einnimmt" (ebd.: 299).
Der Einzelne ordnet sich durch seine Qualitäten einem bestimmten sozialen Milieu zu. In der Kategorie des Berufs findet das Apriori seinen Ausdruck. Das dritte Apriori ist nach Junge das Versöhnungsapriori, es stellt die Verbindung von Individuum und sozialer Struktur her. Die Verbindung von individuellem Bewusstsein und sozialer Struktur wird z.B. über den Beruf vermittelt, der als „gelingende Passung von Individuum und sozialer Struktur gedeutet wird" (Junge 2000:75).

Insgesamt stellen Aprioris Konstruktions- und Orientierungshilfen dar, das Verhältnis von Individuum und Gesellschaft zu bestimmen. Wichtig sind Simmels Hinweise auf die Wahrnehmung des Einzelnen durch den jeweiligen Betrachter und dessen subjektives Erkennen des Einzelnen. Außerdem skizziert er die Trennungslinien zwischen Gesellschaft und Individuen, die mögliche Ausgrenzung des Einzelnen, Andersartigen und Fremden wird gesehen und betont. Zugleich konstruiert das Individuum seine Sichtweise auf die Gesellschaft, sein Verhältnis zu ihr, und seine eigene personale Situation unterliegt der eigenen Interpretation. Trotz der skizzierten möglichen Widersprüche zwischen Einzelnem und Gesellschaft gibt es aber ein Prinzip der Ordnung, neben der Mannigfaltigkeit des Seins.

Simmel entwirft schon 1890 das Konzept der Ambivalenz, der Doppelwertigkeit von Sachverhalten, der Wechselwirkungen, der Individualität, der Aprioris. Junge fasst dies wie folgt zusammen:

Abbildung 1:   Die Bewegung der Moderne in Simmels Soziologie

Aprioris
Wechselwirkungen
Bewegung der Moderne
Individualisierung   ↔   Ambivalenzen

(Junge 2000:34)

Folgende Strukturen der Ambivalenz können unterschieden werden:
- ontische Ambivalenz,
- erkenntnistheoretische Ambivalenz,
- soziale Ambivalenzen und
- psychische Ambivalenzen (ebd.: 40).

48

Diese differenzierende Unterscheidung der Formen der Ambivalenz ist auch heute noch für die Beschreibung und Analyse der Gesellschaft bedeutsam. Ontische Ambivalenz bedeutet, dass Objekte selbst nicht eindeutig sind. Es gibt Nuancen der Wahrnehmung von Phänomenen durch uns. Diese ontische Ambivalenz wird begleitet von der Ambivalenz der Erkenntnis, denn Begriffe und Kategorien, mit denen wir die Realität beschreiben und uns aneignen, sind nicht eindeutig. Dies wird schon bei der Darstellung der Aprioris deutlich. Soziale Ambivalenz verweist auf die mögliche Gleichzeitigkeit konträrer Erscheinungen. Beispiel wären in der heutigen Gesellschaft Verdichtungs- und Beschleunigungsprozesse einerseits und andererseits Ausdehnungs- und Verlangsamungsprozesse. Psychische Ambivalenzen verweisen auf Bewertungs- und Wahrnehmungskonflikte, es entstehen persönliche Reaktionsmuster, die bestimmte Lebensstile ausprägen: Geiz, Geldgier, Verschwendung, asketische Armut und Zynismus.

Für Simmel bleibt aber die gesellschaftliche Entwicklung nicht statisch. Er nennt vier Ordnungsprinzipien, die dazu beitragen können, Ambivalenz zu verringern: Solidarität Toleranz, Freiheit, Verantwortung.

Einerseits muss es darum gehen, Ambivalenz zu akzeptieren, so z.B. im Diskurs oder durch eine Ordnung der Verantwortung. Andrerseits geht es um die Ambivalenzkontrolle. Dies kann sowohl durch privatisierte Ambivalenzbewältigung geschehen als auch durch solidarische. Es geht um Ordnungspluralität, die sowohl auf der horizontalen Ebene gesellschaftlicher Lagerung als auch auf der vertikalen Dimension als Handlungsmaxime gelten kann.

Diese Prinzipien der Ordnung verweisen auch auf unterschiedliche soziologische Theorietraditionen, deutlich wird durch sie die unterschiedliche Nähe dieser Theorien zur jeweiligen Wahrnehmung der Moderne als Gesellschaft des Kampfes um Ordnung, Solidarität, Freiheit und Verantwortung.

Giddens greift in seiner Herausarbeitung der reflexiven Modernisierung den Aspekt der Freiheit und Verantwortung auf. Doch seine Argumentationsfigur der sozialen Differenzierung und der Individualisierung spielt schon bei Simmel eine wichtige Rolle. Insofern ist die heutige Analyse bei ihm bereits angelegt und teilweise dem Niveau der heutigen Debatte überlegen (vgl.: Müller 1993 zit. nach Junge 2000:53).

Simmel entwickelt die Argumentationsfigur der Individualisierung mittels verschiedener Elemente. Im Prozess der sozialen Differenzierung prägt sich erstens eine arbeitsteilige Spezialisierung und Rollendifferenzierung heraus. Dies führt zur stärkeren Unterscheidung einzelner Individuen. Zweitens wird in der Philosophie des Geldes die Wirkung von Tausch auf das individuelle Lebensgefühl der Individuen untersucht. Drittens greift er die Wechselwirkung von Individuum und Kultur auf, werden die Möglichkeiten der Darstellung von

Einzigartigkeit mit kulturellen Mittel aufgezeigt. Viertens wird in den Arbeiten zur „Tragödie der Kultur" der „Entfremdungsprozess des Individuums" von seinen Objektivationen dargestellt. Fünftens wird die selbst erfahrene und erlebte Individualität erfasst. Und sechstens führt er Überlegungen zum „individuellen Gesetz" aus. Hier beschreibt er die Individualisierung des Individuums, seine Persönlichkeitsentwicklung. Simmel stellt die Selbstformung des Einzelnen in den Mittelpunkt als wichtige Argumentationsfigur, die die Zwänge zur Individualisierung durch die Eigengestaltung ergänzt (Junge 2000:64ff.).

Simmel entwirft darüber hinaus eine Soziologie des Raumes. Soziale Arbeit, die sich nicht erst seit einigen Jahren für den Stadtteil, die Straßensozialarbeit interessiert, hat schon in der Chicagoer Schule den Raum als Bezugspunkt des sozialen Handelns skizziert. Die aktuelle Ausformulierung der sozialraumbezogenen, stadtteilorientierten Sozialpädagogik findet in den Skizzen von Simmel ihren kaum beachteten Vorläufer. Die Gestaltung des Gemeinschaftslebens und die Raumform verbinden sich auf verschiedene Weise:

A. „Jeder Raumteil hat eine Art von Einzigkeit, für die es kaum eine Analogie gibt" (Simmel 1995:134)

B. Jeder Raum hat Grenzen und umfasst konkrete Einheiten, dabei ist die „Grenze nicht eine räumliche Tatsache mit soziologischen Wirkungen, sondern eine soziologische Tatsache, die sich räumlich formt" (ebd.: 141).

C. „Die dritte Bedeutsamkeit des Raumes für die sozialen Gestaltungen liegt in der *Fixierung*" (ebd.: 146). Es bilden sich bestimmte Beziehungsformen heraus, die sich in sachlichen Lebensformen und festen Ordnungen offenbaren. Räume haben einen „Drehpunkt", so z.B. durch fixierte Örtlichkeiten wie Kirchen.

D. Einen vierten Typus bietet der Raum durch „die sinnliche Nähe oder Distanz zwischen den Personen, die in irgendwelcher Beziehung zu einander stehen" (ebd.: 154). Dies führt zu Wechselwirkungen im Positiven wie im Negativen, zum Beisammensein und Getrenntsein. Räumliche Nähe verbietet gegenseitige Indifferenz, schafft nach Simmel im lokalen Bereich, freundliche oder feindliche Verhaltensweisen. Dennoch gibt es in der modernen Großstadt davon Ausnahmen: Hier kann bei „nächster Flurnachbarschaft vollkommene Indifferenz und Ausschluss jeder gegenseitigen Gefühlsreaktion stattfinden" (ebd.: 158). Dies gilt sowohl für Menschen mit hohem Bildungstand als auch für Menschen, die sich gegen das räumlich Nahe durch Abstumpfung und Gleichgültigkeit schützen (vgl. Simmel 1995:158f.).

E. Die vier bisher aufgezeigten soziologischen Formungen des Raums beziehen sich auf das ruhende Nebeneinander, die Begrenztheit und Distanz, die Fixiertheit der Nachbarschaft sowie die räumlichen Konfigurationen in das Gefüge der Menschen hinein. Die letzte Dimension bezieht sich auf den Aspekt der Beweglichkeit, den Raum zu verlassen oder sich in einem neuen Raum zu platzieren (vgl. ebd.: 167). Hier stößt Simmel auf den Aspekt der Migration. Die Mobilität dokumentiert sich nicht zuletzt in der Figur des Wanderers. Wandern ist zunächst individualisiert und isoliert und treibt die Menschen, der Stütze ihrer Heimat enthoben, zum Zusammenschluss, um gegen Vereinsamung und Haltlosigkeit in der Fremde anzugehen (vgl.: 171). Diese Versuche, Rückhalt in der Fremde in der eigenen Gruppe zu finden, sind ein prägender Teil von Migrationsverläufen. Die German-October-Feste in Amerika und Kanada seien als folkloristische Beispiele genannt. Simmel skizziert auch den Typus des Vagabunden und Abenteurers, der umherschweift, und bietet damit schon vor Zygmunt Bauman die analytische Grundlage zur Beschreibung *des* Phänotypus des Menschen in der Moderne, eine Grundfigur an, die des Wanderers.

Simmel greift in seinen soziologischen Abhandlungen die Einwirkungen auf, „die die räumlichen Bestimmtheiten einer Gruppe durch ihre soziale Gestaltungen und Energien erfahren" (Simmel 1995:201).

Dabei interessiert ihn das Verhältnis von gemeinschaftsorientierten sozialen Gebilden wie Familie gegenüber frei schwebenden Verbindungen, die aus dem Bewusstsein gemeinsamer Überzeugungen und Bestrebungen bestehen, wie z.B. Parteien. Dies gilt aber auch für die Rolle von größeren Gebilden, die institutionalisiert sind. Das „Haus" ist für ihn der Gegenstand der Untersuchung. Der „leere" Raum ist von Bedeutung, da sich hier soziologische Beziehungen negativer oder positiver Art ausdrücken können. Auch hier schwingt als Leitmotiv der soziologischen Perspektive von Simmel der Aspekt der Ambivalenz mit. Die untersuchten sozialen Phänomene sind eingebettet in divergierende Strukturen. Diese antagonistische Struktur ist prägend für die Erkenntnis des Lebens in der Moderne.

Simmel ist eindeutig Wegbereiter moderner soziologischer Theorien. Für die Soziale Arbeit liefert er einen Interpretationsrahmen zur Beschreibung der Lebenslagen und -stile, der insbesondere auf die immanenten Widersprüche der Gesellschaft achtet: arm und reich, integriert und desintegriert, Nähe und Distanz. Junge kommt zu folgender Erkenntnis, die aus unserer Sicht anschlussfähig ist: „Im gegenwärtigen soziologischen Diskurs wird das Konzept der Ambivalenz immer häufiger an zentraler Stelle der Theoriekonstruktion eingesetzt" (Junge, 2000:37). Gesellschaftliche Wandlungsprozesse verweisen auf Umbrüche, die von hoher Widersprüchlichkeit geprägt sind. Dazu gibt es genügend Beispiele im wirtschaftlichen Bereich im In- und Ausland. Die gierige Aneignung ungeheuer hoher Bonusvergütungen von Managern in Banken und Industrie, aber auch in (halb-)staatlichen Betrieben, steht dafür symbolhaft und real.

8   Kampf der Kulturen (Huntington)

Samuel Peter Huntington hat ein Buch publiziert, das im Orginal „Clash of Civilizations" heißt und in Deutschland unter dem Titel „Kampf der Kulturen" publiziert wurde. Es geht um die Neugestaltung der Weltpolitik im 21. Jahrhundert. Huntington betont ausdrücklich, dass sein Buch sich nicht als sozialwissenschaftliches Werk versteht, vielmehr will er ein Paradigma liefern zur Erklärung möglicher weltumgreifender Entwicklungsprozesse.

Sein Begriff von Paradigma geht auf Thomas Kuhn zurück, der in seinem Klassiker „Die Struktur wissenschaftlicher Revolution" feststellt: Paradigmen sind Theorien, Modelle, Erklärungsmuster, die die Realität ordnen und allgemeine Aussagen über sie treffen, Kausalbeziehungen zwischen Phänomenen herstellen. Paradigmen sind Abstraktionen. Huntington erkennt vier grundlegende Paradigmen zur Beschreibung des globalen Lebens:
- Eine-Welt-Harmonie
- zwei Welten: Wir und Die (Haus des Friedens, Haus des Krieges)
- kulturelle Zweiteilung (Westen und der Rest)
- Welt als Anarchie

Huntington verwirft die These vom Ende der Geschichte: Weder die Annahme der Universalisierung der westlichen liberalen Demokratie noch eine grobe Einteilung der Welt in zwei Kulturen ist brauchbar. Dennoch betont er: Staaten sind und bleiben die beherrschenden Größen im Weltgeschehen, wenn sie auch in der Bedeutung schwächer werden.

Seine Kernthese ist, die Geschichte sei die Geschichte von Kulturen. Dabei ist zu beachten, dass im Deutschen zwischen Zivilisation (Mechanik, Technik, materielle Faktoren) und Kultur (Werte, Ideale, höhere geistige künstlerische und sittliche Eigenschaften) unterschieden wird. Im Englischen hingegen meint Zivilisation und Kultur die gesamte Lebensweise eines Volkes. Eine Zivilisation ist eine Kultur im großen Maßstabe (Huntington 1997:51).

Was definiert nun Kultur/Zivilisation? Huntington nennt folgende Aspekte: Religion, physische Merkmale (Rasse)[11], Totalität (Integration), Kulturen sind vergänglich. Kulturkreise sind keine politischen Größen.

Zivilisationen/Kulturkreise durchliefen sieben Stadien: Vermischung, Reifung, Expansion, Zeitalter des Konflikts, Weltreich, Niedergang, Invasion.

Huntington unterscheidet derzeit 7 Kulturkreise:

- den sinischen (chinesischen)
- den japanischen
- den hinduistischen
- den islamischen
- den westlichen
- den lateinamerikanischen
- und vielleicht den afrikanischen.

Dabei sei der Westen nicht auf einer Landkarte zu finden (ebd.: 61), sondern als Einheit des Glaubens zu verstehen. Für Huntington ist die jeweilige Religion das elementare Merkmal des Kulturkreises. Das Christentum sieht er als eine „hinterherhinkende" Kultur (ebd.: 65). Judentum, griechische Philosophie und chinesische Gelehrsamkeit entstanden schon vor dem Christentum. Der Aufstieg des Westens zur Dominanzkultur ist der technologischen Entwicklung und der Anwendung von Gewalt geschuldet. Die Frage ist, ob sich jetzt das Geschehen in der globalisierten Welt zu mehr Interaktion entwickelt und multikulturelles Geschehen die internationale Entwicklung skizziert? Aus der Sicht von Huntington verblasst die westliche Dominanz. Der Westen habe auch keine große Religion hervorgebracht. Andererseits haben zentrale politische Ideologien westlichen Ursprung, vom Liberalismus bis hin zum Marxismus.

Huntington erörtert, ob es ein multipolares kulturelles System gäbe, also so etwas wie eine universale Kultur. Kriterien universaler Kultur wären:

- geteilte Grundwerte
- Differenz zivilisierter Kultur zur Barbarei
- „Davos-Kultur" (ebd.: 78) - hierunter versteht er die intellektuelle Kultur auf der Ebene der Eliten
- Konsummuster, Populärkultur
- globale Kommunikation
- gemeinsame Sprache

---

[11] Hierauf wird im Folgenden noch näher eingegangen.

Doch es ist keine Weltsprache zu verorten. Betrachtet man die wichtigsten Sprachen dieser Welt, dann ergibt sich folgende Aufteilung:

Tabelle 3: Sprachen in % der Weltbevölkerung

Mandarin/Chinesisch	15,2
Englisch	7,6
Hindi	6,4
Spanisch	6,1
Russisch	4,9
Arabisch	3,5

(Quelle: Huntington 197:85)

Huntingtons Kernthese: Unterschiede zwischen den Religionen verstärken sich und der Fundamentalismus nimmt zu (ebd.: 90).

Die These einer universalen Kultur wiederum diene der Dominanz des Westens über den Rest der Welt. Die Tendenz zur universellen Kultur leite sich aus drei Mechanismen ab: Zusammenbruch des Kommunismus, Welthandel bewirke Weltkultur, Modernisierung bewirke universelle Kultur in den Bereichen: Bildung, Wohlstand, Mobilität.

Für Huntington ist keine Verschmelzung moderner Kulturen erkennbar. Die Prinzipien wie Rechtsstaatlichkeit, Pluralismus und Individualismus erscheinen als „geschönt" (ebd.: 100). Herausragende Merkmale der westlichen Kultur im Prozess der Moderne sind nach ihm folgende:
- das klassisches Erbe
- Katholizismus und Protestantismus
- europäische Sprachen
- Trennung geistlicher und weltlicher Macht
- Rechtstaatlichkeit
- gesellschaftlicher Pluralismus
- Repräsentativorgane
- Individualismus

Doch zur Kultur des Westens gibt es auch Gegenreaktionen, es erfolgt ein Wiederaufleben nichtwestlicher Kulturen (*Indigenisierung*)[12].

Huntington geht davon aus, dass Konflikte zwischen den Kulturen zunehmen. Es gibt so genannte Bruchlinienkonflikte auf der Mikro- und Makroebene. Bruchlinienkonflikte sind Konflikte, die gewaltsam geworden sind (ebd.: 400ff.).

Mikrokonflikte beziehen sich auf den Islam und seine: orthodoxen, hinduistischen, afrikanischen bzw. westlich-christlichen Nachbarn. Hier gehe es vor allem um Kontrolle über Gebiete und Menschen, Gruppenidentität und Macht (ebd.: 11 ff.). Makrokonflikte beziehen sich auf: den Westen und der Rest der Welt, vor allem muslimisch-asiatische Gesellschaften und den Westen (ebd.: 291).

Aus seiner Sicht findet der heftigste Zusammenprall zwischen muslimischen und asiatischen Gesellschaften einerseits und dem Westen andererseits statt (ebd.: 291). Aus Bruchlinienkonflikten entstehen Bruchlinienkriege. Diese können sowohl zwischen Staaten als auch innerhalb von Staaten erfolgen.

Huntington geht von einer muslimischen Neigung zu gewaltträchtigen Konflikten aus. Wie kommt er zu diesem Schluss? Die muslimische Religion ist für ihn eine Religion des Schwertes, verfolgt eine starke expansive Ausbreitung und ist geprägt von Unverträglichkeit. Muslime verstünden sich als Opfer antimuslimischer Vorurteile, es fehlten Kernstaaten der Muslime. Hinzu komme eine Bevölkerungsexplosion.

In der islamischen Welt findet eine erhebliche Militarisierung statt. Die Rüstungsquote und die Militärquote sind doppelt so hoch wie in den westlichen Ländern. Dennoch erscheint für Huntington ein globaler Krieg als unwahrscheinlich, er sieht vielmehr in der Binnenstruktur der westlichen Gesellschaft Gefährdungspotentiale durch Ansätze des Zerfalls der westlichen Kultur.

Das Konzept des Multikulturalismus für ihn der Sündenfall schlechthin. Die Mulitikulturalisten beschleunigten den Zerfall der westlichen Kultur. Multikulturalismus reduziere Streitigkeiten aber löse die Grundbindung an das Christentum auf. Die Individualrechte würden durch Gruppenrechte ersetzt und dies löse die kulturelle Kohärenz auf. Aus seiner Sicht werden die Wurzeln fundamentaler Werte aufgegeben. Während die Grundidee der westlichen Welt im Liberalismus liege, der die Rechte der Individuen betone, würden durch den Multikulturalismus Rechte der Individuen zugunsten der Rechte von Gruppen aufgegeben. Die westliche Identität müsse sich neue entwickeln. Für ihn gilt zentral: Kernstaaten dürfen nicht in andere Staaten intervenieren. Dies sei das

---

[12] Daraus ergibt sich auch ein spezifischer Ansatzpunkt einer „südlichen" Sozialen Arbeit (vgl.: Wagner/Lutz 2009)

Problem Amerikas (ebd.: 522). Es müsse darum gehen, Prinzipien der gemeinsamen Vermittlung zu entwickeln. Dies bedeutet: Stärkung der Gemeinsamkeiten in einer vielfältigen Welt. Dadurch könne Zivilisiertheit entwickelt werden.

Huntington setzt sich im letzten Kapitel seines Werkes insbesondere mit Ansätzen auseinander, Gemeinsamkeiten zwischen den Kulturen zu finden. Er lässt
aber offen, ob die Modernisierung letztlich nur zu einem annähernd gleichen
materiellen Niveau führt oder zu einer gemeinsamen moralischen Dimension.
Wege in eine gemeinsame Hochkultur könnten sein, Verschiedenheit zu akzeptieren und Gemeinsamkeit zu suchen. Ein Beispiel ist für ihn die Singapurer
Erklärung, die Folgendes für das Zusammenleben unterschiedlicher Kulturen
und Gruppen betont:

- Nation vor Gemeinschaft, Gesellschaft vor dem Ich,
- Familie als Grundbaustein der Gesellschaft,
- Anerkennung und Unterstützung des Individuums durch die Gemeinschaft,
- rassische und religiöse Harmonie.

Wenn Huntington allerdings die Nation zum Bezugspunkt werden lässt, dann ist
zu fragen, ob dies nicht den Nationalismus fördert und zur Betonung des Individuellen konträr ist? Dennoch ist zu beachten, dass er im letzten Teil des Buches
die Chancen von Gemeinsamkeiten zwischen unterschiedlichen Kulturen aus-
lotet. Damit wird der medienwirksame Titel: „Kampf der Kulturen" relativiert
und die Analyse von Konfliktdimension durch die Suche nach Gemeinsamkeiten erweitert. Die Debatte um die Radikalisierung der religiösen Ansichten und
des zunehmenden Antagonismus hat in Deutschland eine Entsprechung, die des
Diskurses um Parallelgesellschaften.

An den Ausführungen von Huntington ist vielfältig Kritik geübt worden. Müller
(1998) entwickelt in seinem Buch „Das Zusammenleben der Kulturen" einen
„Gegenentwurf zu Huntington". Er kritisiert zunächst die Enge des Kulturbe-
griffes bei Huntington, der eben nicht den Inhalt des Begriffs „Civilization" in
der englischen Welt erfasse, sondern eher dem deutschen Verständnis von Kultur entspreche. Problematisch erscheint uns auch die Einführung pysionomi-
schen Merkmale/Rasse als Unterscheidungsmerkmal der Kulturen.
    Außerdem ist es aus Müllers Sicht wichtig, Modernisierungsprozesse
insgesamt zu sehen (Müller 2001:56). Er umgrenzt die Ursachen von Konflikten
und Kriegen und betrachtet kritisch, ob ethnische Differenzen zu Konflikten
führen (ebd.: 72ff.). Aus seiner Sicht treten - falls ethnische Differenzen überhaupt da sind - häufig andere Gründe hinzu: „wirtschaftliche Benachteiligung,
politische Diskriminierung, demographischer Druck" (Müller 2001:78).

Zudem betont er: Kulturen sind nicht statisch. Trotz vorhandener Differenzen zwischen den Kulturen gibt es Ansätze zur Kooperation und zum Dialog. Es sind Annäherungen an das Ideal der Menschrechte erkennbar, wobei die NGOs eine wichtige Rolle spielen und die Verbesserung der sozialen Lage der Frauen weltweit der Schlüssel für eine zukünftige positive Entwicklung ist (ebd.: 238).

Trotz Terrorismus und vorhandener Ambivalenzen, obwohl Staaten, die Nachbarn sind, Gefahr laufen in Streit zu geraten, bietet die Globalisierungen Chancen zur Kooperation. Wohlfahrt für viele bedeutet die Chance zur Annäherung. Müller betont, dass kulturelle Differenzen eine vorwiegend innenpolitische Bedeutung haben und lokale und regionale Streitigkeiten anheizen können. Doch geht er davon aus, dass sowohl kulturelle Ähnlichkeit als auch Verschiedenheit der Anlass für Streit sein kann. So ist die Zuordnung der Analyse von Konflikten über kulturelle Differenzen redundant. Der kulturelle Faktor kann Konflikte verschärfen, doch gibt es andrerseits die „gewaltigen kooperationsfördernden Kräfte der wirtschaftlichen Globalisierung" (Müller 2001:224).

Ob dieses Bild des „Wandel durch Handel" allerdings der aktuellen Realität entspricht, dies sei hier zumindest angezweifelt. Auch Müller skizziert Aspekte zur Unterstützung weltweiter Annäherungsprozesse. Er ruft auf zum Dialog der Kulturen. Dem Westen, der sich reformieren muss, so z.B. bei der Auflösung der erstarrten Strukturen unserer Institutionen, kommt dabei eine wichtige Rolle zu: Die offene Gesellschaft hier bietet jedoch gute Chancen zur Weiterentwicklung auf der Suche nach einer Welt der Einheit.

Dieter Senghaas (1998) formuliert als Ausgangspunkt seiner Analyse endogene und exogene Modernisierungsprozesse. Sein Postulat: *„Gesellschaften, die Modernisierungsschüben ausgesetzt sind, geraten in diesem Prozess mit sich selbst in Konflikt"* (Senghaas 1998: 21). Im Modernisierungsprozess entstehen neue Sozialschichten und Kräftegruppierungen und „auch neue *massenwirksame* geistige Strömungen" (ebd.: 18). Dies hat auch Konsequenzen für die Kultursphäre, die einem Anpassungs- und Auflösungsdruck unterliegt und sich weiter ausdifferenziert.

Da sich schrittweise traditionelle Werte im Prozess der Modernisierung auflösen, entsteht eine Wertepluralität. Diesen Vorgang nennt Senghaas Zivilisierung wider Willen. Anders als bei Giddens und Beck geraten nicht die unbeabsichtigten Nebenfolgen der reflexiven Modernisierung in den Blickpunkt, sondern als Ergebnis vieler Konflikte entsteht eine Werteorientierung, die mit Europa bzw. dem Westen assoziiert wird und Rationalität, Individualismus und Pluralismus umfasst. Modernisierung im außerwestlichen Raum steht in einem Kontext zum europäischen Kulturraum, Kulturkonflikte werden ausgetragen und sind entsprechend zu beobachten.

Die Auseinandersetzung mit der europäischen Kultur umfasst vier Reaktions-muster:

- Annahme der Kulturmuster des Westens und Absage an die eigene Tradition,
- Versuch, der Entwicklung Einhalt zu gebieten,
- halbierte Modernisierung: Übernahme westlichen Know-hows, aber Fernhalten von „wesensfremden" Einflüssen und
- Innovation und der Ansatz, eine eigene Identität zu entwickeln, so z.B. in Teilen Afrikas.

In den Ländern außerhalb Europas lassen sich nach Senghaas generell Kulturkonflikte feststellen. Die Konfrontation traditionaler Kultur mit Modernisierungsschüben generiert grundsätzlich Konflikte. Die zunehmende Komplexität von Politik, Gesellschaft, Ökonomie und Kultur lässt neue institutionelle Arrangements und Mentalitäten entstehen, wird aber auch von Verwerfungen begleitet.

Huntingtons Thesen hält Senghaas für eine fixe Idee. Sowohl auf der makro- als auch auf der mikrotheoretischen Ebene erkennt Senghaas strukturelle Mängel einer paradigmatischen Orientierung an Kulturkonflikten. Die Aufteilung der Welt in 5 bzw. 7 Kulturkreise erscheint ihm als beliebig. Die Beschreibung der jeweiligen Kulturkreise, abgesehen von dem europäischen sei bestenfalls kursiv. Insbesondere die Zuordnung des Islams in toto als gewalttätig wird von ihm verworfen. Huntington würde eine identifizierbare und intakte, grundlegende Kulturseele erkennen aus der Konfliktbereitschaft, Aggressivität und gewalttätiges Handeln ableitbar wären. Die Kategorisierung einzelner kultureller Kreise und deren Zuschreibung von Wesensmerkmalen unterstellt eine Kontinuität, die die Veränderungen und die Vielgestaltigkeit der jeweiligen Kulturen negiert.

Auf der Mikroebene entgehe Huntington, dass im Regelfall als Ausgangspunkt von Konflikten weniger religiösen Faktoren eine Rolle spielen würden, denn soziale und ökonomische Diskriminierung, die sich auf politischer und kultureller Ebene wiederholt (ebd.: 141). Das Abdrängen von Minderheiten in marginalisierte soziale und ökonomische Positionen sei hierfür ein Beleg. Die Mehrheitsgesellschaft verweigere der Minderheit die Chancen für eine Aufwärtsmobilität.

Wenn die verbauten Chancen als *kollektives* Schicksal empfunden würden, und die Diskriminierung die kulturelle Dimension mit einschließe, dann entwickle sich eine Dynamik, die zu erheblichen Auseinandersetzungen führen kann. Hier sind die Kulturgehalte der Konflikte zu erkennen, jedoch nicht als

Anlässe, sondern „allenfalls intervenierende, letztlich abhängige Faktoren" (ebd.: 142).

Im Kern sind für Senghaas die Konflikte sozioökonomischen Ursprungs und der Dynamisierung in Folge des sozialen Wandels geschuldet. Hier sind demographische Entwicklungen in Form von Bevölkerungsexplosionen bedeutsamer. Zwar sei, was auch Huntington betone, der Resonanzboden für fundamentalistische Bewegungen und politische Militanz vorhanden, doch müsse auch hier die Analyse vielschichtiger angelegt sein: „Verteilungskonflikte machen den Kern des Konfliktgeschehens aus" (ebd.: 144).

Das kulturelle Wiedererwachen ist für Senghaas eine vorübergehende Erscheinung. Erfolgreiche Entwicklungsgesellschaften würden sich pluralisieren, wenn auch oft wider Willen. Dennoch erkennt Senghaas in der Beschreibung von Huntington zur Lösung von Differenzen zwischen den Staaten Positives: Die westlichen Werte als universelle zu beschreiben, lehnt er als arrogant und zwecklos ab. Das Prinzip der Enthaltung, des Nichtinterventionismus wird von ihm genauso verfochten wie von Huntington. Die Suche nach Gemeinsamkeiten, ein Programm für ein Weltethos, rückt auch für ihn in den Mittelpunkt. So erkennt er bei Huntington am Ende ein versöhnliches Programm, das allerdings seiner Analyse widerspreche, da er für Offenheit und Lernbereitschaft und kulturelle Innovation kaum Ansatzpunkte skizzieren würde. Denn wenn die Kulturkreise sich so fest gefügt von einander unterschieden, dann gäbe es kaum einen Ansatz, Verbindungen herzustellen und Gemeinsamkeiten zu finden.

Aus Sicht von Senghaas werden *innerhalb* der kulturellen Großräume Rivalitäten und Hegemonialansprüche zunehmen. Trotz zunehmender Vernetzung im materiellen und informationellen Bereich geht er nicht davon aus, dass sich im Kulturbereich größere und weitreichendere Regionen erkennen lassen. Es erscheint ihm als unwahrscheinlich, dass Kulturkämpfe zunehmen. Eher konstatiert er einen Abbau der Bedeutung der Religionen und deren handlungsleitender Funktion (ebd.: 173).

9 Die Network-Society und ihre Folgen für den „Sozialen Kitt" (Castells)

Manuel Castells entwirft in seiner Trilogie zum Informationszeitalter (2003) eine umfassende Analyse und Beschreibung der Welt im Wandel. Er geht davon aus, dass in der sich entfaltenden Netzwerkgesellschaft gesellschaftliche und soziale Beziehungen sich auflöst und neu konturiert wird.

Offensichtlich gibt es gesellschaftliche Prozesse, die die Soziale Arbeit vor neue Herausforderungen stellen. Seit Jahren gibt es in der Disziplin eine Debatte um den richtigen Ansatz. Lebensweltorientiert will sie - wie oben dargestellt - sein. Doch gerade in dieser Lebenswelt tut sich einiges. Denn die Welt an sich verändert sich.

Was Giddens als „Entbettung" beschreibt, also das Auflösen vorhandener Bindungen, was Beck als Risikogesellschaft lokalisiert, was Heitmeyer als Erosion sozialer Milieus, als Segregation und Desintegration, also als Absonderung und Ausgrenzung erkennt, hat nach Castells noch andere Dimensionen: Wir stehen, so seine zentrale Aussage, am Anfang und im Prozess der Ausgestaltung der Netzwerkgesellschaft. Die Netzwerkgesellschaft konstituiert sich sowohl auf der globalen Ebene als Informationsgesellschaft - wir wissen alles über jeden - man denke an Clinton, obwohl fast schon vergessen. Diese globalisierte Weltgesellschaft bilde aber nicht nur Strukturen der Vernetzung heraus, sondern gerade das Unbehagen in der Postmoderne fördere die Suche nach neuen, aber auch alten Formen der Geborgenheit. *Es entständen neue soziale Bewegungen, Netze, die soziales Zusammenleben auch jenseits etablierter sozialer Strukturen neu gestalten würden.* Dafür gibt es empirische Hinweise: Ethnische Communities, die sich etablieren und konturieren, von der Mehrheitsethnie abheben und nicht assimilieren, wie allzu einfache Integrationsmodelle es nahe legen, bilden sich in den Städten heraus. Wir alle kennen Wohnviertel mit hohen Anteilen bestimmter Ethnien.

Castells argumentiert folgendermaßen: In den letzten beiden Jahrzehnten des 20. Jahrhunderts hätten eine Reihe von sozialen Veränderungen weltweit stattgefunden. Davon seien die meisten Gesellschaften fundamental berührt. Die Sozialstruktur habe sich gewandelt und entspräche nun dem Typus einer Netzwerkgesellschaft. Dieses technologische Paradigma fuße auf Mikroelektronik,

Informations-/Kommunikationstechnologien und genetischem Ingenieurwissen. Wissen und Information sind nicht nur die Grundlage dieses Gesellschaftstypus, sie sind in allen Gesellschaften zentral gewesen. Deshalb sei der Begriff der Informationsgesellschaft, den er selbst manchmal benutzt habe, eigentlich als unspezifisch und missverständlich zu verwerfen (Castells, masch. 1999:7).

Neu sei in unserem Zeitalter, ein neuer „Set von Informationstechnologien" (ebd.: 7). Erst der Wandel von der Computertechnologie zur Netzwerktechnologie, die Entwicklung des universellen interaktiven Werkzeuges Internet, die Genmanipulationen bei lebenden Organismen und die vielfache Beschleunigung der Wissensproduktion und Anwendung mache zusammen die neue Dimension der weltweiten Entwicklung aus (ebd.: 8). Diese Veränderungen prägten nicht nur den Bereich der Arbeit, sondern berührten auch fundamental die sozialen Beziehungen. Ähnlich wie der aus der Flasche befreite Geist, könne dies die Gesellschaft voranbringen aber auch gefährden.

Hier konvergieren offensichtlich viele der großen Erzählungen, will heißen die theoretischen Beschreibungen der gesellschaftlichen Situation. Auch nach Giddens, Lash und Bauman, ähnlich wie bei Beck, bietet die Moderne Chancen und Risiken. Wenngleich beispielsweise die Zunahme flexibler Arbeitsprozesse im Gefolge der Entwicklung vernetzter Unternehmen neue Möglichkeiten insbesondere auch für Frauen eröffnen, so verstärkt sich doch gleichzeitig die Ungleichheit der Arbeitsbedingungen.

Traditionelle Arbeitformen erodieren „langsam aber sicher hinweg" (Castells 1999:268). Umstrukturierungen der betrieblichen Arbeitsprozesse im Sinne von Einsparungen und der Streichung der Arbeitsplätze sind in vielen Bereichen an der Tagesordnung. Dies gilt für Banken genauso wie für den Produktionsbereich in unterschiedlichen Sparten.

Gleichzeitig verwischen sich die Grenzen im Raum des Cyberspace. Wir und unsere Kinder chaten im Netz und es eröffnen sich alle Perspektiven und Wahlmöglichkeiten. Die Welt steht scheinbar allen offen. Entscheidend sei, so Castells, dass in diesem Prozess die Institutionen der modernen Gesellschaft sich wandeln: Gewerkschaften, Massenparteien geraten in die Defensive, genauso wie der Wohlfahrtstaat insgesamt. „Mit dem Niedergang der Zivilgesellschaft restabilisieren sich lokale Muster wie Fundamentalismus und Ethnizität als Kristallisationspunkte der Opposition gegen die herrschenden Mächte" (ebd.: 9).

Außerdem entständen neue soziale Bewegungen, die sich auf kommunitäre Beziehungen stützten. Diese neuen sozialen Bewegungen, die sich in lokalen Räumen etablieren würden, orientierten sich an humanitären und kulturellen Themen. Hier scheint es also auf den ersten Blick so zu sein, dass sich das

Lieblingsparadigma der Sozialpädagogik, das der Lebensweltorientierung, mit neuem Inhalt füllt.

Stern (1999) konstatiert, dass Castells Analyse unseren sozialpolitischen Alltagsverstand in Frage stellt und will Folgerungen der Castellsch`schen Botschaft für uns verdeutlichen: Die Profession der Sozialarbeit habe starke Affinität zu bürokratischen Strukturen. Der oben skizzierte Prozess der Auflösung oder zumindest des Unterdrucksetzens dieser Strukturen auch in der Bundesrepublik wird zum einen die Tendenz verstärken, die bürokratisch organisierten Dienstleistungsorganisationen aufzulösen, zugunsten von kleinen Marktanbietern, die sich dem sozialen Wandel und möglichen Innovationen besser anpassen können. Zum anderen kann der Rückzug des Wohlfahrtstaates - so seine These - dazu beitragen, lokale Gemeinschaften zu stärken und verschüttete Fähigkeiten zu reaktivieren.

Hier sieht er besonders die Rolle der integrativen Funktion der ethnisch homogenen städtischen Nachbarschaften wachsen. Allerdings werde es schwierig, ethnische Bande aufrechtzuerhalten, es gäbe Anhaltspunkte für den Mangel an Kohärenz und normativer Autorität innerhalb dieser Communities. Dennoch, und hier sei Castells eben nicht nur pessimistisch, würde die Network-Society auch die Chance bieten, posttraditionale Lebensformen für die Individuen zu entwickeln, in denen Herrschaft und Tradition sich zugunsten individueller Freiheit und Entscheidung auflösen könnten. Darüber hinaus erkennt Castells auch die Existenz, wenn nicht sogar die Verstärkung, sozialer Unterschichtung in den Städten: Es entstehen neue Ungleichheiten. Hieran schließt sich nahtlos die Heitmeyersche Analyse der „bedrohten Stadtgesellschaft" (2000) an.

In der Informationsgesellschaft sei letztlich der Ausgangspunkt sozialer Bewegungen nicht die Zivilgesellschaft, sondern der lokale Widerstand (Stern 1999:16ff.). Dabei spielten neben den ethnischen Gruppen, die sich von anderen unterschieden, insbesondere die Frauen eine bedeutende Rolle. Tradierte Beziehungen würden nicht nur von Patchworkfamilien, von Lebensabschnittsverbindungen abgelöst, vielmehr würden sich die Frauen zusammenschließen, um unter den Bedingungen des modernen Lebens Kinder gemeinsam zu erziehen. Die gleichzeitig zugenommene sexuelle Freiheit löse zwar nicht heterosexuelle Bindungen ab, doch auf der pragmatischen Alltagsebene würden sich Frauen stärker aneinander orientieren. Männer sind dann eben nur noch einsame Wölfe am Rande - wie es eine amerikanische Soziologin formulierte.

Fasst man die hier skizzierten Diskurslinien zusammen, dann folgt daraus für die Soziale Arbeit: Die Profession und Disziplin befindet sich in einer entscheidenden Umorientierungsphase. Was als Modernisierung skizziert wird, gehorcht nicht nur dem Diktat der betriebwirtschaftlichen Rationalisierungsschübe, sondern es artikulieren sich neue Ansprüche und Vorstellungen in der

Lebenswelt der Adressaten. Dies betrifft aber nicht nur unterschiedliche Ethnien. Die Generationenbezüge werden neu konfiguriert, um in der Sprache der network society zu bleiben. Institutionelle Arrangements verlieren an Bedeutung oder wie Beck es für die Wohlfahrtsinstitutionen formuliert: Sie waren Kinder einer sich modernisierenden Industriegesellschaft, aber nicht mehr des Information Age, sie entsprechen nicht mehr der jetzigen Zeit. Die Verbände verlieren ihre Bedeutung. So stellt sich nicht nur die Frage nach der institutionellen Anpassung, vielmehr prägt die Grundstruktur sich neu. Die „Schlüsseltransformation ist die der Individualisierung der Arbeit", schrittweise den „organization man" ersetzend. Dies wird, so Castells, von sozialer Polarisierung, von sozialer Exklusion weltweit begleitet (ebd.: 10f.).

So wandeln sich auch die Netzwerke strukturell, sie werden zu Informationsnetzwerken, der Chatroom ersetzt die reale Interaktion, wir können unmittelbar miteinander kommunizieren, zeitlos, Tag und Nacht, an jedem Ort. Die Lebenswelt wird universell, löst sich auf und wird virtuell. Das Netzwerk arbeitet nach einer binären Logik: Exklusion oder Inklusion. Möglicherweise werden in Zukunft online-communities die Unterstützungssysteme und Erfahrungsräume der Sozialen Arbeit sein. Soziale Arbeit steht unter Druck, doch sehen wir wohin der Weg geht?

Diese risikoreichen Veränderungen bieten auch Chancen. Zwar haben sich im Prozess der Institutionalisierung der sozialen Hilfe persönliche Vertrauensbeziehungen auch in abstrakte Dienstleistungen aufgelöst, doch mag die Moderne - und darauf hat Giddens verwiesen - auch eine Rückbettung der „Entbetteten" bewirken. Bei Castells vereinigen sich die Exkludierten. Bei Giddens gibt es auch trotz aller Erosion eine Wiederaneignung der verlorenen Strukturen. Auch im Zeitalter der Globalisierung entständen als Gegenbewegung soziale Bindungen in unmittelbaren Bezügen. Offensichtlich entfernen sich die großen Erzählungen von einem bloßen Verdikt der gesellschaftlichen Entwicklung (Giddens 1997:102). Es ist nicht nur die Apokalypse beschreibbar, sondern es geht auch darum, Möglichkeiten der Lebensbewältigung aufzuzeigen. Greift dies soziale Arbeit auf und besinnt sie sich auf ihre sozialpolitischen Quellen und Ansätze?

Wenn der Bindungskitt in der Gesellschaft fehlt, lassen sich Vertrauensbeziehungen durch institutionalisierte Beziehungen wiederherstellen? Ist die professionelle Deutung notwendig? Oder wie löse ich, um mit Thiersch zu sprechen, den „Widerspruch von Unverfügbarkeit und Machbarkeit" (Thiersch 2004:42). Dies ist schwierig einzulösen, doch es würde einem Verdikt gleichkommen, dies nicht zu versuchen, es wäre die Preisgabe professionellen Strebens und Handelns. Doch wo lassen sich Entwicklungslinien der Profession erkennen? Was prägt die Zukunft der sozialen Berufe, welche Aufgabenbereiche dehnen sich aus, jenseits der Frage nach den Organisationsformen?

Wahrscheinlich fügt sich Soziale Arbeit in die von Castells diagnostizierte Veränderung der Lebensstrukturen generell ein. Im Band 1 seiner Trilogie arbeitet Castells heraus, wie die informationstechnologische Revolution zur Transformation der Arbeit, der globalen Erwerbsbevölkerung beiträgt. Aus seiner Sicht entsteht keine Dienstleistungsgesellschaft, sondern die Arbeit wird weiter flexibilisiert und individualisiert. Damit schreitet auch eine Fragmentierung der Gesellschaft einher.

Die Mediengesellschaft prägt das Dasein: Wir leben in der „Kultur der realen Virtualität" (Bd. 1.: 405). Während das Kapital global organisiert wird und ist, ist die Arbeit individualisiert. Zugleich löst sich eine fixierbare kapitalistische Klasse auf und Politik wird zusehends in den Medien ausgetragen. Wir - so Castells - leben in einer Art „zeitlosen Zeit" (ebd.: 535). In der Netzwerkgesellschaft verändert sich der Prozess der Identitätsbildung. Castells unterscheidet drei Dimensionen der Identität:

- legitimierende,
- Widerstandsidentität und
- Projektidentität.

Identität ist kulturell vermittelt, sinnstiftend und trägt zur Balance zwischen Selbst (Ich), Trieb (Es) und Norm (Überich) bei. Identität ist also reflexiv, doch die Dimensionen verschieben sich in der Netzwerkgesellschaft. Widerstands- und Projektidentitäten nehmen zu (Bd. 2:10). Der Prozess der Identitätsbildung wird nun durch die Netzwerkgesellschaft zunehmend beeinflusst: Lokale Gegebenheiten und globale Bedingungen driften zunehmend auseinander. Einerseits werden wir in den Prozess der Globalisierung hineingezogen, andrerseits formiert sich lokaler Widerstand gegen die „Ausschließenden". Nach Auffassung von Castells entstehen territoriale Identitäten, es kommt zur Auflösung ethnischer Bindungen (ebd.: 57ff.), gleichzeitig entständen aber Schichten innerhalb gleicher ethnischer Lagen. Parallel dazu prägen sich eine Vielfalt von sozialen Bewegungen aus.

Auf der familialen Ebene ist ein erheblicher Wandel der Rollen zu erkennen:

- Das Patriarchat befindet sich in einer strukturellen Krise.
- Längerfristig gesehen gäbe es keinen vorherrschenden Familientypus mehr.
- Zwar würden Frauen weiter „Muttern", dennoch attestiert Castells einen entscheidenden Wandel des Bezugs zwischen den Geschlechtern: Sexualität und Ehe würden entkoppelt (ebd.: 251).

Die prokreative (traditionelle) Sexualität wird durch den libertär-rekreationalen Typus ersetzt. Es bilden sich zusehends flexible Persönlichkeiten einer post-patriarchalischen Welt heraus (ebd.: 255). Das Ende des Patriarchats ist in Sicht. Leben, Raum und Zeit können mit neuem Sinn gefüllt werden. Die Grundvoraussetzung ist die Veränderung des Geschlechterbezugs.

Im dritten Band umgrenzt Castells die neuen Lebensstrukturen weiter: Die Produktionsverhältnisse wandeln sich, das Verhältnis von Arbeit und Kapital verändert sich, und es gibt eine Transformation der Klassengesellschaft. Globale Finanzmärkte und ihre Managementnetzwerke werden zum *kollektiven Kapitalisten*. Entscheidend für die Veränderung der Produktionsverhältnisse sind die unterschiedlichen Rollencharakteristika der Arbeiter und Arbeiterinnen in der Netzwerkgesellschaft. Entscheidend ist die Trennung zwischen Fertigkeiten und Bildung. Bildung trägt dazu bei, sich die notwendigen Kenntnisse und Fähigkeiten im Wandel des Produktionsprozesses neu anzueignen. Rein generische Qualifikation führt nicht zur Fähigkeit zur Neuprogrammierung.

Entlang dieser Strukturlinien der Qualifikation der Arbeit prägen sich Muster sozialer Ungleichheit aus, soziale Exklusion von Menschen nimmt zu. Sie wird zu einem „bedeutenden" Segment der Gesellschaft (ebd.: 397). Gleichzeitig vertieft sich der Widerspruch zwischen der Marktlogik der globalen Netzwerke der Kapitalströme und der menschlichen Erfahrung des Arbeitslebens; durch die Aufteilung der Arbeit in den Bereich der informationellen Produzenten und der „ersetzbaren generischen" Arbeit (ebd.: 397).

Aus allem folgt eine Krise des Nationalstaats, der politischen Demokratie. Der Wohlfahrtstaat gerät ins Wanken, da die grundlegenden Versprechungen nicht eingehalten werden und die Autorität und Legitimität des Staats in Frage gestellt ist. Auf allen Ebenen entsteht ein Leben in realer Virtualität. Raum und Zeit prägten bisher spezifische Kulturen. Dies wird nun an die Ströme der Netzwerkgesellschaft gebunden. Das Leben spielt sich im Netz quasi zeitlos in Informationsströmen ab. Es gibt keine Vergangenheit mehr, keine Zukunft. In Abwandlung von „Das Leben ist ein großer, ruhiger Fluss", könnte man formulieren, das Leben ist geprägt durch eine „zeitlose Landschaft von Computernetzwerken und elektronischen Medien" (ebd.: 401).

Dennoch gibt es Ansätze zur gesellschaftlichen Veränderung. Männer- und Frauenrollen wandeln sich, Widerstandsidentitäten bilden sich heraus. Doch dies alles kann auch zur weiteren Fragmentierung führen, die Gesellschaft zerfällt zunehmend in verschiedene Strömungen, die Netzwerkgesellschaft produziert und fördert den Rückzug auf spezifische, eingegrenzte Räume. So ist die weitere Entwicklung ambivalent. Die Superdatenautobahnen dehnen sich aus, die Fähigkeit des Netzes zur Interaktion erweitert sich und die Informationstechnologien setzen weitere Produktionspotentiale frei. Die globale Wirtschaft expandiert und durchdringt zunehmend alles. Gleichzeitig verstärken sich die Kontraste zwischen Ländern, Regionen und Ballungsgebieten. In diesem Prozess schließen sich die Ausgeschlossenen zusammen, sie streben eine Exklusion der Exkludeure an (ebd.: 406).

Diese vielschichtige Analyse der modernen Gesellschaft ergänzt Castells durch die präzise Analyse der Auswirkung der mobile-communication: Castells Folgerungen aus der Analyse der mobile communication and society: Die Technologie determiniert nicht die Gesellschaft, sie ist Gesellschaft. Die drahtlose Kommunikation mit ihrer neuen Reichweite der modernen Kommunikationstechnologie führt zu einer generellen Verhaltensänderung, insbesondere im Verhalten der Jüngeren. Die Jüngeren akzeptieren die neuen Kommunikationstechnologien eher, beherrschen diese besser, benutzen sie mehr, schneller und effektiver und entwickeln neue Anwendungen. Bestärkt durch die neuen Kommunikationstechnologien setzt die Jugendkultur „behavioral trends, that influence people of all ages." (Castells u.a. 2007:247) Auch als Erwachsene werden die Jugendlichen wahrscheinlich die Kommunikationsgewohnheiten, wenn vielleicht auch in modifizierter Form beibehalten. Entscheidend ist für ihn die „transformation of language": Der Gebrauch von SMS verändert das Sprachverhalten.

Castells umgrenzt generelle Folgen der Netzwerkgesellschaft: Safe autonomy als die individuelle Autonomie und Kontrolle über die Kommunikation des Einzelnen nimmt zu.[13] Dies umfasst: Leistbarkeit aufgrund der Kosten, Fähigkeit das System zu nutzen, Freiheit, mit wem auch immer zu kommunizieren. Diese relentless (unaufhörliche) connectivity: Von jedem Ort zu jeder Zeit - als permanentes Verbunden-Sein ist ein wichtiger Teil des Lebens in der Moderne. Hinzu kommt, dass die Netzwerke gewählt werden können (network of choice). Dies wird begleitet von Netzwerkstrukturen des spontanen Verbundenseins: *"One of the most important communicative practices we have observed is the emergence of unplanned, largely spontaneous communities of practice in instant time..."* (ebd.: 249) Es entsteht eine Art zeitloser Zeit. Kommunikation wird von Institutionen und materiellen Zwängen freigesetzt. Kommunikation findet individualisiert statt. Dies ist zugleich *der* entscheidende Trend. Nicht die Mobilität ist entscheidend. Von wo ich Kontakt nehme, hängt von mir ab. Zugleich kann man seine soziale Zugehörigkeit beliebig definieren, sich individuelle Gestalt gegeben: Dies umfasst auch Verschleiern, Verdunkeln. Dies redefiniert die traditionellen Normen der Höflichkeit im Umgang. Man ist nicht gewiss, mit wem man tatsächlich kommuniziert.

---

[13] Autonomie ist hier nicht in absoluten Sinn gemeint.

Einerseits ist der Zugang zu dem Internet eine Quelle persönlicher Werte und sozialer Rechte. In Amerika beginnt ein Internetprovider beim Aufladen mit einem Clip „free access to the internet as a human right", vorgetragen von einer engagierten Juristin vor dem Supreme Court.

Dennoch erkennt Castells aber auch: Die Nutzer werden schnell abhängig von der mobile-communication, sie wird unverzichtbar. Gleichzeitig signalisieren die Benutzer innovative Wünsche, die von dem Geschäftsektor und dem öffentlichen Sektor aufgegriffen werden. Das Design, die Größe, die Nutzstruktur des mobile phones ist wichtig. Was kann das Handy alles (Spiele)? Manipulierte Information/Propaganda/Werbung findet einerseits Eingang ins Netz (spams), andrerseits nimmt auch die Unabhängigkeit von formellen Quellen zu, durch Vielfalt der einholbaren Informationen. Politik verändert sich dadurch. Die Überprüfbarkeit steigt (communication autonomy, information network and sociopolitical change). Castells erkennt soziale Probleme der drahtlosen Welt. Der Netzzugang ist eine wichtige Größe des Lebens in der Moderne. Man gehört dazu oder nicht (in or out). Hier entscheidet sich, ob man Kontakt hat oder nicht.

Auf der mikrosoziologischen Ebene geht Castells davon aus, dass durch die mobile communication die Chance besteht, die Autonomie der Individuen und die Unabhängigkeit der Kinder zu stärken. Wireless communication habe kräftige Auswirkungen auf die menschlichen Lebensstrukturen, stärker als wir es vielleicht erkennen können und wollen.

10 Das Unbehagen in der Postmoderne (Bauman)

Zygmunt Bauman hat in mehreren Büchern eine kritische Zeitdiagnose verfasst. Schon deren Titel signalisieren, dass hier die Sicht auf die Welt nicht die einer polyphonen, steten Modernisierungsprozessen folgenden globalisierten Gesellschaft ist. Vielmehr untersucht Bauman in den Büchern wie *„Verworfenes Leben. Die Ausgegrenzten der Moderne", „Flüchtige Zeiten, Leben in der Ungewissheit", „Moderne und Ambivalenz", „Flaneure, Spieler und Touristen"* das *„Unbehagen in der Postmoderne"* die Risiken des heutigen und zukünftigen Lebens.

Bauman spricht zur Diagnose der jetzigen Lebenssituation von einer Gesellschaft der Postmoderne oder besser noch von einer „Flüchtigen Moderne". Anders als Giddens oder Beck mit ihren Begriffen der Hochmoderne und der reflexiven Modernisierung (Beck/Giddens/Lash 1996:39) greift Bauman die Simmelsche Unterscheidung von Ambivalenz und Ambiguität auf. Ambivalenz kennzeichnet die moderne Gesellschaft, die scheinbar nach Ordnung sucht, aber Unverträglichkeiten und Widersprüche produziert. Postmoderne ist ein mehrdeutiger Begriff. Er meint Vielfalt, nicht Beliebigkeit, nicht diffuser Postmodernismus. *Postmoderne ist nicht Ganzheit, sondern Pluralität,* so sieht es Welsch als ein zentraler Vertreter der Postmoderne (Welsch 2002:43).

Bauman arbeitet etwas anderes heraus: *Postmoderne ist etwas anderes als Moderne.* Im Zuge der „Transformation von der Moderne zur Postmoderne schwindet die gesellschaftliche Kraft zur Ordnung" (Junge 2006:79). Während das Konzept der „offenen Gesellschaft" von K. Popper eine selbstbestimmte, freie Gesellschaft signalisierte, leben wir heute, so Bauman, in einer fremdbestimmten, glück- und schutzlosen Gesellschaft (Bauman 2008:15). Die Postmoderne wandelt sich zur „flüchtigen Moderne", die „eine Zivilisation des Exzesses, des Überflüssigseins, des Abfalls und der Entsorgung von Abfall" ist (Bauman 2005:136).

Die Definitionsmerkmale des postmodernen Lebens fasst M. Junge zusammen:
- Grundlegende Ambivalenzen unterhöhlen die Ordnung.
- Zunehmend verschwindet die Einheit des Diskurses und

- die Fragmentierung und Diskontinuierung der Erfahrung des Einzelnen und unvorhergesehene Konsequenzen des Handelns nehmen zu (Junge 2006: S.79).

Die Moderne hatte einen Ordnungsentwurf, der allerdings nicht mit harmonischem Zusammenleben gleichzusetzen ist. Die „Aufgabe der Ordnung" „ragt" unter den vielen Aufgaben, die die Moderne sich selbst gestellt hat, „heraus" (Bauman 2005:16). Dabei ist Ordnung nicht mit Beständigkeit und Sicherheit gleichzusetzen, sondern kann auch Änderung, neuen Anfang, Zustand ständigen Beginns und Ordnung-Schaffens bedeuten als Verkünden von Anomalien, Einführung neuer Trennungslinien, „dem Identifizieren und Ausgrenzen immer neuer Fremder" (Bauman 1999:25). Gerade in der Moderne entstehen Ordnungsentwürfe, die zwischen Innen und Außen trennen, zwischen dem Fremden und Dazugehörigen. Was als Fortschritt deklariert wurde und als radikaler Optimismus auf das Versprechen universellen Glücks galt, hat sich als Dauerkrise entlarvt. Der „Fortschritt" hat sich zu einem „dystopischen, fatalistischen Gegenpol unseres Erwartungshorizonts" (Bauman 2008:19f.) entwickelt. Die Postmoderne ist ziellose Vergesellschaftung, sie ist geprägt vom spezifischen Unbehagen der Menschen. Postmoderne Gesellschaft beruht auf einem Bild des Individuums als Spieler.

Die soziale Welt verändert sich grundlegend: Dies betrifft sowohl die Mechanismen der Systemreproduktion, aber auch der Integration und die Strukturen der Lebenswelt. „Zunächst müssen wir von der Idee des Nationalstaates Abstand nehmen: er hat keine ausreichenden Triebkräfte mehr für die Entwicklung eines sozialen Zusammenhalts. Zugleich wird die normative Integration durch Verführung ersetzt und die zunehmende Atomisierung des Individuums zerstört die normative Integration." (Bauman 2005:127)

Der Sozialstaat ist für Bauman auf dem Rückzug. Seine Legitimation gründete er auf dem Versprechen, die Bürger gegen Arbeitslosigkeit, Ausschluss und Zurückweisung, sowie unvorhersehbare Schicksalsschläge zu beschützen und abzusichern. Bauman konkret: „Der heutige Staat kann das Versprechen des Sozialstaats nicht mehr einlösen" (ebd.: 127) und die Politiker appellieren an ihre Wähler, „flexibler" zu sein. Das heißt, sich auf noch größere Unsicherheit gefasst zu machen und sich selbst um ihre eigenen, individuellen Lösungen für die gesellschaftlich erzeugten Probleme zu bemühen (ebd.: 127).

Damit einher schreitet der Vertrauensverlust, Vertrauen wird durch Misstrauen ersetzt. Dies gilt für alle Ebenen des gesellschaftlichen Zusammenlebens. „Verpflichtungen wie Arbeitsverträge, Ehebündnisse, Übereinkünfte zum Zusammenleben werden mit einer ‚Kündigungsoption' im Hinterkopf eingegangen", das Leben ist von Widersprüchen und Mehrdeutigkeiten erfüllt, die unauflösbar sind (ebd.: 131). Bauman stellt lakonisch fest: Wir „leben im Zeitalter der Deregulierung" (Bauman 1999:10).

Ausgehend von Freuds Analyse des Unbehagens in der Kultur untersucht er die Rolle der individuellen Freiheit, die heute der höchste Wert ist, an dem alles andere gemessen wird (ebd.: S.10). Doch die individuelle Freiheit hat auch ihrer „Preis". Auf der Suche nach dem individuellen Glück galt für die Moderne, dass zu wenig Freiheit, aber eine Art Sicherheit da war. Für die Postmoderne gilt, das Unbehagen an ihr „entsteht aus einer Freiheit, die auf der Suche nach dem Lustgewinn zu wenig individuelle Sicherheit toleriert" (ebd.: 11).

Die Auseinandersetzungen der heutigen Gesellschaften mit den „Fremden" durchzieht Baumans Werk als ein roter Faden: In den Vorstellungen von moderner Ordnung haben Fremde keinen Platz. Es geht darum, die Gesellschaft „rein" zu halten, alles an seinen Platz zu verweisen. „Der Ärger mit diesen Wesen besteht darin, dass sie ob gebeten oder nicht, Grenzen überschreiten. Sie bestimmen ihren Aufenthaltsort selbst und verhöhnen damit die Bemühungen der Reinheitssucher" (ebd.: 26). Die Fremden verströmen Ungewissheit, sie passen nicht zu Ordnungsvisionen. Bauman erkennt zwei Mechanismen des Umgehens mit dem Fremden:

- *Anthropophagisch*: Vernichtung des Fremden durch *Verschlingen,* durch Assimilation, indem die kulturellen oder sprachlichen Unterschiede erstickt werden, alle Traditionen und Treuebindungen verboten werden.
- *Anthropoemisch*: Dies bedeutet Ausspeien des Fremden durch Ausschluss und Zurückweisung. Dies kann Ausgrenzung hinter Mauern und Ghettos bedeuten, aber auch Vertreibung bis hin zur physischen Vernichtung.

Das erste „Projekt" unterstellt die Erziehbarkeit des Fremden, seine Biegsamkeit, Bildungs- und Anpassungsfähigkeit. Die zweite Variante geht davon aus, dass kulturelle Beeinflussung und Umformung Grenzen hat, „man kann *sie* nicht mehr von ihren Fehlern befreien, man kann nur noch sich *von ihnen* selbst mitsamt ihren angeborenen und ewigen Eigenheiten und Übeln befreien" (ebd.: 38).

Die Menschen sind entbettet. Hier schließt sich Bauman der Analyse Giddens´ an, auf den er sich ausdrücklich beruft. Bauman verdeutlicht, dass die Entbettung zunächst als die Freiheit einer „selbstgewählten Art von Leben" zu verstehen sei. Das Projekt der Moderne versprach, im Rahmen der Sicherheit gewährleistenden staatlichen Institutionen, den Aufbau einer Identität für den Einzelnen als Folge subjektiver Leistung. Es bestand also „eine feste, unwiderrufliche Verbindung zwischen der sozialen Ordnung als Projekt und dem individuellen Leben als Projekt." Identität wird umgewandelt von etwas Zugeschriebenem zu einer Leistung (ebd.: 40).

Doch dies gilt nicht für postmoderne Lebensmilieus. Hier tritt die Ungewissheit und Unbeständigkeit hervor, die von einem „*Angstmilieu* (...) einer Atmosphäre *uns umgebender Furcht*" geprägt ist (ebd.: 40). Bauman bezweifelt, ob es im Sinne Giddens Tendenzen der Rückbettung gäbe – also Tendenzen individuelle Lebensentwürfe zu behaupten und zu gestalten, da die Solidarität und Kontinuität in der postmodernen Gesellschaft verloren gegangen sei.

Zu den Dimensionen postmoderner Ungewissheit gehört erstens eine neue Weltunordnung: „Heute stehen etwa zwanzig reiche, doch sorgengeplagte und verunsicherte Länder dem Rest der Welt gegenüber", Giddens nennt die Auswirkung der heutigen Machtzentren auf die Weltperipherie „sekundäre Barbarisierung" (ebd.: 45). Zweitens gehört zu ihr eine universelle Deregulierung (ebd.: 45ff.), die einerseits der Irrationalität und moralischen Blindheit des freien Wettbewerbs ausgesetzt ist und andrerseits der grenzenlosen Freiheit des Kapitals und der Finanzen. Die Folgen davon sind derzeit offenkundig. Drittens konstatiert Bauman den Zerfall der Sicherheitsnetze oder deren Schwächung. Dies geht auch auf die sich verändernde Praxis zwischenmenschlicher Beziehungen zurück, die vom herrschenden Konsumgeist durchdrungen ist. Dies wird viertens begleitet von tief greifender Unsicherheit und Rollendiffusion: „In dieser Welt werden Bindungen zu einer Folge von Begegnungen verfälscht, Identitäten zu aufeinander folgenden Masken, Lebensgeschichten zu Episodenreihen, deren einzige bleibende Bedeutung in der gleichermaßen kurzlebigen Erinnerung an sie liegt" (ebd.: 48).

Unter diesen Bedingungen wandelt sich der Wohlfahrtsstaat strukturell. Er wird nach Bauman zum Gefängnis. Auch in den industriell entwickelten Gesellschaften wird Arbeitslosigkeit zum Dauerzustand (ebd.: 67). Stellenstreichungen sind an der Tagesordnung. Aktuell gilt es die Folgen des Zusammenlegens zweier Großbanken in Deutschland zu registrieren. Doch wenn Sie dies lesen, dann werden sicherlich andere Bereiche betroffen sein. Lebenslang sichere Arbeitsplätze werden immer seltener, die Modernisierung eines Betriebes besteht meist darin, die Arbeit flexibler zu gestalten, von einem Augenblick auf den anderen Arbeitskräfte abzustoßen, Produktionsstätten aufzugeben oder zu verlagern, sobald irgendwo grüneres Gras gesichtet wird.

Der Wohlfahrtsstaat als kollektive Absicherung konzipiert, wandelt seine Rolle: Der Empfang von Sozialleistungen wird in der gesellschaftlichen Wahrnehmung und Interpretation mehr und mehr vom Stigma der Unfähigkeit und Sorglosigkeit begleitet und im öffentlichen Bewusstsein mit Schmarotzertum, Gleichgültigkeit und anderen abschätzigen Assoziationen verbunden. Gleichzeitig werden zunehmen Risiken privatisiert (ebd.: 71).

Baumans Darstellung ist eine prägnante und pointierte Wiedergabe gesellschafts- und sozialpolitischer Umgestaltung. Die Prinzipien einer Fürsorgewissenschaft als einem gestaltenden Ansatz der Sozialen Arbeit werden auf dem Altare der Verführungskraft der Konsumgesellschaft geopfert. Alle werden zu Spielern, die einerseits der Verführung unterliegen, andrerseits indolente Mitspieler aus dem Spiel drängen. So wird die bisherige Aufteilung in Arm und Reich durch zwei andere Kategorien überlagert: die „der Verführten und der Unterdrückten" (ebd.: 106). Die heutigen Armen sind nicht mehr die stille Reservearmee, sondern sie sind ganz und gar *Überflüssige*, die möglichst isoliert, neutralisiert und entmachtet werden müssen. Armut wird gleichsam kriminalisiert: Der Arme ist ein Problem öffentlicher Sicherheit und Ordnung und dies schreitet mit der Marginalisierung der Fremden einher, die besonders parasitär und möglichst auszuweisen sind (ebd.: 107).

Zusammenfassend stellt Bauman fest: Es gibt weltweit eine Verschlechterung der Lebensbedingungen (ebd.: 111ff.). Hier knüpft Bauman an die Fragestellung von Castells an, ob die Exkludierten, also die Ausgeschlossenen, sich gegen die Exklusion wehren. Allerdings sieht er mehr die Rolle der Gutsituierten und Privilegierten und deren Verantwortung, für mehr Gerechtigkeit zu sorgen. Nach Bauman setzt dies die Toleranz voraus, Menschenrechte zu garantieren. Dies sieht er aber nicht als gewährleistet an.

Die Frage nach einer neuen Ethik der Gerechtigkeit, beantwortet er durch die folgende Darstellung der Veränderung der heutigen demokratischen Systeme: Demokratische Systeme werden „Meinungsforschungsregime". Es herrscht eine wachsende Zustimmung der Wähler zum Abbau des Wohlfahrtsstaates. Die Mittellosen und Notleidenden werden auf ihre „eigenen (nichtexistenten oder unzugänglichen) Ressourcen" zurückgeworfen (ebd.: 114).

Es kommt zu einer Politik nicht mehr der Bewegungen, wie es die der Gewerkschaften sind oder waren, sondern der „Kampagnen", z.B. wie vor einigen Jahren bei der FDP (Stichwort: 18%). Die „sozialen" Kampagnen werden gefahrlos als „sporadische Ausbrüche von Mildtätigkeit kanalisiert" und angesehen. Es existiert eine Bestätigung der Norm durch Zulassung des Umgekehrten wie im Karneval. Gerechtigkeit wird zum Fest- und Feiertagsereignis und dies beruhigt das moralische Gewissen und hilft das Manko an Gerechtigkeit über die Werktage hinzunehmen (ebd.: 123).

Dennoch gibt es in der Postmoderne eine Wiedergeburt des Gemeinschaftsempfindens, zumindest deren Lobpreisung, einherschreitend mit der leidenschaftlichen Suche nach Tradition. Bauman nennt dies Tribalismus und er attestiert, dass dieser Prozess zu den vormodernen Ursprüngen zurückkehrt. Der Kommunitarismus ist für ihn Ideologie.

Die Moderne ist eben ambivalent. Es gibt Helden und Opfer der Moderne. Bauman typologisiert zunächst Touristen und Vagabunden als *die* menschlichen Typen des heutigen Lebens. Generell gilt jedoch: *Der Angelpunkt der post-*

modernen Lebensstrategie ist nicht, eine Identität zu fundieren, sondern eine Festlegung zu vermeiden (ebd. S.160). Die Touristen sind Inbegriff dieses Verhaltens. Während Touristen dahin reisen, wohin sie *wollen*, bleibt dem Vagabunden *keine andere Wahl* als unterwegs zu sein, sie sind *displaced* am falschen Ort und fehl am Platz. Bauman betont, man muss diese Unterscheidung zwischen Tourist und Vagabund als Metaphern sehen, doch behauptet er, dass der Gegensatz zwischen Tourist und Vagabund auf die grundlegende Spaltung der Gesellschaft verweist. Wahlfreiheit als zentrales Moment für die Stellung in der sozialen Hierarchie steht dem Touristen zu, der Vagabund hat keine Wahl, er ahmt das Verhalten der Touristen nach, doch dies ist bloß Karikatur. „Wir alle sind auf einem Kontinuum angesiedelt, das sich zwischen den Polen ‚perfekter Tourist‘ und ‚hoffnungsloser Vagabund‘ erstreckt – und unser jeweiliger Ort zwischen den Polen hängt von unserem Grad an Freiheit bei der Wahl unseres Lebensweges ab" (ebd.: 166).

Parallel konstatiert Bauman einen Wandel der Sexualität. Die sexuelle Revolution schafft Veränderung des Sittenkodex. „Wer zweimal mit der Selben pennt, gehört schon zu Establishment", skandierten die 68er. Doch dieser Wandel schafft neue Probleme. Sexualität löst sich von festen Bindungen, wird willkürlich, temporär. Dies wird einerseits als Akt der individuellen Emanzipation begrüßt, verweist aber auch auf das Auflösen von festen Beziehungsstrukturen. Der Sex wird von allen Verpflichtungen, Bindungen und Rechten „gereinigt" und doch wird das Leben sexualisiert.

Es gibt nach Bauman keine „narrensicheren Rezepte" für das Leben in der Moderne (ebd.: 360), aber es gilt das triadische Prinzip von Freiheit, Verschiedenheit und Solidarität als Grundmuster des Zusammenlebens zu behaupten. Die beiden ersten Punkte finden viele offene oder heimlich Verbündete. Solidarität bringt die Postmoderne nicht automatisch hervor, sie ist aber „die notwendige Bedingung und entscheidende(r) kollektive(r) Beitrag zum Gedeihen von Freiheit und Verschiedenheit beziehungsweise Differenz" (ebd.: 369). Es geht darum, Utopien zu korrigieren: Gesellschaftliche Ungleichheit ist nicht aufhebbar wie im Frühstadium der Moderne (ebd.: 276). Wir leben in einer zunehmend polarisierten Gesellschaft. In der Moderne wurden soziale Benachteiligungen als temporär gesehen, als aufhebbare Funktionsstörungen. Wir leben in einer Zeit der demographischen Schreckensbilder. Die biologische Botschaft (langes Leben, Unsterblichkeit) bricht sich an der Botschaft der Begrenzung des Lebens (ebd.: 279), dem Gefühl des „Nicht-mehr-Wert-Seins". Der Schrecken des Todes wird exorziert. Tod und Sterben werden aus dem gesellschaftlichen und kulturellen Kanon herausgedrängt (ebd.: 279f.).

Bauman beschreibt als Möglichkeiten zur Bewältigung:
- Transzendenz (Leben nach dem Tode)
- Weiterleben in der Erinnerung (Überwindung in der Familie)
- Medizinisch behandelbare Situation (Handhabbarkeit durch Behandlung)
- Idee der Ersetzbarkeit

Der Tod wird *dekonstruiert* (Bauman 1999:275).

Die Postmoderne hat den Tod nicht abgeschafft, doch verspricht die Wissenschaft tendenziell die biologische Unsterblichkeit, während die „kulturelle Botschaft auf Überschuß und Überflüssigkeit von Leben lautet" (ebd.: 279), so bei den Pflegebedürftigen oder bei der Rechtfertigung von Abtreibung mit dem Prinzip der Entscheidungsfreiheit. Das Öffentliche und Private erfahren nach Bauman eine Umkehrung: Die Balance zwischen Privatheit und Öffentlichkeit löst sich auf. Das Private wird zum öffentlichen Interesse, die Enthüllungstalkshows belegen dies.

Seine pessimistische Schlussfolgerung: Totalitäre Tendenzen sind „tief in das Projekt der Moderne eingelassen" (Bauman, zitiert nach Junge 2006:85). Die bürgerschaftliche Öffentlichkeit tritt zurück. Es gibt kein Einverständnis mehr ob ihrer Bedeutsamkeit. Die Suche nach der Gemeinschaft bleibt bloße Sehnsucht, die Herstellung eines öffentlichen Marktes, Agora, hier interpretiert als bürgerschaftliches Engagement, als Reaktualisierung, ist nicht (mehr) möglich. Die Gemeinschaften sind zerstört, die Globalisierung hat sie weiter unterminiert. Die Globalisierung hat zwei Tendenzen. Es besteht einerseits eine Polarisierung der Erfahrung: Sich im Meer der Unordnung auszukennen (Internet) ist entscheidend für die Teilhabe an gesellschaftlichen Prozessen. Hier trifft sich Bauman in der Argumentation mit der Castells'schen Beschreibung des In- oder Out-Seins in der Network-Society. Andrerseits besteht eine Zweiteilung der Bevölkerung: Wenige haben Handlungsmacht über viele.

Betrachtet man die Differenzierung der Gesellschaft, so werden zwei Formen sozialer Kontrolle und Integration deutlich:
- Verführung (Konsumgesellschaft) und
- Repression: desire desires desire (Zwang zur Bedürfnisbefriedung)

Nach Bauman droht sich die Gesellschaft aufzulösen, die Moderne wird zur flüchtigen Moderne. Der Rückzug aus der Politik, das Desinteresse am Politischen wird zu einer gesellschaftlichen Option (Junge 2006:89). Damit sind wir wieder bei unserer zentralen Frage: Welche Rolle kann Soziale Arbeit in diesen Umbrüchen spielen? Hat sich soziale Arbeit aus sozialpolitischen Ansätzen zu einer Sozialtechnologie gewandelt? Muss und kann sie sich politisch reaktivieren? Nach Bauman wäre *die* Chance für uns, den europäischen Traum eines gemeinsamen Handlungs- und Kulturraumes zu realisieren und ihn als Bezugsrahmen für das Leben in der Postmoderne auszugestalten. Dennoch bleibt seine Typologisierung der heutigen Lebensstile als signifikante Beschreibung und als grundlegende Charakterisierung der Gesellschaft bestehen.

Ausgehend vom Pilger, der grundlegenden Figur der Moderne, der stets auf der Suche nach der eigenen Identität ist, findet Bauman vier grundlegende Typen, die die heutigen Lebensstile charakterisieren. Grundfigur ist eben die des Pilgers, hinzu treten in der Postmoderne vier Typen postmodernen Lebensstils:

- *Spaziergänger (Flaneur)*
- *Vagabund*
- *Tourist*
- *Spieler*

„Ich möchte behaupten, so wie der Pilger die passendste Allegorie für die moderne Lebensstrategie und ihre entmutigende Aufgabe der Identitätsbildung darstellte - so bilden der Spaziergänger, der Vagabund, der Tourist und der Spieler zusammen die Metapher für die postmoderne Strategie mit ihrer Furcht vor Gebundenheit und Festlegung" (Bauman 2007:149). Diese Typen stehen nicht zur Auswahl, bieten kein Entweder-Oder. Im Postmodernen Chorus singen alle vier - manchmal harmonisch - doch sehr viel häufiger als Kakophonie (ebd.: 150). Der Spaziergänger der heutigen Welt ist der Flaneur durch die Shopping-Malls, der die Einkaufstraßen zu seiner Welt macht.

Der Vagabund war früher herrenlos, dessen Bewegungsfreiheit musste unterbunden werden, wohin er auch ging, er war Fremder. Aber Vagabunden gab es nur wenige, viele waren sesshaft. Jetzt kehren sich die Verhältnisse um, Orte im Land, in der Gesellschaft und im Leben lösen sich auf, Fabriken lösen sich zusammen mit Arbeitsplätzen auf, Berufserfahrung spielt keine Rolle mehr, Beziehungsnetze fallen auseinander. Nun ist der Vagabund nicht mehr Vagabund aus Unfähigkeit oder Widerwillen sich niederzulassen, jetzt wird er zum Wandernden, weil feste Orte fehlen.

Der Tourist ist nun weniger gestoßen, sich in eine Richtung zu bewegen, sondern er sucht das domestizierte Risiko, das Amusement. Seine Welt ist nach *ästhetischen* Kriterien strukturiert, welcher Art auch immer, die nicht an den harten und rauen Realitäten orientiert sind. Er verlässt zeitweilig sein Zuhause, wissend, das er wiederkehren wird. Dies wird begleitet von einer Furcht vor die Bindung an einen Ort; er braucht eben mehr Raum.

Der Spieler nun lebt in einer Welt der *Risiken*. Diese Welt lässt keinen Raum für Mitgefühl, Erbarmen, Mitleid oder Zusammenarbeit. Man will gewinnen und jedes Spiel hat seinen Anfang und sein Ende. Dies gilt eben auch für Freundschaften und Partner-Spiele.

Nach Bauman haben „alle vier miteinander verflochtenen und einander durchdringenden postmodernen Lebensstrategien (..) die Tendenz gemeinsam, menschliche Beziehungen fragmentarisch und diskontinuierlich werden zu lassen", sie fördern die Distanz und „setzen individuelle Autonomie in einen Gegensatz zu moralischer (wie auch anderer) Verantwortlichkeit" (ebd.: 163). Postmoderne Beziehungen sind geprägt von Bruchstückhaftigkeit und Diskontinuität, „die Enge ihres Blickwinkels und ihrer Ziele, die seichte Oberflächlichkeit des Kontakts" (ebd.: 168).

Gleichzeitig gilt: Die Moderne gewährte Sicherheit und es fehlte die Freiheit. Die Postmoderne offeriert Freiheit unter Vernachlässigung der Sicherheit. Flüchtige Moderne bedeutet: Ordnungen werden instabil, sind in Bewegung und prozesshaft, sie haben kein Ziel und unterwerfen das Individuum einer verstärkten Privatisierung. Die Konsumgesellschaft bewirkt für Bauman nicht Individualisierung wie bei Beck, sondern Atomisierung. Neue Gemeinschaften bieten nur scheinbar den Ort des Aufgehoben-Seins. Die *Flüchtige Moderne* ist ein Zustand ständiger Instabilität, ist ein Leben in ständiger Selbsttransformation. Die öffentlichen und privaten Diskurse bilden keine Gemeinschaft, lassen keine Solidarität entstehen: „Man kann sagen, die Knochenfragmente postmoderner Dispute ergeben zusammen kein Skelett, um das ein nicht-fragmentarisches und anhaltendes, gemeinsames Engagement gehüllt werden könnte" (ebd.: 169).

Offensichtlich fehlen Deutungsmuster sozialarbeiterischen Handelns und der generellen Orientierung (vgl. Kuhlmann 2008), die sich auf diese Weltsicht beziehen oder sich mit ihr auseinandersetzen.[14]

---

[14] Baumans Deutungen der Welt finden beinahe täglich Bestätigung. Gerade kommt die Nachricht über das Fernsehen, dass es einer spanischen Wissenschaftlerin gelungen ist, die Zellstruktur von Mäusen so zu verändern, dass diese kaum altern.

11 Gesellschaft in der Moderne - eine erste Zwischenbilanz

Eine Vielzahl von Theorien versucht, den sozialen, kulturellen und gesellschaftlichen Wandel zu erfassen. Moderne, postmoderne Gesellschaft (Etzioni), postindustrielle Gesellschaft (Bells), Postmoderne (Welsch), reflexive Moderne (Giddens/Beck), flüchtige Moderne (Bauman) sind beschreibende, gesellschaftstheoretische Konzepte der Lebenssituation der Menschen heute.

Modernität und Moderne sind nicht identisch, die Moderne hat viele Gesichter. Lineare Erklärungsansätze, wie sie in der Frühphase der Soziologie formuliert wurden, z.B. bei Auguste Comte oder Herbert Spencer, die von einer stufenförmigen, aber stetigen Verbesserung der Lebensumstände ausgingen, werden der gesellschaftlichen Realität nicht gerecht. Offensichtlich sind vielfältige Beschreibung der sozialen Realität und Entwicklung möglich. Die bisher skizzierten soziologischen Ansätze sind im Kern mehr skeptisch ob der sozialen und gesellschaftlichen Entwicklung. Auch die „Rückbettung" bei Giddens ist ungewiss, der Dschaganath-Wagen donnert bereits zu Tal.

Im Ansatz der lebensweltorientierten Sozialen Arbeit von Thiersch schimmert jedoch die pädagogische Hoffnung auf, die Lebenswelt sozial zu gestalten. Liest man dies als ein Prinzip, die Menschen in ihren Alltagsstrukturen ernst zu nehmen, nicht nur als Objekte zu sehen, die in ihre Lebenslage gezwungen werden, dann ist zu fragen, ob es nicht weitere generelle Entwicklungstendenzen gibt, die diese Lebenswelt strukturell beeinflussen. Neben der Globalisierung und ihren Auswirkungen auf das Leben, den Folgen von Individualisierung, der Bewältigungsnotwendigkeit von Ambivalenzen des Lebens, gibt es Prozesse, die teils verwoben in diese Mechanismen, teils parallel sich entfalten und auf die Gesellschaft einwirken. Dazu gehören u.a. die demographische Entwicklung, der Generationenbezug und der familiale Wandel.

Bei der Analyse der Lebensbedingungen löst sich der Blick zusehends von einer eingegrenzten nationalstaatlichen Betrachtung hin zu einer staatenübergreifenden Perspektive: Es wird vermutet, dass im Prozess der Globalisierung, zunehmend Staaten und Nationen überschreitende Arbeits- und Lebensstrukturen entstehen, die nicht mehr dem lokalen Raum eindeutig zuzuordnen sind: Es würden sich translokale, transnationale und transkulturelle Lebensstrukturen entwickeln (L. Pries 1997). Diese seien häufig in grenzüberschreitende Netzwerke eingebunden. Weltweite Migration verstärke diese Entwicklung, da internationale Wanderungen fast immer in Netzwerkstrukturen realisiert würden (ebd.: 33).

Wenn in der derzeitigen Diskussion der Sozialpädagogik neue Blickrichtungen wie Transnationalität entdeckt werden (Homfeld/Schroer/Schweppe 2007:239ff.) oder gesellschaftstheoretische Beschreibungen von „der gespaltenen Konkurrenzgesellschaft" (Thole/Ahmed/Häblich) sprechen, dann sind im Kontext der Analyse vom Ambivalenz und Ambiguität, die bisherigen theoretische Modell zur Beschreibung der Aufgabe und Funktion der Sozialen Arbeit nicht mehr ausreichend. Thole u.a. fordern eine Neuausrichtung (Thole u.a. 2007:129).

Folgt man wiederum der Argumentation der Vertreter des Postmodernismus, so wird deutlich, Kennzeichen der Postmoderne ist die Vielfalt. Es gelte Abschied zu nehmen von der Eindeutigkeit der Beschreibung der Welt wie sie die großen Erzählungen suggerieren. Die Vertreter der Postmoderne gehen von der Vielheit aus, dem prinzipiellen Pluralismus (W. Welsch 2002:5). Sie, die Postmoderne, verabschiede sich von theoretischen Absolutheitsansprüchen (ebd.: 7). Konsequenterweise sieht dieser Theorieansatz die „unaufhebbare Heterogenität verschiedener Paradigmen". Diese Heterogenität dringt auch in die Individuen ein, jeder von uns hat vielfache Neigungen und Identitäten und folgt ganz unterschiedlichen Interessen und Werten (ebd.: 30). Welsch folgert pointiert: „Daher ist die Gesellschaft unaufhebbar plural"(ebd.: 30).

Kategoriale und ethnische Zuordnung und Selbstverortung würden an Bedeutung verlieren. Die Postmoderne nehme die Verschiedenartigkeit der Kulturen, Sprachen, Menschen intensiver wahr (Kubsch 2007:68). In der postmodernen Lebensform, die als transkulturelle zu beschreiben sei, schwinge aber auch die Konzeption der transversalen Vernunft mit: Denn es gelte in der postmodernen Wirklichkeit „zwischen verschiedenen Sinnsystemen und Realitätskonstellationen übergehen zu können" (Welsch 2002:317).

Die Simmelsche Figur der Ambivalenz und Ambiguität, von Bauman in seiner Theorie aufgegriffen und als Grundprinzip des Postmodernen Lebens herausgearbeitet, beschreibt aus unserer Sicht die Lebenslagen der Menschen in der heutigen Gesellschaft prägnant. Seine Typisierung der Lebensstile und die von ihm herausgearbeiteten Perspektiven der weiteren gesellschaftlichen Entwicklung schärft die Wahrnehmung für grundlegende Lebensbedingungen.

Andere theoretische Paradigmen, die im Folgenden noch herauszuarbeiten sind, gehen von einer Beschleunigung, aus einer Veränderungsdynamik, die alle Lebensbereiche erfasse. Dies führe auf der personalen Ebene zu einem schnelleren Wechsel von Lebensstilen, Moden, Freizeitpraktiken, Wissensbeständen, aber auch „familiären, beruflichen, räumlichen, politischen und religiösen Bindungen und Orientierungen" (H. Rosa 2005:433). Dem entsprächen auf der sozialisationstheoretischen Ebene generelle „Verdichtungsprozesse". Ausbildung und Qualifikation habe in immer kürzerer Zeit zu erfolgen, werde in den Vorschulbereich vor verlagert bei gleichzeitiger Ausweitung der Lerninhalte. Dies führe zu einer strukturellen Veränderung der Jugendphase (Lüders 2007:6).

Divergierende gesellschaftliche und soziale Prozesse sind offensichtlich charakteristisch für die Lebensbedingungen in der Postmoderne. Die Reflexion gesellschaftlicher Prozesse und Entwicklungen meint im Sinne von Giddens/Beck die Auseinandersetzung mit den nicht intendierten Nebenfolgen der Modernisierung (1996:27). Reflexive Modernisierung ist „eine zunächst *un*reflektierte, gleichsam mechanisch-eigendynamische Grundlagenveränderung der entfalteten Industriegesellschaft" (ebd.: 19).

Fassen wir nochmals zusammen: Reflexive Modernisierung meint die Selbsttransfomation der Industriegesellschaft und ist nicht gleichzusetzen mit überlegter (reflektierter), gesteuerter gesellschaftlich Veränderung. Diese Veränderung ist geprägt von Unsicherheit, Politisierung und dem Ringen um (neue) Grenzen. Es geht um die Zerbrechlichkeit sozialer Lagen und Biographien, es geht um die „Nebenfolgen der Nebenfolgen" wie es Beck formuliert. Gleichzeitig entstehen neue Handlungschancen, die aber von „Unsicherheiten" begleitet sind (Giddens).

12 Beschleunigung – die Konturen der Umstrukturierung in der Modernen (Rosa)

Die Auseinandersetzung mit sozialen Phänomenen verweist auch auf Zeitstrukturen. Gleich ob Herrschaftsverhältnisse und Klassenunterschiede, sozio-ökonomische Bedingungen, Geschlechterverhältnisse oder auch Aspekte der Wohlfahrt untersucht werden, *Zeit* ist eine Schlüsselkategorie für jede angemessene Analyse (Rosa 2005:19).

Rosa fasst die vorhandenen sozialwissenschaftlichen Untersuchungen zum Thema Zeit in drei Kategorien zusammen:
1. erfassen Überblicksarbeiten bisherige zeitsoziologische Studien und betonen die Notwendigkeit, den Zeitstrukturen mehr Aufmerksamkeit zu widmen,
2. gibt es detailreiche Studien über Zeit und Zeitstrukturen auf eher theoriearmem Niveau, die Zeit als selbstevidente Größe behandeln, und
3. theorieorientierte Zeitanalysen von hohem Abstraktionsgrad, wobei empirisch relevante Phänomene aus dem Blick geraten (ebd.: 21).

Rosas Anspruch ist hoch, er will die herrschende Gesellschaftstheorie rekonzeptualisieren. Dies beinhaltet für ihn, „aktuelle gesellschaftliche Entwicklungen und Problemlagen im Kontext des Modernisierungsprozesses und der Debatte um einen Bruch in diesem Prozess zwischen einer („klassischen") Moderne und einer Spät-, Post- oder „Zweiten" Moderne gesellschaftstheoretisch angemessen zu erfassen" (ebd.: 25). Hierbei bietet sich nach Rosa auch die Chance, die Veränderungen der Subjekte, also deren Identitätswandel mit der Perspektive der Veränderung der Sozialstruktur zu verbinden.

Zeitwahrnehmung ist kulturabhängig und variiert mit der Entwicklung der Gesellschaft. In der Hochmoderne herrscht ein *lineares Zeitbewusstsein mit offener Zukunft* vor. Die historische Entwicklung läuft nicht auf ein bestimmtes Ziel zu, der Ausgang ist ungewiss (ebd.: 27). Die Disziplinargesellschaft, hier beruft er sich auf Elias und Foucault, entfaltet sich wesentlich über die Etablierung und Internalisierung von Zeitstrukturen (ebd.: 30).

Es gibt drei unterschiedliche Zeitperspektiven und –horizonte:

- Routinen im Alltag,
- wiederkehrende Rhythmen,
- Perspektive(n) im Lebenshorizont und den Bezug zur Epoche und Generation.

Diese drei Ebenen müssen immer in Einklang gebracht werden. Prinzipiell gibt es zwei Sichtweisen: Alles wird immer schneller und gleichzeitig gehen alle Bewegungen zu Ende. Beschleunigungs- und Desynchronisationsprozesse stehen sich gegenüber (Bankenkrise).

Rosa geht es nicht um die Ausformulierung einer Zeitsoziologie, er will also nicht herausarbeiten, was Zeit ist und in „welcher Weise Zeit in soziale Praktiken und Strukturen eingeht" (ebd.: 24), vielmehr will er gesellschaftliche Entwicklungen und Problemlagen im Kontext des Modernisierungsprozesses erfassen und die politischen und ethischen Konsequenzen herausarbeiten.

Es geht um die Verknüpfung von Akteurs- und Systemperspektiven, da einerseits der subjektzentrierte Ansatz auf die Veränderungen der Identitätsbildung achtet, andererseits makrosoziologische Studien ihr Augenmerk auf generelle „objektive" gesellschaftliche Strukturen und deren Wandlungen legen. Rosa stellt fest, dass Sozialstrukturwandel und Identitätswandel Hand in Hand gehen und die Angleichung von System- und subjektiven Handlungslogiken durch die Berücksichtigung der Zeitperspektive erfasst werden kann. Hinter dem Rücken der Akteure haben Zeitstrukturen einen normierenden Charakter, dies habe schon Elias herausgearbeitet. In eine ähnliche Richtung verweisen die Foucaultschen Untersuchungen zur disziplinierenden Kraft einzelner Institutionen.

Auch bei Bauman spielt die Zeit eine zentrale Rolle der Analyse der gesellschaftlichen Situation und deren weiterer Entwicklung. Dessen theoretischer Ansatz, der der „flüchtigen Zeit", wird von Hartmut Rosa zu einer Theorie der Beschleunigung verdichtet:

In deren Kern steht die Annahme der Beschleunigung aller Lebensprozesse als Grunderfahrung in der Moderne. Die Beschleunigung trägt zur Veränderung der Zeitstrukturen in der Moderne bei. Einerseits gilt für das heutige Leben, dass alles immer schneller verläuft, Entwicklungen offen sind und ungewiss, andererseits aber das heutige Zeitalter zu festen Strukturen gerinnt. Utopischer Energien erschöpfen sich, weil alles durchgespielt erscheint und in Anlehnung an Fukuyama vom Ende der Geschichte gesprochen werden kann. Daher auch die Charakterisierung unserer Gesellschaft als Post- als Nach-, als Endepoche einer Entwicklung.

Diese beiden Diagnosen der Gesellschaft sind nur scheinbar konträr, sie gewinnen in der Metapher des „rasenden Stillstands" in der l'internitie polaire von P. Virilios eine neue Bedeutung. Diese paradoxiale Beschreibung will Rosa auflösen und unter der heuristischen Hypothese untersuchen, *„dass die in der Moderne konstitutiv angelegte soziale Beschleunigung in der Spätmoderne einen kritischen Punkt übersteigt, jenseits dessen sich der Anspruch auf gesellschaftliche Synchronisation und soziale Integration nicht mehr aufrechterhalten lässt"* (ebd.: 49f.).

Konsequenterweise formuliert Rosa Vorüberlegungen zu einer Theorie der sozialen Beschleunigung: *Die Erfahrung von Modernisierung ist eine Erfahrung der Beschleunigung*, dies ist die Ausgangshypothese (ebd.: 51).

Allerdings schränkt er auch ein: Es gibt bis heute keinen sauber definierten Beschleunigungsbegriff, geschweige denn eine Theorie. Er verwirft die Annahme, dass sich *alles* beschleunigt. Schon die Alltagserfahrung lehrt uns, dass es Bereiche gibt, in denen sich Prozesse verlangsamen können, so z.B. im Straßenverkehr und auf den Körper bezogene Prozesse, die sich einer Beschleunigung widersetzen, so z.B. die Schwangerschaft. Also geht es darum, einer Theorie der Beschleunigung auch die Momente des Beharrens und der Verlangsamung entgegen zu stellen. Außerdem nimmt die Beschleunigung keinen einheitlichen, linearen Verlauf.

Rosa will in toto nichts weniger als eine empirisch gehaltvolle Gesellschaftstheorie entwickeln und eine sozialtheoretische Neubestimmung der Moderne vornehmen. Er verweist darauf, und hier bezieht er sich ausdrücklich auf die Werke von Castells, Bauman und Beck, dass einerseits grundlegende Beschleunigungsprozesse die kulturelle und soziale Entwicklung der Gesellschaft erfassen, andererseits es aber strukturelle Exklusionsprozesse gibt, große Gruppen Modernisierungsopfer sind, die „zwangsentschleunigt" als exkludiert gelten müssen. Dies bedeutet auch, der Frage der „Geschlechtlichkeit" Beachtung zu schenken.

Es geht darum, die Logik der Beschleunigung zu entschlüsseln. Die Erweiterung des Möglichkeitshorizontes ist die Verheißung der Beschleunigung. Man muss auf dem Laufenden bleiben, trotz oder wegen der hohen Dynamik der Umwelt, und diese ist komplexer und vielfältiger geworden. In dieser sich beschleunigenden Welt gibt es Bereiche, die den Prozess (scheinbar) aufhalten, stillstehen lassen, so die Erholungsphasen, die der *intentionalen Entschleunigung* dienen sollen, letztlich aber zur weiteren Geschwindigkeitsteigerung führen. Wir zahlen für Entschleunigungsoasen, um der Dynamik wenigstens vorübergehend zu entgehen.

Rosas zentrale These ist: Das In-der-Welt-Sein hängt in hohem Maße von den Zeitstrukturen ab. Die Qualitäten der verfügbaren Zeit unterliegen dem

Tempo, den Rhythmen, dem Horizont, den Strukturen und treten uns als Faktizitäten entgegen, sind nicht frei verfügbar.

Es gibt drei Arten von Beschleunigung:

- *technische Beschleunigung,*
- *Beschleunigung des Lebenstempos,*
- *Beschleunigung sozialer und kultureller Veränderungsraten.*

Zentral sind folgende theoretische Aspekte: Einer Darstellung der Beschleunigungsphänome folgt die analoge Herausarbeitung der Verlangsamungs- und Beharrungsphänomene. Die drei Aspekte, technische Beschleunigung, sozialer Wandel und Lebenstempo werden zu einer phänomenologischen Analyse der Erscheinungs- und Wirkungsmechanismen verbunden (ebd.: 54). Anschließend werden die sich daraus sich ergebenden Konsequenzen aufgezeigt.

Beschleunigung ist kein linearer Prozess. Neben den drei Mechanismen der Beschleunigung, gibt es fünf Momente der Beharrung:

- natürliche Geschwindigkeitsgrenzen,
- Entschleunigungsinseln,
- dysfunktionale Nebenfolgen,
- intentionale Entschleunigung (Ideologie, Akzelerationsstrategien),
- strukturelle und kulturelle Erstarrung.

Die Moderne hat vier Mechanismen:

- Differenzierung
- Rationalisierung
- Domestizierung
- Individualisierung

Insgesamt gilt: Die Beschleunigung kehrt sich tendenziell gegen das Projekt der Moderne: Wir haben eine Gesellschaftsstruktur der rutschenden Abhänge (ebd.: S.453). Hinzu kommt eine progressive Dynamisierung gesellschaftlicher Exklusion, ein Abgehängt-Werden (ebd.: S.482). Dies wird begleitet von einer Umstrukturierung der Werteorientierung: *„Die Zeitstrukturen der Beschleunigungsgesellschaft (...) bringen die Subjekte dazu, zu wollen, was die Subjekte nicht wollen"* (ebd.: 483).

Rosa umgrenzt einige hieraus folgende Perspektiven. Seine Sicht auf die Gesellschaft verschränkt sich mit der ähnlich pessimistischen Sicht von Bauman. Kommt es zu einem „rasenden Stillstand" (ebd.: 489) oder einem Kollaps der Ökosysteme? Für ihn ist auch der Zusammenbruch der modernen

Sozial- und Werteordnung, der Verlust der Balance und die Eruption unkontrollierter Gewalt denkbar.

Demgegenüber steht die Hoffnung auf den Griff zur Notbremse, als Revolution gegen den Fortschritt, als den Versuch, Gestaltungsansprüche durchzusetzen, die sich gegen die Beschleunigungsprozesse wenden. Es geht um die Hoffnung, dass vergrößerte Spiel- und Handlungsräume „sich in verbesserte individuelle und politische Gestaltungschancen übersetzen lassen" (ebd.: 487).

Dennoch ist Rosa insgesamt skeptisch, er erwartet eher ein fundamentales Aufbegehren der von den Wachstumsprozessen Ausgeschlossenen gegen die Beschleunigungsgesellschaft. Letztlich bleibt die Alternative zwischen einer finalen Katastrophe und einer radikalen Revolution, so nicht vielleicht die Sozialwissenschaften dazu beitragen, den „Anstoß für das Auffinden" eines anderen Endes der Beschleunigungsgeschichte finden.

13 Warum Gesellschaften überleben oder untergehen (Diamond)

In seinem im Jahre 2005 erschienen Buch stellt Jared Diamond in einer umfassenden historisch-vergleichenden Analyse dar, warum prosperierende Gesellschaften zusammenbrachen, teilweise ihren Untergang selbst verursachten.

Das Beispiel der Osterinseln mit den berühmten, riesigen Steinstatuen verdeutlicht, wie Menschen ihre eigene Lebensgrundlage systematisch zerstört haben. Um die bis zu über 20 Meter hohen und bis zu 270 Tonnen schweren Statuen von den Steinbrüchen, in denen sie aus dem Fels gehauen wurden, zu ihren Standorten zu transportieren, mussten unzählige Bäume gefällt werden, über die die Statuen geschoben, gezogen und gerollt wurden. Wahrscheinlich über so genannte Kanuleitern. Hier werden auf parallel angeordneten und verbundenen Stämmen, quer gelegte Stämme gerollt, auf denen die zu transportierenden Blöcke, Statuen oder eben auch Kanus liegen. Außerdem wurden die Seile für den Transport der Statuen aus Baumrinde hergestellt. Man schätzt, dass 50-60 Menschen pro Woche eine durchschnittliche Statue von 12 Tonnen, ungefähr 15 km weit transportieren konnten.

Die Osterinsel wurde vermutlich um etwa 900 nach Christus besiedelt. Die Insel selbst hat ein windiges, trockenes und kühles Klima, dennoch war die Ernährungsgrundlage ausreichend und die Bewohner - wahrscheinlich polynesischen Ursprungs - betrieben intensive Landwirtschaft. Dies belegen heute noch zahlreiche Steinhühnerställe, aber auch Hinweise auf die Anbaumethoden insgesamt. Steinschutzwälle und Steingärten steigerten den Ertrag.

Die Gesellschaft zerfiel in zwei Klassen, die der Häuptlinge mit ihren Angehörigen und die der gemeinen Bevölkerung. Dies lässt sich an den Überresten der Wohnhäuser erkennen. Die Insel teilte sich in elf oder zwölf Territorien auf, die jeweils zu einer Sippe gehörten. Die Statuen (die *moai*) wurden auf zeremoniellen Plattformen *(ahu)* vor den Häusern der Häuptlinge entlang der Küste aufgestellt, mit Blick landeinwärts auf das Gebiet der jeweiligen Familien. Offensichtlich konkurrierten die jeweiligen Häuptlingsfamilien, so dass der Aufwand für die Statuen zunahm, ihnen tonnenschwere hutartige Gebilde auf den Kopf gesetzt wurden, so genannte *pukao*. Der logistische Aufwand für die

Herstellung, den Transport und das Aufstellen der Statuen bedeutete auch einen großen Bedarf an Lebensmitteln. Hierfür wurden aus Stämmen wahrscheinlich große Kanus zur Delphin- und Thunfischjagd hergestellt.

Offensichtlich wurden die Bäume systematisch gefällt. Die dort vorkommende Palmenart erreichte einen Durchmesser von über zwei Metern und der Stamm lieferte süßen Saft für Honig, Zucker, aber auch Wein. Vor allem aber die Statuen trugen zum Raubbau an den Bäumen bei. Das große Abholzen fand zwischen 900 n. Ch. bis ins 17. Jahrhundert statt, erreichte etwa 1400 seinen Höhepunkt. Letztlich verschwand der Wald vollständig. Die Folge waren Hungersnöte, Zusammenbruch der Bevölkerung und ein Niedergang bis hin zum Kannibalismus. Bürgerkriege wurden geführt, die Gesellschaft zerbrach. Faktisch verdeutlichte sich dies im gegenseitigen Umstürzen der Statuen, die *ahus* wurden entweiht, die *moai* zerbrochen. Diamond vergleicht dies mit dem Umstürzen der Statuen von Stalin und Ceausescu nach dem Zusammenbruch der kommunistischen Regierung. Ähnliche Bilder wurden uns medial über das Umstürzen der Statue von Saddam Hussein in Bagdad geliefert oder auch im Film „Goodbye Lenin" beim Abtransport der Leninstatue präsentiert.

Diamond hält trotz einiger Einwände, die es gegen die hier vorgetragene ursächliche Erklärung des „Waldsterbens" gibt, die Osterinsel für das „eindeutigste Beispiel" für eine Gesellschaft, die sich „durch übermäßige Ausbeutung ihrer eigenen Ressourcen selbst zerstört hat" (Diamond 2005:145).

Er zieht Parallelen zur heutigen Welt. Durch Globalisierung, internationalen Handel, Flugverkehr und Internet „teilen sich heute alle Staaten der Erde die Ressourcen und alle beeinflussen einander genau wie die zwölf Sippen auf der Osterinsel" (ebd.: 153).

Diamond zieht in seinem lesenswerten Buch noch mehrere historische Beispiele heran, die auf gesellschaftliche Zusammenbrüche hinweisen. Doch auch die Gesellschaften von heute finden ihre kritische Würdigung. Er arbeitet heraus, warum es Gesellschaften an der Wahrnehmung von Problemen fehlt, irrationale Fehlentscheidungen getroffen werden und gescheiterte Lösungsansätze den Weg der industriellen Gesellschaft in der Moderne begleiten.

Er nennt vier Faktoren:
- Ein Problem wird nicht vorausgesehen.
- Ein Problem wird nicht wahrgenommen, obwohl es bereits vorhanden ist.
- Es wird keine Lösung versucht (scheinbar „rationales" Verhalten).
- Die Lösung gelingt nicht, irrationales Verhalten verhindert eine Lösung.

Generell gibt es nach Diamond zwölf zentrale Mechanismen, die in der Moderne die generelle Entwicklung beeinflussen:

- immer schnellere Zerstörung der Lebensräume,
- Vernichtung „wilder" Lebensmittel (Fische) und Ersetzen durch künstliche,
- Verlust genetischer Vielfalt (Regenwürmer),
- Wasser- und Winderosion,
- Ausgehen oder zunehmend aufwändige Gewinnung fossiler Brennstoffe,
- Ausbeutung von Süßwasser,
- Begrenztheit der Versorgung mit Sonnenlicht (Photosynthesekapazität),
- giftige Chemikalien,
- „fremde" Arten (Ratten, Kaninchen, Füchse),
- Gas- und Kohlendioxydausstoß,
- Bevölkerungswachstum (demographische Blase),
- Auswirkung des Verbrauchs der Menschen auf die Umwelt: Lebensstandarderhöhung führt zum Ressourcenverbrauch und Abfallerhöhung (ebd.: 599ff.).

Sein Fazit lautet: Die Gesellschaft unserer Welt befindet sich derzeit nicht auf einem nachhaltigen Weg und jedes der zwölf Probleme könnte unsere Lebensweise in den nächsten Jahrzehnten schon einschränken (ebd.: 612). Also, eine nachhaltige Entwicklung ist nicht in Sicht.

Im Kontext der aktuellen ökonomischen Entwicklung erscheint dieses Buch geradezu ein Werk von hohem Prognosegehalt zu sein. Wenn es auch auf die Ursachen und Folgen der Finanzkrise nicht eingeht, so sind seine Hinweise auf die „Selbstzerstörungskraft" von Menschen wegweisend. Man kann seine Argumentation durchaus auf die heutige generelle Lage übertragen. Die Stärke der Darstellung liegt in der Plastizität und Verständlichkeit seiner Argumentationsketten.

Dabei verfällt Diamond nicht in eine Pauschalkritik der Großkonzerne (vgl. ebd.: 544ff.). Er lenkt den Blick auf uns selbst.

14 Die ausgefallene Generation - Was die Demographie über unsere Zukunft sagt (Birg)

Kurz und prägnant formuliert Birg es so: Die demographische Entwicklung betrifft uns alle. Die Welt und insbesondere auch Deutschland sind im Wandel.[15] Es besteht ein neuerliches Interesse an der Bevölkerungsentwicklung, dem Aufbau, dem Generationenbezug, der Zu- und Abwanderung und der Geburtenrate. Die Diskussion um die Bevölkerungsentwicklung in Deutschland gerät auch im Zuge der Auseinandersetzung um die Regelungen zur Zuwanderung in den Blickpunkt.

Prinzipiell ist die Demographie eine alte Wissenschaft: Seit über 200 Jahre existierte bereits eine ausformulierte Bevölkerungslehre. Schon Thomas R. Malthus publizierte 1798 das Buch: „Bevölkerungsgesetz". Nach Birg ist seine Theorie mit die wirkmächtigste der Wissenschaftsgeschichte. Malthus Lehre besagt im Kern: Menschen entwickeln sich in geometrischen Progressionen, Nahrungsmittel entwickeln sich linear. Eine Verbesserung der Lebensumstände führt zu steigender Geburtenzahl. Das berühmte Malthus`sche Gesetz hält fest: Die Bevölkerung übersteigt die Wachstumsrate der Subsistenzmittel und passt sich gezwungenermaßen wieder der Nahrungsmittelerzeugung durch Hunger, Kriege und Seuchen an. Dies führte ihn zur Annahme: Armenhilfe sei unmoralisch, weil sie das Übel verschlimmere, sie verhindere die „natürliche" Anpassung.

Auch Johann Peter Süßmilch (1741) entwickelte schon frühzeitige eine Bevölkerungslehre in Deutschland. Sein Werk: „Die göttliche Veränderungen des menschlichen Geschlechts, aus der Geburt, Tod und Fortpflanzung desselben" galt als Standardwerk seiner Zeit.

Doch im Schoße der Bevölkerungslehre keimte auch ihre Perversion: Die Lehre der Über- und Unterlegenheit von Rassen. Die Perversion der Bevölkerungslehre ist die Eugenik/Rassenlehre. Francis Galton entwickelte in den 60er Jahren des 19. Jahrhunderts seine Thesen, doch schon 1853 publizierte Gobineau in Frankreich ein Werk über die Ungleichheit der Menschenrassen. Die Adaption in Deutschland erfolgt etwas später, so etwa 1924 in einem Arti-

---

[15] Demographie kann als die Wissenschaft von der Untersuchung und Beschreibung des Zustands und der zahlenmäßigen Veränderung einer Bevölkerung definiert werden.

kel des Handwörterbuches der Soziologie, „Eubiotik, Sozialbiologie, Gesellschaftshygiene." Dies alles kulminierte dann in der NS Ideologie und in dem Gesetz zur Zwangssterilisierung von 1933 und den Rassegesetzen von 1935.

Aber zurück zu den Thesen und Erkenntnissen von Birg: Am Ende des 21. Jahrhunderts geht die Weltbevölkerung zurück, den Wendepunkt datiert er auf ca. 2070, die Geburtenrate verändere sich weltweit. Die Quote zur Bestandserhaltung liege bei über 2 Kindern und erhöhe sich bei hoher Sterblichkeitsrate.

Die derzeitige Geburtenrate beträgt 2,9 in Entwicklungsländern und 1,6 in Industrieländern.

Tabelle 4: Die Tendenz der Geburtenrate

	Geburten je Frau
1950-55	5,0
1985-90	3,4
2000-05	2,7

Ab 2040 wird der bestandserhaltende Wert erreicht. Der Rückgang beginnt zeitverzögert. Die Zahl der Frauen im geburtenfähigen Alter wächst zunächst noch an, dann sinkt deren Zahl und damit auch die Zahl der Kinder.

Die geschätzte Bevölkerung in 2050 betrage 9,1 Mrd., 2000 waren es 6,1. Birg formuliert prägnant: Die These vom ungehinderten Wachstum ist falsch! Deutschland hält einen demographischen Weltrekord: Die Bevölkerungsschrumpfung beginnt am frühesten in Deutschland (1972 in den alte, 1969 in den neuen Bundesländer). Ein Drittel eines Jahrgangs bleibt kinderlos. In Deutschland liegt das Gebäralter mit der höchsten Geburtenrate bei 30 Jahren.

Tabelle 5: Veränderungen der Geburtenrate in Deutschland (*Lebendgeborene*)

1860	5,0
1874	4,0
1881	3,0
1904	2,0
1920	1,9
1932	2,2
1965	1,5

Prinzipiell gelte, je höher das sozio-ökonomische Niveau, desto geringer die Geburtenrate, dies allerdings gilt nicht für die USA. Dort wird die Geburtenrate durch die zuwandernden Hispano-Mexikaner und die nichtweiße Bevölkerung hoch gehalten.
Fehlende Geburten werden durch Einwanderung ersetzt. Dies ist nach neuester Statistik allerdings in Deutschland nicht mehr der Fall oder zumindest halten sich Ein- und Auswanderung in etwa die Waage. 128 051 sind in 2005 eingewandert, 144 815 sind ausgewandert. Es besteht also eine negative Wanderungsbilanz.

94

Birg zieht Folgerungen für eine familienorientierte Sozialpolitik:
- An demographischen Zielen orientierte Politik muss Querschnittspolitik,
- Lebensläufe der Menschen mit Kind dürfen nicht länger Hindernisläufe sein.
- „Berufliche und familiäre Entwicklung dürfen sich nicht in die Quere kommen"
- Es geht um fachlich gute Betreuung von Kindern in staatlichen, kirchlichen oder privaten Einrichtungen.
- Hochwertige Betreuungseinrichtungen müssen ab dem Vorschulalter und als Ganztagsschulen vorgehalten werden.
- Eine Erhöhung des Kinderfreibetrags, Kindergeldes und Erziehungsgeldes (letzteres liegt in Skandinavien erheblich höher, bei bis zu 2800€) ist notwendig.
- Es sollte eine Priorität der Stellenbesetzung mit Müttern geben.
- Bedenkenswert wäre auch die Einführung eines Familienwahlrechts (ebd.: 145).

Seine Grundthese ist: Es ist in Deutschland dreißig Jahre nach zwölf. Selbst wenn ein Geburtenanstieg auf zwei Kinder erfolgt, dauert es ein Dreivierteljahrhundert bis zum Ausgleich. „Die Eltern, die heute Kinder zur Welt bringen müssten, sind niemals geboren."

Wieso kam es zu diesem Geburtenrückgang?
1. führten Weltkriege und Wiedervereinigung zur Verringerung der Geburt.
2. beeinflussen unterschiedliche Leitbilder (Emanzipationsbewegung in der antiautoritären Phase) und Auf- und Abschwünge in der wirtschaftlichen Konjunktur die Geburtenrate. Tendenziell gilt: Bei guter ökonomischer Lage werden mehr Kinder gezeugt.
3. sieht Birg in den Familiengesetzen und den Regelungen der Familienpolitik eine Ursache für den Geburtenrückgang. Auch wenn neuere Ansätze der Familienpolitik hier ein Gegengewicht schaffen wollen, ist dies mehr symbolisch zu sehen, denn tatsächlich wirksam.
4. spalten sich die reproduktionsfähigen Jahrgänge, ein Teil der Frauen bleibt ohne Kinder, der andere Teil hat zwei.
5. besteht eine Differenz zwischen gewünschter und realisierter Kinderzahl („Kinderschock").
6. fehlt vielen Frauen ein „geeigneter", zuverlässiger Partner zum Kinderbekommen und Großziehen (2/3 nennen dies in Untersuchungen).
7. wird das Risiko des langfristigen Festlegens im Lebensverlauf gescheut, da die Zukunft offen und nicht nur optimistisch zu sehen ist.

Aus allem folgt: Bis zur Jahrhundertmitte gibt es einen explosionsartiger Anstieg der 60jährigen und eine implosionsartige Abnahme der Jüngeren. Die demografische Entwicklung treibt in eine radikale Veränderung der Bevölkerungsstruktur. Nach Birg ist die Familiepolitik strukturell verfehlt. Dies betrifft die fehlende Vermittlung einer positiven Grundeinstellung zu Kindern. Nach wie vor sei die Betreuung von Kindern nicht optimal. Dies gelte vor allem für die vorhandenen Krippenplätze. Auch das Ehegattensplitting fördere nicht die Geburtenzahl, hier müsse ein Familiensplitting die bisherige Förderung ersetzen.

Deshalb resümiert Birg: „Heute kann selbst ein Anstieg der Geburtenrate auf die ideale Zahl von zwei Kindern je Frau die Alterung für Jahrzehnte nicht mehr abwenden. Der Anteil der über 60jährigen an den 20-60jährigen würde sich bei der deutschen Bevölkerung selbst dann verdoppeln, wenn die Lebenserwartung nicht mehr zunähme. Dass es ein demographisches Momentum mit irreversiblen Folgen gibt, ist vielleicht die wichtigste Erkenntnis der Demographie. Wenn ein demographischer Prozess ein Vierteljahrhundert in die falsche Richtung läuft, dauert es ein Dreivierteljahrhundert, um ihn zu stoppen" (Birg 2005:150).

Wissenschaftler haben dies in unzähligen Artikeln und Büchern und Kongressen einer „desinteressierten Öffentlichkeit" darzustellen versucht, doch diese reagiere so, dass sie Politiker wählen würde, die ihre existentiellen Probleme ignorierten und sich in Anlehnung an Paul Demeny nach der Logik verhielten: „Wo keine Lösung ist, ist auch kein Problem" (ebd.: 150).

Nach Birg muss in Deutschland neben dem Ausbau hochwertiger Betreuungseinrichtungen ab dem Vorschulalter, dem Ausbau von Ganztagsschulen vor allem auch ein Leitbild vermittelt werden, in dem Kinder einen zentralen Stellenwert haben. Dies setzt voraus, dass die „Lebensläufe der Menschen mit Kindern nicht länger zu Hindernisläufen denaturieren, bei denen sich die Ziele der beruflichen Entwicklung und der Familienentwicklung in die Quere kommen" (ebd.: 147).

Er verweist ausdrücklich auf die skandinavischen Länder und besonders Frankreich und deren gute fachliche Betreuung von Kindern in staatlichen, kirchlichen oder privaten Einrichtungen.

15 Vom Verlust der Gemeinschaft (Schirrmacher)

In der Soziologie spielt der Begriff der Gemeinschaft schon bei Emil Durkheim und Max Weber eine wichtige Rolle. In der amerikanischen Soziologie hat vor allem Talcott Parsons das Konzept der Gemeinschaft als Gegenpol zur Gesellschaft ausformuliert. Die Gesellschaft wird als anonymes, generelles, leistungsorientiertes, mit klaren Regeln versehenes Gebilde gesehen, wären die Gemeinschaft personenorientiert ist, eigenschaftszentriert und gefühlshaft sich als Raum der individuellen Gestaltung erweist.

Auch in der Sozialen Arbeit wird der Begriff der Gemeinschaft im Guten wie im Schlechten zu einem zentralen. Paul Natorp hatte seinen Ansatz der Sozialpädagogik als Erziehung in und durch die Gemeinschaft ausformuliert. In der NS-Pädagogik erfolgte im Konzept der Lagerpädagogik eine Orientierung an einem Gemeinschaftsbegriff, der die Trennungslinie der Zugehörigkeit zur Volksgemeinschaft entlang ethnischer Differenzen zog und so zu einer Pädagogik der Ausmerze mutierte.

Schirrmacher sieht aktuell die Existenz der Gemeinschaft gefährdet. Familie als Bindungskitt in unwirtlichen Zeiten sei heute eine Einbruchsstelle. In der Nachkriegsära sieht er zwei Tendenzen der familialen Entwicklung. Zum einen war die Familie Schicksalsgemeinschaft, zum anderen von Zerfall bedroht. Dies korrespondiert mit familiensoziologischen, biographischen Untersuchungen zur Situation der Familie im Nachkriegsdeutschland. Frauen, Kinder und Verwandte organisierten zusammen den Alltag. Nach dem Krieg waren Hamstern, Fringsen (Kohleklauen) und Schwarzmarkt prägende Momente für die Bewältigung existentieller Bedürfnisse. Gleichzeitig stiegen die Scheidungsziffern in den unmittelbaren Nachkriegsjahren deutlich an.

Nach Birg entstand danach das goldene Zeitalter der Familie: Der Glaube an den altruistischen Staat wurde geboren. Der Staat, der als Wohlfahrtsstaat sich mit großer Dynamik entfaltete, sorgte für kürzere Arbeitszeiten, längeren Urlaub, höhere Tarifabschlüsse. Keiner sollte mehr darben, es ging um die „Freiheit einer ausgeliehenen Zeit" (Schirrmacher 2006:35).

Heute haben sich die familialen Strukturen grundlegend gewandelt. Es gebe surreal anmutende Familiensysteme. Siebzigjährige haben noch Eltern, doch ein Drittel davon hat keine Enkel mehr. Die demographische Krise, die er ähnlich wie Birg sieht, führe zu einer Havarie der Renten- und Sozialsysteme. Durch den demographischen Wandel entstehe eine neue Schicksalsgemeinschaft. Im Unterschied zu früher, wird die Familienstruktur nicht mehr von Eltern geprägt, die sich um die Kinder kümmern, sondern von Kindern, die sich um ihre Eltern kümmern. Der Staat organisiere zwar Sicherheit, insbesondere auch für kinderlose Erwerbstätige, aber nicht für Kinder, die Eltern pflegten.

Die Familie verliere im Kontext der Pluralisierung von Lebensformen ihren Ruf als grundlegende Lebensform. In der Analyse der familialen Lebensbedingungen würden vor allem die „destruktiven" Elemente gesehen. So gebe es kaum Studien über die Solidarität und Kooperation unter Geschwistern.

Generell durch- und erlebten wir derzeit viele Familienformen in den einzelnen Lebensabschnitten:
- nichtexklusive Beziehungen,
- nichteheliche Lebensgemeinschaften,
- Living-apart-together,
- Kernfamilie,
- Trennung,
- Alleinleben oder temporäre Einelterfamilie,
- eheliche/nichteheliche Lebensgemeinschaft/Patchworkfamilie,
- Single-Dasein
- Anstaltshaushalt (ebd.: 61).

Offensichtlich profitierten in unserer Gesellschaft diejenigen, die keine Kinder haben. Kinderlosigkeit wirke wie eine Methode zur Gewinnmaximierung, denn diejenigen, die Kinder haben, sind nicht nur im Nachteil denen gegenüber, die keine Kinder haben, sie finanzierten quasi auch die Kinderlosen durch die spätere volkswirtschaftliche Leistung ihrer Kinder.

Schirrmacher konstatiert: Kinder zu bekommen, setzt Altruismus voraus, die „materiellen und sozialen Vorteile sie *nicht* zu haben sind mittlerweile sowohl für Frauen wie Männer zu groß geworden" (ebd.: 67).

Aus Schirrmachers Sicht hat die Gesellschaft es versäumt, der Investition Kind, dem Nutzenkalkül des beiderseitigen erwerbstätigen kinderlosen Paares einen Wert entgegenzusetzen, das Kind als „soziales Kapital" (ebd.: 71) zu sehen. Denn der gesellschaftliche Wert von Kindern steigt in den nächsten Jahrzehnten sprunghaft an, da sie in der schrumpfenden Gesellschaft eine unersetzliche Größe darstellen (ebd.: 72). Generell gilt, dass die Geburtenrate mit der Erfahrung der vorhergehenden Generation zusammenhängt: „Je kinderloser die Umwelt, je verwandtschaftsärmer die Netzwerke, desto schneller scheint sich der Mensch der Kinder zu entwöhnen" (ebd.: 73).

Wahrscheinlich ist die Existenz jüngerer Geschwister eine begünstigende Voraussetzung zur Förderung einer Fürsorgemotivation und Entstehung von

Kinderliebe und damit eines stärkeren Kinderwunsches, gleichzeitig werden kinderreiche Familien diskreditiert. Kinderreiche Familien werden abgewertet und ihnen mangelnde Zuwendungsmöglichkeit für die einzelnen Kinder unterstellt.

Schirrmacher bilanziert drei Thesen zum „Verschwinden" von Kindern:
1. Konkurrenzdruck in der Gesellschaft bewirkt geringe Kinderquote. Der Rückgang der Kinderzahl ist Konsequenz eines „darwinistischen" Prinzips.
2. Fernsehen und Medien prägen eine Kultur der Kinderlosigkeit.
3. Es handelt sich um das Nebenprodukt einer rasend schnellen Veränderung der Umwelt- und Gesellschaftsbedingungen, auf die der Einzelne sich nicht mehr einstellen kann. Daraus resultiert eine Fehlanpassung.

Andrerseits erhöht sich die Zahl der Haustiere ständig. Offensichtlich fehlt vielen Menschen etwas, worum sie sich kümmern können. Auch das Fernsehen propagieren in Familiensendungen Familienkonfigurationen, die nicht der Kernfamilie entsprechen: Patchworkfamilien, Singles und nichteheliche Lebensgemeinschaften, nichtexklusive Beziehungsformen, Haushalte mit mehr als zwei Erwachsenen. Es verändern sich die Rollenbilder. Frauen werden zu Zuschauern oder Helden. Sie kontrollieren ihre Umwelt, ihr Schicksal ihren Körper. Kinder kommen bestenfalls am Rande vor.

So täuschen auch die Studien, die der Familie nach wie vor einen hohen Stellenwert zubilligen. Sie werden - nach Schirrmacher- unter den Bedingungen der jetzigen Zeit gemacht, doch wenn sich die Lebensstrukturen erst einmal so gewandelt haben, dass ländliche Räume weitgehend entvölkert sind, oder Menschen in Großstädten ohne verwandtschaftliche Bindung leben, dann wird deutlich, dass der Sozialstaat diese Veränderungen nicht mehr verkraften kann. Schrumpfende Netzwerke gehen mit schrumpfender Verwandtschaft einher. Und so vermutet Schirrmacher, dass dann wieder die familialen Hilfefunktionen beansprucht werden, die dem Einzelnen aber immer seltener gewährt werden können.

Wenn Kinder zu bekommen faktisch zu einer Spezialisierung wird, es in den nächsten Generationen immer weniger Mädchen gibt, von denen immer weniger Mütter werden, dann wird die familiale Unterhaltsgemeinschaft in ihr Gegenteil verkehrt, da „immer weniger Kinder die Last einer Gesellschaft tragen können und die Gesundheit ihrer Familie erhalten müssen" (ebd.: 125).

Durch die Vervielfältigung der Lebens- und Familienformen ist es die Aufgabe der Zukunft, die Verwandtschaftsstrukturen neu zu definieren und mit problematischen Verwandtschaftsnetzen zu leben, wie sie durch Heirat, Scheidung, Zusammenleben, Wiederverheiratung entstehen, mit Kindern aus erster, zweiter und dritter Beziehung. Dadurch entstehen „enorm vielfältige, unüberschaubare und diffuse Stief- und Halbverwandtschaften, angefangen von den Halbgeschwistern bis hin zu den Stiefgroßeltern" (ebd.: 129).

Schirrmacher entwickelt ein Szenario, in dem die Frauen eine zentrale Rolle innerhalb der Familien und der gesamten Gesellschaft einschließlich Arbeitswelt einnehmen. Frauen und Männer erfüllten unterschiedliche Rollen und hätten grundlegend unterschiedliche Orientierungen, sie seien definitiv nicht gleich. „Soziale Kompetenz, Einfühlung, Altruismus, Kooperation (..) vereinen Frauen auf sich; da sind sich Evolutionspsychologie, Hirnforschung, Anthropologie und Psychologie einig" (ebd.: 135). So dass auch die These von der Gleichheit von Mann und Frau falsch sei, die These, dass nur die Kultur sie zu verschiedenen Wesen werden lasse.

Frauen, so könnte man prägnant formulieren, sind wichtiger als Männer für den Bestand einer Gesellschaft. Frauen sind deutlich mehr am Austausch emotionaler Hilfe orientiert, dem Geben und Nehmen von sozialem Kapital. So verweist er auch darauf, dass in Krisenzeiten mehr Mädchen als Jungen geboren werden. Dies gelte nicht nur für außerordentliche Naturkatastrophen und Kriege, sondern auch für plötzliche Transformationen der Gesellschaft - die Geburtenrate in den neuen Bundesländern 1991 wird als Beispiel angeführt - sondern auch bei ökonomischen und sozialem Stress und hoher Arbeitslosigkeit (ebd.: 142ff.).

Die Anforderungen an Mädchen des Jahrgangs 2000 und folgende erhöhen sich signifikant: Sie müssen Kind und Karriere miteinander vereinen, die Nachfrage nach Frauen in der Erwerbsarbeit steigt erheblich. Sie werden in der minimierten Generation sowohl soziale Kompetenz als auch hohe berufliche Kompetenz entfalten müssen.

Offensichtlich gewinnt in Zeiten der Entwertung ökonomischen Kapitals die Bewahrung sozialen Kapitals an Bedeutung. Dies gilt auch für die Rolle der Großmütter, die immer stärker zur helfenden Großmutter werden, die ihre Töchter bei der Aufzucht der Kinder unterstützen. Gerade die älteren Frauen werden die Verteilung von Werten überwachen und ein immer stärkeres Gewicht in Politik und Medien erhalten.

Letztlich verschränkt sich seine Argumentation in einigen Punkten mit der von Birg. Die demographische Entwicklung tendiert zu einem strukturellen Wandel der Gesellschaft, der bisher nur tendenziell wahrgenommen wird und dem nur sehr bedingt entgegengesteuert wird.

Auffallend ist dabei seine Betonung der Rolle von Frauen als „Netzwerkbewahrerinnen". „Großmütter, Mütter und Töchter werden entscheiden, ob und wie unsere Gemeinschaft neu entsteht" (ebd.: 157).

16 Menschenrechte als Paradigma der Sozialen Arbeit

Auf der Suche nach einer grundlegenden Orientierung der Disziplin und Profession werden einzelne Disziplinvertreterinnen und -vertreter fündig: Nicht die Lebenswelt sei das zentrale Paradigma im Sinne von Kuhn, sondern vielmehr die Menschenrechte werden zur Bezugsgröße sozialarbeiterischen Handelns und sozialethischer Fundierung.

Silvia Staub-Bernasconi hat dies entscheidend ausformuliert und auch die Internationale Vereinigung der Sozialen Arbeit bezieht sich auf die Menschenrechte als allgemeine Grundlagen des Handelns.

Die Tragfähigkeit dieses Ansatzes bedarf jedoch der Überprüfung. Eide (2000) arbeitet heraus, in den Menschenrechten verbinde sich Universalität mit Partikularität. Menschenrechte leiteten sich aus der Würde und dem Wert der menschlichen Person ab. Dieses sei auf jede Person anwendbar, so dass ihre Universalität außer Frage stehe.

Dies wurde auch 1993 beim Treffen der Vertreter von mehr als 170 Staaten in Wien betont. Die Diskussion der Relation von Universalität und kultureller Vielfalt oder ihres Gegensatzes fand in der Wiener Erklärung ihren Niederschlag, in der formuliert wurde: *„Auch wenn die Bedeutung nationaler und regionaler Besonderheiten und eines unterschiedlichen historischen, kulturellen und religiösen Hintergrunds stets bedacht werden muß, ist es die Pflicht der Staaten - unabhängig von ihren politischen, kulturellen und Wirtschaftssystemen -, alle Menschenrechte und grundlegenden Freiheiten zu fördern und zu schützen."* (Wiener Erklärung zit. nach Eide 2000:34)

Eide will nun verdeutlichen, wie das Universelle und Partikulare in den Menschenrechten miteinander in Einklang zu bringen ist. Dabei bezieht er sich auf die Allgemeine Erklärung der Menschrechte, betont jedoch ausdrücklich, dass dies für jedes einzelne Recht gelte. Dies bezöge sich auch auf die erweiterte Liste der Allgemeinen Erklärung, in der nun das Recht auf Selbstbestimmung und das Recht auf Entwicklung aufgenommen wurden.

Die Allgemeine Erklärung der Menschenrechte will einen Rahmen für die Weltordnung setzen, sowohl für die internationalen Beziehungen als auch die Innenpolitik. Die Menschenrechte und die UN-Charta wollen dazu beitragen, die internationale Zusammenarbeit zu verbessern, und helfen, die Achtung vor den Menschenrechten und Grundfreiheiten für alle ohne Unterschiede der Rasse, des Geschlechts, der Sprache oder Religion zu fördern und zu festigen (Eide 2000:35). Die Allgemeine Erklärung zielt direkt auf die letzteren Aspekte. Es geht darum, die Menschenrechte als unteilbar auf jede Person in der Welt anzuwenden.

Aus der Sicht von Eide ist die Allgemeine Erklärung zu den Menschrechten unter wenigstens fünf Aspekten von Bedeutung:
1. Sie belebt und konsolidiert humanistische Normen.
2. Sie gibt den Prinzipien Freiheit und Gleichheit sowie deren Wechselverhältnis eine breitere Basis.
3. Sie weitet den Inhalt der Menschrechte aus.
4. Sie erklärt die Menschenrechte für universell.
5. Sie lässt Menschenrechte zu einem legitimen Anliegen sowohl im internationalen Recht als auch in internationalen Relationen werden (ebd.: 36).

Damit wird eine moralische Grundlage geschaffen, die dazu beiträgt, die Umsetzung der Menschrechte einzufordern und tendenziell zu verwirklichen. Letztlich strebt die Erklärung eine Transformation der sozialen Ordnungen an, so dass die festgeschriebenen Rechte auch in Anspruch genommen werden können. Diese Allgemeine Erklärung ist nach Eide der „umfassendste Menschenrechtskatalog, der jemals im nationalen oder internationalen Rahmen verabschiedet worden ist" (ebd.: 37).

Dennoch sieht Eide Einwände gegen die Universalisierung von Menschenrechten. Auch hier werden wenigstens fünf Argumente vorgetragen:
1. Die Menschrechte seien westlichen Ursprungs bzw. westlich geprägt.
2. Menschrechte seien individualistisch.
3. Sie konzentrieren sich auf den Aspekt der „Freiheit" vom Staat und verkennen dessen positive Funktion.
4. Sie beinhalten nur Rechte, aber keine Pflichten.
5. Menschenrechte sind in den internationalen Bezügen Teil von Polemiken (ebd.: 37).

Doch aus Sicht von Eide gibt es keinen alternativen universellen Katalog von menschlichen Rechten, deshalb ist die entscheidende Frage für die Geltung der Menschrechte ihre Universalität. Selbst das Argument, die Menschrechte seien in der nichtwestlichen Welt nicht anwendbar sei widerlegbar. Diese Argumentation wird an die Annahme gebunden, dass erst die Zugehörigkeit zu eine sozialen Gruppe der Person Bedeutung verleihen würde und es daher gruppen- aber nicht individuumsspezifische Rechte geben müsse. Außerdem könne die Verknüpfung der Menschenrechte mit dem Individuum die gesellschaftliche Harmonie gefährden, da die Individuumszentriertheit den Gemeinschaftssinn unterlaufen und aushöhlen würde. Hier kommt es nach Eide auf die Auslegung an; werden die Menschenrechte nur auf bestimmte Aspekte wie bürgerliche und politische Rechte oder aber auf ökonomische und soziale Rechte reduziert, dann besteht tatsächlich die Gefahr, die Menschenrechte aufzulösen und nicht ihre Gesamtheit zu sehen.

Auch den Menschrechten z.B. spezifische asiatische Werte entgegengehalten, die den Vorrang kollektiver Rechte vor individuellen Rechten betonen, wird von ihm verworfen. Er bestreitet die Existenz „asiatischer Werte", da Asien die Heimat vieler Zivilisationen und auf diesem weiten Kontinent kein einheitliches Bündel von Werten zu finden sei (ebd.: 39).

Allerdings erscheint es durchaus als legitim, sich auf einen andren Aspekt zu beziehen, den des Vorrangs von individuellen Rechten im Verhältnis zu dem so genannten Recht auf „Entwicklung". Eide greift die Debatte um den Einbezug ökonomischer, sozialer und politischer Entwicklung als einen wichtigen Aspekt nicht weiter auf, sondern verweist auf die Einschränkung der Meinungs- und Informationsfreiheit in einem Teil der asiatischen Staaten, so dass es keine offene und echte Diskussion über den Wert von Tradition versus universelle Rechte geben würde.

Ein häufig vorgetragenes Argument gegen die Menschrechte sei die Behauptung ihres individualistischen Wesens, sie würden den Einzelnen ermutigen, egoistisch und selbstbezogen zu sein. Dies wird nach Eide mit der Annahme verbunden, dass in der Menschenrechtsdebatte nur über Rechte, aber nicht über Pflichten gesprochen würde. Doch dies sieht Eide bei einer ganzheitlichen Betrachtung der Menschenrechte nicht. Denn der Artikel 29 hält definitiv fest: „Jeder Mensch hat Pflichten gegenüber der Gemeinschaft, in der allein die freie und volle Entwicklung seiner Persönlichkeit möglich ist."

Auch der Staat habe vier Pflichten: Respekt der Freiheit und Rechte der Person, Verteidigung der Rechte gegenüber anderen, Rechte zu ermöglichen durch Förderung der Ausbildung, soziale Sicherheit zu gewährleisten.

Der gewichtigste Einwand gegen die Menschrechte sei ihre Verwendung zur politischen Polemik oder sogar zum politischen Betrug. So werden Menschrechte nur bemüht, wenn es in das nationale Interesse passe, also unilateral gesehen. Allerdings vermutet Eide, dass sich tendenziell globale und regionale Mechanismen entwickeln, an denen Vertreter unterschiedlicher Kulturen und Staaten beteiligt sind, die allmählich zu einer Universalisierung der Menschenrechte beitragen.

Tendenziell sieht er aber auch eine Gefährdung dieses Prozesses durch die Globalisierung. Globalisierung ist ein Vorgang, der von wirtschaftlichen Interessen betrieben wird, die Universalisierung von Menschenrechten ist ein normatives Projekt. Globalisierung will Hindernisse beseitigen, die weltweiter Investitionstätigkeit und dem Absatz von Produkten entgegenstehen. Globalisierung sei nicht per se gut oder schlecht, sie könne jedoch zu einer Gefährdung ökonomischer, sozialer und kultureller Rechte führen: „die Globalisierung [birgt] jedoch das Risiko, dass sie den zentralen Stellenwert mindert, der den Menschenrechten in der Charta der Vereinten Nationen im allgemeinen und in der Allgemeinen Erklärung der Menschrechte im besonderen eingeräumt wird" (UN Dokument E/C.12/1998 Absatz 3, zit. nach Eide, ebd.: 43).

Im Artikel 56 wird ausgeführt, dass die Mitgliedstaaten sich zur Zusammenarbeit verpflichten, um eine soziale und internationale Ordnung zu erreichen, in der eine Verbesserung des Lebensstandards und Voraussetzungen für den wirtschaftlichen und sozialen Fortschritt geschaffen werden. Dies zielt unmittelbar auf eine Überwindung von politischen, ökonomischen und kulturellen Hindernissen zur Verwirklichung der Menschenrechte.

Im Prozess der Globalisierung seien zwei Tendenzen zu beobachten. Einerseits wachse die Konzentration von wirtschaftlicher Macht und Reichtum, andererseits wachse die Ungleichheit zwischen den Staaten. Dies werde begleitet von der Konzentration des Reichtums in vielen Ländern der Dritten Welt in den Händen einer kleinen Oberschicht. In der Globalisierung verliere der Staat an Bedeutung, dies gelte vor allem für die Staaten der Dritten Welt. Ein Beispiel dafür sei die „Deregulierung" der Arbeitsmärkte. Was seitens der Investoren als Erhöhung der „Flexibilität" dargestellt werde, führe zur Erosion arbeitsrechtlicher und sozialrechtlicher Bestimmungen. Staaten werden tendenziell ihrer Fähigkeit beraubt, ein angemessenes Wohlfahrtssystem aufzubauen; dadurch verlören Regierungen ihre Legitimation und innere Konflikte nehmen zu. Die Internationalisierung trage auch zu Begleiterscheinungen wie Kriminalität, Umweltzerstörung, Wanderungsbewegungen bei, zu Strömen von Flüchtlingen innerhalb der Länder und über die Landesgrenzen hinweg.

In der Globalisierung werde der Einzelne primär als Konsument oder Produzent gesehen, eine an Marktkriterien orientierte Vorstellung. Da die Globalisierung weiter voran schreite, könnten die Menschenrechte ein wichtiges Korrektiv sein, um die negativen Folgen der Globalisierung auszugleichen oder zu verhüten. Dazu gebe es eine Reihe von Vorschlägen, die vom besonderen Schutz von Frauen und Kindern und ungeschützten sozialen Gruppen, über eine Veränderung der Gesetzgebung, den Einbezug von Bürgerbewegungen bis hin zur Verbesserung der Lage der Entwicklungsländer reichen.

Nach Eide können die Menschenrechte auch in einer transkulturellen Perspektive eine integrierende Kraft entfalten. Sie können Staaten, Individuen, Zwischen- und Nichtregierungsorganisationen zu einer „weltweiten Gemeinschaft verbinden" (ebd.: 49f.). Diesem Plädoyer für die Bedeutung der Menschenrechte auf dem Wege zur Realisierung einer Weltgesellschaft hält Yasuaki Onuma eine Argumentationsfigur entgegen, in der er für ein interzivilisatorisches Verständnis der Menschenrechte wirbt und für eine Überwindung der Orientierung der Menschenrechte am Westen: Ausgehend von dem Konzept und der Realität souveräner Nationalstaaten beruhe die heutige internationale Gemeinschaft auf den Grundprinzipien der Gleichheit und Unabhängigkeit der Staaten. Hinzu trete das Prinzip der Nichteinmischung als Grundprinzip des Völkerrechts. Während einerseits in den entwickelten Volkswirtschaften die nationalen Staaten trotz der Globalisierung und der weltweiten Vernetzung weiter existierten, gehe es in den Entwicklungsländern darum, den Aufbau von Nationalstaaten zu konsolidieren.

Onuma verdeutlicht, wie einerseits die Durchsetzung von Menschenrechten vor allem von und in den sich entwickelnden Gesellschaften gefordert wird, die gleichzeitig aber als Kolonialmächte unter den „Schlachtrufen ‚Humanität' und ‚Zivilisation' unter militärischer Intervention und wirtschaftlicher Ausbeutung leiden müssten. Für diese Gesellschaften sei der Begriff der Menschenrechte oftmals „nur ein schöner Slogan, mit dem interventionistische Politik gerechtfertigt werden konnte" (Onuma 2000:52).

Wenngleich in Staaten mit autoritären Regimes die Ablehnung der Verwirklichung von Menschenrechten in ihrer Gesellschaft als Legitimierung ihrer eigenen Unterdrückungspolitik herangezogen würde, so bleibt doch nach Onuma offen, wer und was den Willen dieser Völker vertrete. Hier würden sich nicht nur die herrschenden Eliten gegen die Majorisierung wehren. In der zweiten Hälfte des 20. Jahrhunderts gelänge gleichzeitig viele asiatische Staaten eine wirtschaftliche Entwicklung und soziale Stabilität, die sich an den USA durchaus messen könne. Diese Nationen wie Japan, Taiwan, Singapur, Südkorea hätten aber auch ihre eigenen Wurzeln und ihr eigenes kulturelles Erbe. Für Onuma sind die Menschenrechte „das historische Produkt einer bestimmten Zeit und eines bestimmten Ortes" (ebd.: 54).

Eines der wichtigsten Gegenargumente gegen die Menschenrechte ist für ihn die Diagnose der westlichen Gesellschaft, insbesondere der US-amerikanischen, als infiziert mit sozialen Krankheiten wie Kriminalität, Drogen, der Aushöhlung der Familie und der Gemeinschaftsethik. Es müsse deshalb darum gehen, eine Perspektive einzunehmen, die die Menschenrechte als Teil der langen Geschichte der Menschheit hervorhebe. Sie müssten mit anderen Mechanismen verglichen werden, die entwickelt wurden, um das spirituelle und materielle Wohlergehen der Menschen zu verwirklichen. Onuma nennt dies ein interzivilisatorisches Verständnis der Menschenrechte, in dem auch soziale Einheiten, Aktivitäten über staatliche Grenzen hinweg in den Blickpunkt geraten und nicht nur das jeweilige Individuum.

Obwohl Menschenrechte als Rechte definiert wurden, die ein menschliches Wesen quasi als Person hat, zeige die Geschichte der Menschenrechte, dass deren Intentionen nur die Interessen einer recht kleinen Anzahl ihrer Träger schütze, auch wenn schrittweise eine Erweiterung zu erkennen war und ist, so z.B. die Verbesserung der Bürgerrechte für Farbige in den USA und eine schrittweise Dekolonialisierung. Die Stärke der Menschrechte liege in ihrer *universalisierenden* Macht.

Offensichtlich habe sich auch in der Nachkriegsära eine Umkehrung der Positionen zu den Menschenrechten ergeben. Die Universalität von Menschenrechten wurde in den Vereinigten Staaten von Amerika von den Farbigen eingefordert, die sich von den Menschenrechten ausgeschlossen fühlten. Im Gegensatz dazu wurde von den westlichen Mächten der universelle Charakter der Menschenrechte in Abrede gestellt, indem man sich auf die Unterschiede in Religion, Kultur oder soziale Gebräuche berief. Heute betonen nun wiederum politische Führer in Asien und Afrika die Unterschiede. Dies zeige eine „radikale Verkehrung der Positionen beider Seiten" Daraus folgt für Onuma, die Menschenrechte haben eine „hochgradig ideologische Natur" (ebd.: 56).

Begriffe wie Humanität, Gleichheit, Freiheit oder Demokratie seien attraktive Begriffe, die zugleich dazu verleiten, sich als deren Bannerträger in Szene zu setzen oder auch Andere als deren Verletzer zu brandmarken. Außerdem wirft Onuma die Frage auf, ob die Theorie des universellen Ursprungs der Menschenrechte überhaupt zutreffe? Es gelte zu klären, ob die Menschenrechte europäischen Ursprungs seien oder ob nicht in anderen Zivilisationen seit Urzeiten Menschenrechte existierten.

So stellt er fest:
1. In nichtwestlichen Ländern wird argumentiert: Die Menschenrechte finden sich bereits in den Lehren unser Religion wieder.
2. Nichtwestliche Intellektuelle sind dem Westzentrismus gegenüber kritisch, der alles Gute der Menschheitsgeschichte aus dem Westen her stammend sieht.
3. In den sich entwickelnden Ländern gibt es ein bewusst/unbewusstes Empfinden für dortige Menschenrechtsverletzungen und einige Intellektuelle sind in Sorge wegen der tiefen Kluft zwischen dem wohlhabenden Norden und dem armen Süden und der Rolle ihrer Länder in der nachkolonialen Ära. Zugleich haben sie „ein Gespür für die berechtigte Kritik am

Eurozentrismus" (ebd.: 57), daher auch ihre Zustimmung zu den Wurzeln der Menschenrechte im Islam, Hinduismus, Konfuzianismus usw.

Der Vergleich unterschiedlicher Zivilisationen zeige auch, dass Gesellschaften über eigenen Mechanismen verfügen, das spirituelle und materielle Wohlergehen ihrer Mitglieder zu fördern. Diese ständen jedoch in keiner Verbindung zu Menschenrechten. Sie seien zumindest an der Oberfläche durch das Aufkommen souveräner Staaten und die Entstehung kapitalistischer Wirtschaftssysteme verschwunden, dennoch variiert die Realisierung der Menschenrechte von Gesellschaft zu Gesellschaft erheblich.

Deshalb gelte es, allgemeine Standards zu finden und Rahmenbedingungen zu suchen, die sowohl „auf den heutigen politischen, wirtschaftlichen und sozialen Realitäten beruhen, als auch auf den unterschiedlichen zivilisatorischen Grundlagen" (ebd.: 58). Deshalb müsse ein interzivilisatorisches Verständnis der Menschenrechte entwickelt werden.

Onuma unterzieht die heutigen Menschenrechtsstandards einer kritischen Bewertung: Hier komme den größeren Menschenrechts-Nichtregierungsorganisationen eine wichtige Funktion zu, regelmäßig über Menschenrechtsverletzungen zu informieren. Die Auswahl der Darstellungen von Menschenrechtsverletzungen dürfe nicht dem Interesse einzelner Staaten ausgeliefert werden, die ihre „Zielstaaten entweder aus politischen Gründen oder aufs Geradewohl aussuchen" (ebd.: 59). Sonst entstände der Verdacht, dass die entwickelten Staaten und internationalen Organisationen ihre Menschenrechtsdiplomatie willkürlich oder im Sinne einer doppelten Moral betreiben.

Damit sich ein interzivilsatorischer Standard der Menschrechte überhaupt entfalten könne, gelte es die Menschenrechte von einem „Westzentrismus" zu befreien, da die Menschenrechte in den letzten zwei Jahrhunderten vom Westen formuliert und durchgesetzt worden seien. Bei der Debatte um die Universalität der Menschenrechte wird „immer unterstellt, *das Universelle sei etwas Westliches, während sich das Partikulare auf etwas Nichtwestliches bezieht"* (ebd.: 61). Diese Argumentation verstärke noch, falls sie von nichtwestlichen Intellektuellen vorgetragen werde, die Trennungslinien zwischen Ost und West, denn dann bleibe kein Raum mehr, nichtwestliche Kulturen und Gedankengüter als universell gültige anzusehen. So sieht Onuma in der Erweiterung der ursprünglich bürgerlichen und politischen Rechte einen wichtigen Aspekt. Er betont die Notwendigkeit, die Gleichsetzung von bürgerlichen und politischen Rechten mit den Menschenrechten aufzulösen. Die Zentrierung der Menschenrechte auf das Prinzip der Freiheit ist für ihn ein begrenzter Ansatz, der sich nur aus der Geschichte der Durchsetzung der Menschenrechte in Europa erklären lasse. Es ginge darum, im Prozess der Säkularisierung sich aus der staatlichen Willkür zu befreien.

In vielen Entwicklungsländern werde das Primat der bürgerlichen und politischen Rechte in Frage gestellt. Entwicklungsländer seien mehr an einem Recht auf ein Existenzminimum interessiert, das unmittelbare Auswirkungen auf das Alltagsleben der Menschen habe. Deshalb strebten Regierungen und Intellektuelle in den Entwicklungsländern an, das Recht auf *Entwicklung* auszuformulieren und als international anerkanntes Recht zu verankern.

Außerdem seien auch 60 Jahre nach der Deklaration der Allgemeinen Menschenrechte bürgerliche und politische Rechte von wirtschaftlichen, sozialen und kulturellen Rechte zu unterscheiden. Um bürgerliche und politische Rechte garantieren zu können, müssten zunächst infrastrukturelle Entwicklungen forciert werden, die die Voraussetzung für den Schutz der bürgerlichen und politischen Rechte seien. Viele Länder haben Reformen eingeleitet, die die Voraussetzung für diese Entwicklung schaffen.

Zentral ist für Onuma, dass der Theorie und Praxis der Menschenrechte ein Bild vom Menschen zugrunde liege, das „implizit auf dem Bild eines weißen, männlichen und bürgerlichen Christen" (ebd.: 65) beruhe. Der Begriff des Menschen werde hier mit dem des Individuums gleichgesetzt. Dies sei letztlich in der Moderne für Europa neu, denn in der Vormoderne war der Einzelne Mitglied einer im Regelfall bäuerlichen Familie, einer Zunft, einer Kirche. Erst im Prozess der Ausdifferenzierung der industriellen Gesellschaft und der Entfaltung des Bürgertums wurde das Individuum zum Bezugspunkt gesellschaftlichen Denkens und Handelns.[16]

Gerade im Bestreben des Schutzes indigener Völker wird deutlich, dass die Zugehörigkeit zu einer sozialen Gruppe eine wichtige Rolle spiele, der Gemeinschaft gegenüber dem Individuum eine wichtige Rolle zukomme. Onuma entwickelt daraus seinen interzivilisatorischen Ansatz: Das interzivilisatorische Verständnis nimmt an, „dass es eine Vielzahl von Wertesystemen und Perspektiven gibt, die Welt zu sehen, und es versucht, diese Mannigfaltigkeit in einer diskursiven und dialektischen Art und Weise zu integrieren" (ebd.: 67).

Es gehe um ein Streben nach Gemeinsamkeit, aber es gehe nicht darum, dass alle dieselben Werte teilten. Man müsse einer Verabsolutierung und Fetischisierung der Menschenrechte entgegentreten. Gerade dann, wenn dieses interzivilisatorische Verständnis der Menschrechte sich durchsetze, stiege die Chance zur Universalisierung.

Der Mechanismus der Menschenrechte sei außerdem nur ein Ansatz, würdige Lebensbedingungen herbeizuführen. Der Hiatus zwischen staatlicher

---

[16] Vgl. dazu das Kapitel über den familialen Wandel - Bruchstelle Familie

Steuerung und Leitung und dem Einzelnen kann sich aus Sicht von Onuma noch durch die Betonung unabhängiger, aggressiver Individuen verstärken, die dem staatlichen Handeln misstrauen. Auf der Suche nach dem spirituellen und materiellen Wohlergehen sollten unterschiedliche Religionen und Kulturen die Grundlage sein. Dies bedeute, nicht nur nichtwestliche Kulturen und Religionen müssten einer Betrachtung ihres Stellenwerts für die Menschenrechte unterzogen werden, sondern auch die westlichen Kulturen und Religionen müssten unter dem interzivilisatorischen Aspekt überprüft werden. Dies gelte aber auch für die gesamte Breite der Rechte. Die USA haben nur unter zahlreichen Vorbehalten dem Einbezug wirtschaftlicher, sozialer und kultureller Rechte zugestimmt.

Der Einbezug unterschiedlicher religiöser und kultureller Perspektiven ist für Onuma dringend geboten. In der Wiener Erklärung von 1960 schwingt dies mit. Sie ist nicht nur ein Produkt des Westens. Dennoch müssten Menschenrechtstandards weiter entwickelt werden und man sollte sich von der Fixierung auf den Begriff der Freiheit lösen. Es gehe darum, Standards zu entwickeln, die ein adäquates Leben ermöglichten, die Hinweise gäben auf ein angemessenes Leben, jenseits von Hunger, Not und Diskriminierung.

Da die Dichotomie individuell versus kollektiv auch ein Konstrukt ist, gehe es darum, diese zu überwinden. Es müsse um eine permanente Prüfung und Rekonzeptualisierung der Menschenrechte gehen, dies betreffe insbesondere das bereits skizzierte Recht auf Entwicklung, aber auch auf Selbstbestimmung der Völker. Dies haben in einer Deklaration von Bangkok asiatische Regierungen 1993 betont. Wenn hier die Vielfalt das Grundprinzip sei, dann muss es auch darum gehen, dass in den Entwicklungsländern diese erweiterten Rechte realisiert würden. Dies setze aber auch „die Befreiung des Menschenrechtsdiskurses von seiner herrschenden Zentrierung auf den Westen und die weltweite Ausbreitung der Menschenrechte voraus" (ebd.: 75).

Vergleicht man beide Ausführungen, dann werden Unterschiede in der Einschätzung der Bedeutung und Rolle der Menschenrechte deutlich. Im deutschsprachigen Raum bezieht sich vor allem Staub-Bernasconi auf die Menschenrechte als Orientierungs- und Bezugspunkt sozialarbeiterischer Berufsethik und praktischen Handelns.

Neigt man der Position von Onuma zu, dann wäre dies zumindest in Frage zu stellen oder aber zu erweitern. Je mehr man dazu tendiert, gemeinschaftsbezogene Werte und die Entwicklung von Gesellschaften in die allgemeinen Menschenrechte zu integrieren, desto größer erscheint die Notwendigkeit, den Menschenrechtskatalog weiter auszugestalten.

Erziehung zur Normalität wird als *ein* Ansatz der Sozialen Arbeit proklamiert. Doch auch dieser Begriff ist ein schillernder. Darauf haben Udo

Seelmeyer und Hans-Uwe Otto verwiesen (Otto/Seelmeyer 2004:46ff.). Normalität muss analytisch vom Begriff des Normalen getrennt werden, auch wenn in beiden Wörtern der Begriff Norm enthalten ist. Normativität ist auf Leitbilder bezogen - diese können, aber müssen nicht Menschenrechte sein - auf ein bestimmtes Bild vom „Richtigen" oder „Angemessenen". Doch auch dies unterliegt Wandlungen, ähnlich wie die Diskurse um die Substanz der Menschenrechte, die zwischen individueller Freiheit und sozialer Einbindung oszillieren können.

Das Normale ist brüchig, wie die ökonomischen Friktionen zeigen. Die allgemeinen Werte haben nur eine bedingte, deklamatorische Bedeutung, es triumphiert die individuelle Gier nach Geld und Anerkennung des Erfolgs. Der Bankencrash und seine Folgen - dessen ganze Wucht ist noch offen. Offensichtlich haben sich individuelle, wirtschaftliche Interessen verselbständigt. Wahrscheinlich gewinnt der Staat, von dem sich in den bürgerlichen Rechten die Menschen befreien wollten, wieder an ordnender Bedeutung und tritt aus der Rolle des Nachtwächterstaates heraus.

Wir stehen in gesellschaftlichen Umbruchprozessen, die weltweit das Zusammenleben umgestalten, Lebensbedingungen strukturell verändern. Das Normale wird brüchig und hat vielfältige Gestalt. Dies gilt sowohl für den nationalen Rahmen als auch für weltweite Prozesse.

Taugen die Menschenrechte als Bezugspunkt für die Grundidee und Orientierung der Sozialen Arbeit und ihre faktischen Handlungsleitlinien? Können überhaupt generelle Standards gesetzt werden? Letztlich wird eine integrative Funktion der Menschenrechte erwartet. N. Luhmann stellt dazu plakativ fest, „es versteht sich von selbst, dass die soziale Relevanz des Rechts nicht bestritten werden kann, aber dessen integrative Funktion kann sehr wohl bezweifelt werden" (Luhmann 1993:126).

Wenn also schon auf staatlicher Ebene die integrative Funktion des Rechts in Zweifel gezogen werden kann - man denke an die konstante oder auch steigende Quote bestimmter krimineller Handlungen wie Eigentumsdelikte und Gewalttaten - so ist zu fragen, welche Bedeutung Menschenrechte als konkreten Bezugspunkt für das Handeln haben können?

Auch hier ist Luhmann eindeutig: Menschenrechte werden heute nicht nur als Abwehrrechte gegen Willkür, sondern auch als Versorgungsrechte deklariert. Es gehe darum, „krasse Diskrepanzen in Versorgungs- und Lebenschancen" zu markieren und zum Ausgang- und Bezugspunkt zu machen.

„Bei dieser Ausweitung besteht jedoch die Gefahr der Inflationierung und der Ideologisierung der Diskussion und weiter das Problem, dass die Adressaten nicht mehr als die Rechtsverletzer stricto sensu in Betracht kommen, sondern als diejenigen, die helfen könnten. Das Problem der Menschenrechte verschmilzt

mit einem immens erweiterten Desiderat von Sozialarbeit und Entwicklungshilfe. Die Differenz von Wirtschafts- (Vorsorge) und Sozialhilfe (Nachsorge)
lässt sich bei enormen regionalen Verschiedenheiten nicht mehr in klare, durch-
setzbare Rechtsansprüche umsetzen. Die Inflationierung ruiniert den Wert des
symbolischen Mediums, und die wirklich krassen, empörenden, aktiven Einbrüche in die Zone der unbedingt Schutzwürdigen - Stichwort Menschenwürde -
fallen nicht mehr auf, wenn es als ohnehin normal empfunden wird, dass
Menschenrechte überall unberücksichtigt bleiben" (ebd.: 578).

Gleichzeitig seien Einschränkungen von Menschenrechten nach Luhmann
durch staatliche Gesetze faktisch unumgänglich. Dies geschehe z.B. in
Deutschland durch die Einsschränkung der Gültigkeit der UN-Kinderrechtskon-
vention. Hier gelte der Rechtsvorbehalt der Vorrangigkeit des Deutschen
Rechts. Freiheit/Beschränkung, Gleichheit/Ungleichheit würden außerdem in
den einzelnen Rechtsordnungen unterschiedlich entfaltet. Luhmann schlägt deshalb vor, das Weltrechtssystem nicht von Rechten, sondern von Pflichten aus zu
konzipieren (ebd.: 580).

Deshalb erscheinen allumfassende Ableitungen der Aufgaben und Orientierung der Profession und Disziplin aus den Menschrechten als problematisch.
Allzu leicht verliert sich der gut gemeinte Ansatz in einer fundamentalen Para-
doxie: Menschenrechte werden als „Rechte erst durch ihre Verletzung und
durch entsprechende Empörung (Durkheims colère publique) in Geltung gesetzt" (ebd.: 580). Auch Jürgen Habermas verweist in seiner Rede zur „Zukunft
der menschlichen Natur" darauf, wie problematisch es sei, „unhintergehbare
Grenzen" festzulegen. Gerecht sei, was für alle in gleicher Weise gut ist, doch
könne „jedes Gut einem anderen Gut im Wege stehen" (Habermas zit. nach
Kissler 2004:13).

Gerade die Ausweitung der Allgemeinen Menschenrechte hin zur Aufnahme von Gemeinschaftsaspekten und Aspekten der Entwicklung, verleiht den
Menschrechte eine andere Qualität: Das Konzept der Entwicklung fordert
Hauptursachen von Unfreiheit zu beseitigen, die auf Armut, Despotismus, fehlenden wirtschaftlichen Chancen, Notstand, Intoleranz, Kontrolle autoritärer
Staaten, fehlendem Auf- und Ausbau öffentlicher Einrichtungen beruhen. Hier
verschiebt sich die Betonung von individuellen Freiheiten hin zu einer Realisierung von „good governance" als Voraussetzung für eine nachhaltige Entwicklung.

Die Vereinten Nationen veröffentlichen seit Anfang der 90er Jahre Be-
richte zur Menschlichen Entwicklung (DGVN). Es geht darum, die Lebens- und
Entwicklungschancen zu verbessern, Bildungschancen zu umgrenzen, stärkere
Geschlechtergleichheit herzustellen und Armut zu verringern. Menschliche
Entwicklung wird damit „zu einem universellen Wert, vielleicht sogar zu einer

‚Globalen Ethik', die auf der Konzeption der Menschenrechte ruht und als Prozess des Wachsens und Gestaltens zu definieren ist" (Rehklau/Lutz 2007:34).

Dazu zählen die Aspekte: Produktivität, Gleichberechtigung, Nachhaltigkeit und Ermächtigung. Ersteres bezieht sich auf die Möglichkeit Einkommen zu erzielen, Letzteres betont den Aspekt der Selbstgestaltung und der Realisierung von Entwicklungsprozessen durch die Menschen als aktive Gestalter.

Rehklau/Lutz argumentieren, dass die Ansätze der Sozialen Arbeit der westlichen Welt, die zwar mit den Begriffen „Empowerment" und „Development" agierten, sich faktisch trotzdem nicht auf eine Sozialarbeit des Südens anwenden ließen. Fallorientiertes Arbeiten entspräche nur sehr bedingt den Anforderungen, vielmehr gehe es um Basisarbeit, gesellschaftliche Probleme, die wir so nicht kennen, und um das Verstehen der Anbindung der Menschen an ihren Sozialraum, Nachbarschaften, Modelle von „extended families" als einer Art Entwicklungsarbeit in der ökonomischen, sozialen und kulturellen Lebenswelt der Menschen.

Schon Paulo Freire habe mit seiner Befreiungspädagogik, der bewusstseinsfördernden Bildungsarbeit andere Akzente gesetzt, als die vom Norden und Westen importierte Sozialarbeit, hier vor allem in ihrer Gestalt der Einzelfallhilfe. Während die Soziale Arbeit im Wesentliche eine Reaktion auf die sozialen Probleme durch Verstädterung und Industrialisierung sei, die man meint unabhängig von der jeweiligen Kultur, in der man sich befindet, anwenden zu können, müssten lokale Bedingungen erkannt werden. Gefordert werde das Konzept der „Indigenisierung". Dies bedeute eine Anpassung der importierten Ideen und Praktiken der Sozialen Arbeit an den lokalen kulturellen Kontext. Verstehen und Kennen Lernen der lokalen Ressourcen, Netzwerke, der dahinter stehenden Philosophien und Werte. Dies sollte mit einer Authentisierung der Sozialen Arbeit verbunden werden, also dem Aufspüren von Wurzeln zum Aufbau eines Modells von Sozialer Arbeit, das sich primär an den Lebensbedingungen des Landes orientiere, den gesellschaftlichen Werten, den gesellschaftlichen Institutionen. Hier sei offensichtlich eine zunehmende Orientierung der im Süden sich ausgestaltenden Sozialen Arbeit zu erkennen, die sie sich stärker als die Soziale Arbeit des Nordens auf die „soziale Lagen" und nicht den „Fall" ausrichte. Hinzu komme eine stärkere Kultursensibilität und der Blick auf die Unabhängigkeit der Menschen durch die Unterstützung und Entwicklung ihrer Fähigkeit, tragfähige ökonomische und soziale Strukturen zu entwickeln (ebd.: 44ff.).

Auch wenn die Autorin und der Autor in der westlichen Sozialarbeit sozialraumbezogene Ansätze erkennen, so betonen sie doch den deutlichen Unterschied in den Grundvorstellungen der nördlichen und südlichen Sozialen Arbeit.

Nun kann man argumentieren, dass gerade die Differenzen eine übergeordnete, für alle verbindliche Festlegung von ethischen Regeln und Grundstandards erfordern. Doch ist die Frage, wie dieser interzivilisatorische Ansatz aussehen könnte? Eine bloße Addition von Individualrechten und Entwicklungsaspekten, unverzichtbare Kernrechte im Sinne von Pflichten zu definieren, diese von Versorgungsrechten abzugrenzen oder aber die Allgemeinen Menschenrechte deklamatorisch zu erweitern, dies lässt die Menschenrechte zu einem Agglomerat werden, dass beliebig ergänzbar und veränderungsfähig erscheint. Die vorhandenen Rechtsvorbehalte, so z.B. der USA heben noch den deklamatorischen Kern hervor.

Deshalb ist die Anbindung einer Theorie der Sozialen Arbeit unter dem Aspekt einer fundamentalen ethischen Orientierung nur bedingt sinnvoll. Es muss darum gehen, gerade den deklamatorischen Aspekt der Allgemeinen Menschenrechte zu verdeutlichen, die Anbindung an normative Vorstellungen eines gelingenden Lebens, frei von staatlichen Zwängen als Idee letztlich einer bürgerlichen Freiheit, als Entfaltung individueller Lebenspläne im Schatten der Gesellschaft, aber auch in größtmöglicher Freiheit von ihr. Letztlich will der Einzelne durch die staatliche Akzeptanz der Menschenrechte sich vom Zwang, von Beherrschung lösen und damit sind sie im Kern, wie Luhmann formulierte, Abwehrrechte.

Gerade wenn es darum geht, die Verletzung von Menschenrechten festhalten zu können, dann erscheint es als wichtig, sie nicht inflationär zu erweitern. Insoweit ist ein interzivilisatorisches Erweitern problematisch. Wenn über alle Gesellschaften hinweg das Individuum der Bezugspunkt sozialen Handelns und Unterstützung wäre, dann könnte dies sicherlich in den Allgemeinen Menschenrechten einen Orientierungsrahmen finden. Dies entspricht jedoch nicht kulturellen und sozialen Bedingungen weltweit.

Staub-Bernasconi nimmt in ihrer zusammenfassenden Darstellung des Gegenstandes Sozialer Arbeit ausdrücklich Bezug auf Berufskodizes, die sich zum einen an dem UNO-Manual über Soziale Arbeit und Menschenrechte (1992) zum anderen an der Definition Sozialer Arbeit der International Federation of Social Workers (IFSW) orientieren, in der ausdrücklich festgehalten wird: „Dabei sind die Prinzipien der Menschenrechte und sozialer Gerechtigkeit für die Soziale Arbeit von fundamentaler Bedeutung" (Staub-Bernasconi 2005:256).

In ihrem Hauptwerk geht Staub-Bernasconi auf die Diskussion ein, ob Soziale Arbeit zur Menschenrechtsprofession werde (1995:413). Eine Frage, die im Rahmen der Jahrestagung des Frauenrats für Außenpolitik 1993 diskutiert wurde. Sie selbst stellt fest, dass eine erste Reaktion darauf, eher Erschrecken und Abwehr auslösen dürfte, doch möchte sie das Manual zur Diskussion stellen (ebd.: 413). Sie verwirft eine naturrechtliche Begründung, da hier unter anderem auf angeborene Rechte anstelle auf zu erkämpfende Rechte zurückgegriffen werde, und, so man auf die Menschenrechte zurückgreife, diese auf die Kategorie „Bedürfnisse" zurückzuführen wären und deren für Alle gültigen Inhalte, *psychischer, sozialer, kultureller, sensorischer und physiologischer* Art.

Im Manual werden den Bedürfnissen Werte zugeordnet wie Leben, Befreiung und Freiheit, Gleichheit und Nicht-Diskriminierung, Gerechtigkeit, Solidarität, soziale Verantwortung, Evolution bzw. Entwicklung. In den UNO-Konventionen werden konkrete Bereiche formuliert: Frauenrechte, Kinderrechte, Migranten und ihre Familien, Recht auf Entwicklung etc. Im Kern geht es also um verletzte Menschenrechte, die eine Menschenrechtsprofession ansprechen und „bearbeiten" sollte. Hier verschränkt sich die Argumentation mit der Luhmannschen Forderung, Menschenrechte nicht als einen Versorgungskatalog zu interpretieren.

Staub-Bernasconi stellt fest, das die Menschenrechte ein zentrales Ausbildungsthema sein sollten. So spiegeln die Menschenrechte in ihren Dimensionen, gleich ob *Abwehr- und Nichteinmischungsrechte* oder als *Anspruchsrechte* oder *kollektive oder Minderheitenrechte*, individuelle und kollektiv geteilte Realutopien wider. Dies alles setzt jedoch universalisierbare Bedürfnisse quer durch Gesellschaften und Staaten voraus, unabhängig vom sozialen und kulturellen Kontext. Betont man hingegen die Differenz, deren kulturelle Verbundenheit und Abhängigkeit, dann schimmert die eurozentristische Zuordnung der Menschenrechte auf. So ist also die Anerkennung der Bedeutsamkeit von der strukturellen Zuordnung der Menschenrechte abhängig.

Staub-Bernasconi wirft die Frage auf, ob trotz aller Einschränkung nicht gerade auch deren Missbrauch und Verletzung auf ihren universellen Gehalt verweise. Insgesamt sieht sie Chancen der Entstehung einer Weltgesellschaft und einer interkulturellen Verständigungsbasis, aber auch die Chance für Soziale Arbeit, lokal, national und international, sich sowohl auf der Ebene der Profession als auch in der eigenen Praxis auf Menschenrechte und deren Realisierung zu beziehen. Erkennt man den universellen Anspruch der Allgemeinen Menschenrechte und der daraus abgeleiteten Konventionen an, dann ist dieser Schritt nachzuvollziehen. Nimmt man die Argumentation von Onuma auf, dann ist dies eher fragwürdig.

Im Kontext der aktuellen Feiern zu den Menschenrechten und ihrer 60 jährigen Existenz werden gerade aber auch die Verletzungen der Menschenrechte quer durch die Gesellschaften und Nationen deutlich. Dies gilt offensichtlich für viele Gesellschaften auch für diejenigen, die sich als „defender of the free world" interpretieren.

Uns erscheint der Anspruch zu hoch, sich auf die Menschenrechte zu beziehen. Möglicherweise verflüchtigen sich dann faktische Bedürfnisse oder werden entsprechend generalisierend definiert im Kontext realer Machtkonstellationen.

Dennoch sind die Menschenrechte, so Menke, ein Instrument, politische Verhältnisse zu verändern, sie waren eine gesellschaftliche Vision. Menke beklagt die schleichende Entpolitisierung der Menschenrechte und den Verlust des Bezugs zum gesellschaftlichen Ganzen. Heute sind sie nur noch ein „Rechtstitel" zur Verbesserung der individuellen Lage. Doch auch dies wird z.B. im islamischen Verständnis in Frage gestellt. Die Menschenrechte haben ihre „revolutionäre Dynamik" verloren. Auch kodifizierte Rechte werden argwöhnisch beäugt und der Verlust an Gemeinschaftssinn so z.B. in der japanischen Gesellschaft beklagt (Menke/Pollmann 2008:9).

Offensichtlich hat sich der Streit um die Menschenrechte verschoben, man streitet nicht mehr um die Menschenrechte, sondern um deren Inhalte - so Pollmann - doch gerade die beziehen sich auf signifikant unterschiedliche Dimensionen, die jeweils Gültigkeit für sich beanspruchen. So ist es vielleicht einfacher, sich an Begriffen wie Würde und Anspruch auf gleiche Achtung zu orientieren. Vielleicht könnte man diese Begriffe um das Prinzip Gerechtigkeit ergänzen.

17 Innergesellschaftliche Veränderungen: Aspekte familialen Wandels

Theoretische Abhandlungen zum Wandel der Familie konstatieren erhebliche Veränderungen. Offensichtlich sind einfache Zuschreibungen zu einer bestimmten Form von Familie problematisch, da eine Vervielfältigung der Lebensformen stattgefunden hat. Die klassische Kernfamilie, Eltern mit Kind(ern) als Kleinfamilie definiert, ist nur noch eine, wenn auch nach wie vor die dominante Lebensform, in der Kinder aufwachsen. Auch ethnische Differenzierungen innerhalb der Familienstrukturen müssen verstärkt berücksichtigt werden.

Offensichtlich lässt sich Familie nur noch sehr eingeschränkt als überzeitliche, invariante Kategorie beschreiben. Ihr zentrales Merkmal ist nach Karl Lenz die Generationendifferenz zwischen zumindest einem Elternteil und einem Kind. Familie ist ein spezifisches Kooperations- und Unterstützungssystem, das im Kern eine Erziehungsleistung erbringt. Familie kann als soziale Elternschaft bestehen. Familie wird durch Übernahme der Elter(n)-Position geschaffen. Biologische Fundierung ist nicht notwendig.

Klassischerweise wurde Familie über ihre Funktionen und Strukturen definiert. Als zentrale Funktion galt die Reproduktionsfunktion. Die Familie sei eine Gruppe eigener Art, die sich selbst reproduziere (R. König). Lenz lehnt als zentrales Merkmal zur Beschreibung von Familie die *Reproduktionsfunktion* ab. Aus seiner Sicht besteht hier ein Biologismusverdacht, Familie wird auf unmittelbare, eigene Elternschaft festgelegt, dies gelte aber nicht für Adoption oder die Übernahme von Elternrollen in Stieffamilien. Es muss zwischen sozialer und biologischer Elternschaft unterschieden werden. Außerdem entsteht durch Scheidung eine fragmentierte Elternschaft, in der die Rollen sich strukturell wandeln können. Unbenommen davon ist jedoch, dass Familien, in welcher Form auch immer, eine zentrale Erziehung- und Sozialisationsfunktion haben. Familien platzieren ihre Kinder in einer Statushierarchie, die Lebenschancen unterschiedlich zuweist und tendenziell zur In- bzw. Exklusion sozialer Gruppen beiträgt.

Familiale Funktionen haben sich im Verlaufe der Entstehung und Verfestigung der industriellen Gesellschaft zwar gewandelt, doch zeigen Untersuchungen zum Heiratsverhalten, dass man im Wesentlichen nach wie vor innerhalb sozialer Gruppierungen heiratet, die, wie Bourdieu es formuliert, über ein bestimmtes soziales, ökonomisches und kulturelles Kapital verfügen. Offensichtlich hat die sozialstrukturelle Zuordnung auch Auswirkung auf die Kinderzahl. Hier kommt es deutlich zu einer größeren Zahl von Kindern in unteren sozialen Schichten.

Lenz definiert Familie wie folgt: „Familie ist eine besondere Vergemeinschaftungsformation, in der zumindest die Position eines Elter und eines Kindes reziprok zugeschrieben und im Lebensalltag übernommen werden" (Lenz 2005:17). Diese etwas holprige Formulierung öffnet den Blick auf Ein-Eltern-familien, also Alleinerziehende mit Kindern, eine Lebensform die in den letzten Jahren ständig ansteigt, sowohl als Folge von Scheidung, aber auch als bewusst geplante Lebensform.

Offensichtlich wandeln sich in der Moderne die familialen Konstellationen erneut. Der hier schon explizit dargestellte Ansatz von Castells zur Beschreibung des Lebens in der Netzwerkgesellschaft, bezieht sich auch auf die vermutete Entwicklung und Veränderung familialer Konstellationen. Castells prophezeit, dass u.a. zunehmend „genossenschaftliche Ehen" entstehen würden, in denen Frauen Netzwerke zur gemeinsamen Betreuung von Kindern entwickeln und Männer auf die Rolle des Sexualpartners reduziert würden. Ähnlich lässt sich in Deutschland ein Prozess beschreiben, in dem Frauen sich bewusst für ein Single-Dasein entscheiden oder zwischen Partnerschaft und selbst gestaltetem Leben im Alltag mit Kind(ern) unterscheiden.

Familie ist nicht mehr nur Klein- oder Kernfamilie, befindet sich im Übergang, familiale Strukturen und Funktionen, wandeln sich und differenzieren sich weiter aus. Dies gilt sowohl für Männer- und Frauenrollen, den Generationenbezug, das Verhalten der Kinder zur älteren Generation als auch für ihre generellen Funktionen als Erziehungs- und Bildungsinstanz bis hin zur Freizeit- und Erholungsfunktion.

Die Untersuchung der Bedeutung der Zugehörigkeit zu einer bestimmten Generation rückt zunehmend in den Blickpunkt pädagogischer Analysen. Der Generationsbegriff umfasst drei Bedeutungen:

- kollektive historisch soziale Gruppierung, die sich durch ihre gemeinsame Lage im historischen Raum, durch gemeinsame Verarbeitungs- und Handlungsformen auszeichnet,
- als Kategorie zur Unterscheidung von Abstammungsfolgen in Familien (genealogischer Generationenbegriff),
- als pädagogisch-anthropologische Grundkategorie, in der es um ein Grundverhältnis der Erziehung, das Verhältnis zwischen vermittelnder und aneignender Generation geht.

118

Der historisch-soziologische Generationenbegriff, von Mannheim (1928) ausformuliert, bezieht sich auf die Aspekte:

- Generationenlagerung (gemeinsame materielle Klassenzugehörigkeit einer
  Altersgruppe im historisch-diskontinuierlichen Zeitraum)
- Generationenzusammenhang
  (objektive und subjektive Merkmale, schicksalhafte historische Konstellationen und Ereignisse, der reale soziale und geistige Gehalt)
- Generationeneinheit
  (gemeinsame, interaktiv aufeinander bezogene Orientierungs- und Handlungsmuster unterschiedlicher Gruppen, die quasi als Untereinheit den
  Generationenzusammenhang unterschiedlich verarbeiten) (ebd.: 311).

Generationen sind also eine Folge von Menschen in einer spezifischen Genera-
tionslagerung und einem spezifischen Zusammenhang. So bildet seiner Auffassung nach der Zeitraum zwischen dem 16. und 25. Lebensjahr als Jugendphase
eine Erlebnisgemeinschaft, die vor dem Hintergrund Epochen bestimmender
Schlüsselerlebnisse ein natürliches Weltbild schafft, das lebenslang prägt.
Mertens (2002) hat dies weiter aufgefächert und unterscheidet in Anlehnung an Kaufmann zwischen Generationenbeziehungen und Generationenver-
hältnissen. Elternkindfolgen und die Art und Form des Zusammenlebens stellen
Generationenbeziehungen dar, Zusammenhänge zwischen Lebenslagen und
kollektiven Schicksalen unterschiedlicher Altersklassen und Kohorten sind
Generationenverhältnisse.

Tabelle 6:   Generationenbeziehungen - Generationenverhältnisse

Aggregationsniveau	Generationenbeziehungen	Generationenverhältnisse
	Interaktion	Institutionen des Wohlfahrtstaates
Theorieebene	mikrotheoretisch	makrotheoretisch
Zeitperspektive	synchron	diachron
Beobachtungsperspektive	Querschnitt	Längsschnitt
Kategorie	Altersklassen	Kohorten

Quelle: Mertens 2002:33

Insgesamt haben und hatten Bücher Konjunktur, die sich mit den wandelnden
Rollen von Männern und Frauen auseinandersetzen. Auch hier wandeln sich die
beschriebenen Aspekte. Während Wieck (1988) die Abhängigkeit des Mannes

von Frauen akzentuiert, sowohl von der Mutter als auch von der Partnerin, der *Mann als* süchtig nach der Frau und zugleich abhängig von ihr *charakterisiert wird*, diskutieren andere Beiträge, ob sich die Grundstruktur des Geschlechterbezugs verändert habe oder konstant sei.

Es ist offen, ob das Patriarchat noch als geeignetes Label zur Beschreibung moderner Lebensverhältnisse herangezogen werden kann. Badinter (1981) zeigt den Zerfall des Patriarchats auf, aber umgrenzt auch die Konturen zur Rückgewinnung männlicher Dominanz durch die moderne Reproduktionstechnologie und Genforschung. Offensichtlich wird aber auch die historische Stabilität des Patriarchats in Frage gestellt und dessen Verabsolutierung als analytisches Moment zur Beschreibung des Geschlechterverhältnis. Stefanie Engler (1997) stellt die Frage nach dem Geschlecht jenseits des Patriarchats neu: Das Augenmerk rückt nun auf die Wahrnehmung der Geschlechterdifferenz einerseits und die des Geschlecht als soziales Konstrukt.

Die *Differenzkonzepte* betonen die Unterschiede zwischen Mann und Frau. Ilona Ostner (1982) formulierte das Konzept des „weiblichen Arbeitsvermögen" und erkannte spezifische weibliche Eigenschaften. Um dem Vorwurf einer Ontologisierung der Geschlechtsunterschiede zu entgehen, hat sie ihren Ansatz reformuliert und erkennt nun, dass die Frau im Modernisierungsprozess (teilweise) ihre Empathiefähigkeit verliere und damit auch das notwendige weibliche Arbeitsvermögen.

Im Rahmen des feministischen Diskurses um Geschlechterdifferenz und Ungleichheitsforschung gewann die Frage der Konstruktion bzw. Dekonstruktion von Geschlecht unter postmodernen bzw. poststrukturalistischen Bedingungen an Bedeutung. Judith Butler stellt fest, dass das Geschlecht nicht biologisch, sondern sozial konstruiert sei (Butler 1991). Erst im Verlaufe kultureller Codierung erhalte das Geschlecht (gender) seine gesellschaftlich konstruierte Zuweisung, die Körper (sex) sind grundsätzlich zunächst bedeutungsneutral (Hoffmeister 2001:320). In ihren neueren Publikationen vertritt Butler auch die gesellschaftliche Konstruiertheit des biologischen Körpers.

Überträgt man diese Argumentation auf scheinbar geschlechtlich festgelegte Differenzen, dann sind *Mütterlichkeit* und *Väterlichkeit* Zuschreibungen, soziale Konstrukte und zugleich regulierende Mechanismen, um Rollenfixierungen aufrecht zu erhalten und als weiblich deklarierte Verhaltensweisen als Mechanismen der Ungleichheit zu verwenden, so z.B. der Mythos um die Mutter-Kind-Beziehung.

Offensichtlich lässt sich Geschlecht nicht eindeutig definieren. In der Paarbeziehung wird nun ansatzweise die Geschlechterdifferenz überwunden und in der Idee der Liebe verschmelzen die beiden Geschlechter zu einer Einheit. Da dieses bürgerliche Ideal jedoch nicht der erfahrenen und erlebten Lebensrealität entspricht, noch je entsprach, sondern die Einheit mehr Fiktion denn Realität ist und in der Praxis häufig scheitert, bleibt offen, wohin sich familiale Lebensbedingungen entwickeln. Liebe als Grundmuster wurde zum fragilen Gerüst der Kleinfamilie. Diese Romantisierung der Paarbeziehung hält bis heute an.

Faktisch jedoch kristallisierten sich klare Rollenstrukturen heraus. Der außenorientierte und versorgende Vater stand der Mutter gegenüber, die sich im Wesentlichen ihren Kindern widmete. Dies akzentuierte sich in der - auch wissenschaftlich - propagierten Mutter-Kind-Dyade (vgl. zusammenfassend Hoffmeister 2001:323ff.), in der die Mutter als primäre Bindungsperson beschrieben wird, die über die perinatale Bindung zu ihrem Kind, Liebe zu ihrem Kind empfindet und dies entsprechend umsorgt, pflegt und erzieht.

Diese Aus- und Einschließungspraktiken geraten jedoch in der Moderne ins Wanken. Die Zahl allein erziehender Mütter stieg über drei Millionen, die Zahl allein erziehender Väter auf über 300 000. Auch die Zahl der ohne Trauschein zusammenlebenden Menschen steigt ständig an.

Ebenso lösen sich tendenziell fest gefügte familiale, geschlechtsspezifisch fixierte Strukturen auf. Frauen müssen nicht nur in großer Zahl arbeiten, sie wollen berufstätig sein. Auch wenn die gesellschaftliche Realität Frauenarbeit häufig auf Teilzeittätigkeiten eingrenzt, so treten Frauen aus dem eingegrenzten Rahmen der Kleinfamilie heraus. Dem stehen wiederum Tendenzen zur Betonung der „neuen Mütterlichkeit" gegenüber.

Elternschaft jenseits tradierter Arbeitsteilung zu praktizieren, ist ein fragiles Unterfangen, das auch im Kontext der finanziellen Anreize des Elterngeldes nur zu einer insgesamt geringfügigen Veränderungen der häuslichen Anwesenheit von Frauen und Männern zur Säuglingsbetreuung geführt hat. Die Geschlechterungleichheit bei der Pflege und Erziehung der Kinder wird offensichtlich als Grundmuster nur tendenziell aufgehoben. Beim Ausbalancieren der Zuständigkeiten in der jeweiligen Lebenspraxis bleibt die Belastung der Frauen im Allgemeinen größer: Neben den Beruf tritt die Kindererziehung und die Organisation des Haushalts. Auch wenn schemenhaft ein neuer Typus Mann zu erkennen ist, der des verunsicherten und der des mithelfenden Vaters, so ist der strukturelle Rollenwandel mehr Fiktion denn Realität. Im Rückgriff auf die „Mütterlichkeit" und durch deren emphatische Betonung, werden Rollendifferenzen noch verstärkt. Insgesamt sind offensichtlich die Kinder die Leidtragenden der familiären Dynamiken. Die in allen industrialisierten Ländern zu beobachtende hohe Scheidungsrate lässt Brüche in den Lebensverläufen erkennen, deren Auswirkung auf die Kinder folgenreich ist.

Wallerstein und Blakeslee (1992) stellen in ihrer grundlegenden Scheidungsstudie fest: die Kinder tragen die Last. 25 Jahre nach der ersten Untersuchung interviewte Wallerstein fünf „Scheidungskinder". In den Tiefeninterviews stellt sie fest, dass es Zeit wäre, mit den Mythen aufzuräumen, dass Ehescheidung eine vorübergehende Krise sei. Scheidungsprobleme kulminierten im Erwachsenenalter. Scheidungskinder hätten Bindungsprobleme und hier insbesondere die Mädchen. Für viele gelte: Ihre Grundeinstellung sei von Furcht vor dem Unheil geprägt.

Auch wenn Mavis Hetherington (1999) in ihrer Studie die Folgen einer Scheidung für Kinder relativiert und auch Napp-Peters in ihrer Untersuchung in Norddeutschland die negativen Konsequenzen einer Scheidung bestimmten familialen Strukturen und Persönlichkeitsmerkmalen zuordnet, so zeigt sich doch, dass Scheidung für viele nicht nur eine vorübergehende out-of-balance Situation ist, die sich bald wieder stabilisiert.

In der Studie von Hetherington: „The Virginia Longitudinal Study of Divorce and Remarriage" werden sukzessive 450 Familien und deren Kinder - ausgehend von einer Stichprobe von 144 Familien im Jahre 1972 mit Kind im Alter von vier Jahren - untersucht[17]. Hetheringtons Untersuchung umfasst einen Methodenmix: Interviews, teilnehmende Beobachtung, Fragebögen, Tagebücher und Selbsteinschätzungen.

Sie identifiziert fünf Ehetypen:
- Nähe und Distanzwahrer,
- unverbundene Ehe,
- theatralische Ehe,
- zusammenhaltende unabhängige Ehe,
- traditionelle Ehe.

Ihr Fazit ist folgendes: Trotz möglicher kurzfristiger Folgen gelingt den Scheidungsfamilien die Anpassung an die neue Situation. Kinder verkraften Scheidung besser als angenommen: Sie sind belastungsfähig, reif, verantwortungsbewusst und zielstrebig. Entscheidend ist das Verhalten des Elternteils, bei dem sie leben. Aber:
- Scheidung ist Krise.
- Es besteht die Gefahr der Parentifizierung.[18]
- Nur ein Viertel der Geschiedenen kooperiert.
- Scheidung macht anfällig für Krankheiten und Unfälle.

---

[17] Sample: 144 Familien (Mittelschicht) mit Kind von vier Jahren
        180 Familien nach 6 Jahren (1/3 geschieden, 1/3 verh., 1/3 Stieffamilien)
        300 Familien nach 11 Jahren und 600 Kinder
        450 Familien nach 20 Jahren und 900 Kinder

[18] Hier ist gemeint, dass Scheidungskinder durch alleinerziehende Eltern in die Rolle des Partners gedrängt werden. Dies kann sich sowohl auf emotionale „Besetzung" beziehen, als auch auf die Organisation und Gestaltung des Alltags. Dies wäre von Mithilfe zu unterscheiden.

Offensichtlich sind Männer - entgegen allgemeiner Ansicht - eher Scheidungs-
verlierer. Das Scheidungsrisiko steigt bei Kindern aus Scheidungsfamilien.
Mädchen aus Scheidungsfamilien werden nach Hetherington früher reif. Doch
sie konstatiert auch: 20 Jahre später sind die Scheidungskinder „überwiegend
glücklich".

Auch wenn Hetherington und Wallerstein unterschiedliche Ergebnisse zu
den Scheidungsfolgen vortragen, so wird doch am Beispiel dieser Untersuchungen deutlich, wie komplex das Geschehen einer Scheidung ist und offensichtlich
nicht von einer nur vorübergehenden - in zwei bis drei Jahren- ausgeglichenen
Störung gesprochen werden kann. Der familiale Wandel geht weiter. Prinzipiell
lassen sich zwei Entwicklungsrichtungen unterscheiden. Die eine tendiert in
Richtung auf Singularisierung, die andere in Richtung auf die Betonung einer
Familialisierung der angestrebten und gelebten Lebensumstände. Die Phasierung der Lebensabschnitte wird zum Strukturpinzip: Die Lebensabschnitte
wechseln zwischen Single-Sein, Gebunden-Sein, Single-Sein, Gebunden-Sein…

Insgesamt lassen sich einige Entwicklungstendenzen erkennen:
1. Nicht Wandel von der Normalbiographie zur Wahlbiographie, sondern
    Wandel von *der* Normalbiographie zu *den* Normalbiographien ist das
    Grundmuster der modernen Ehebeziehungen.
In der Geschichte wurden Ehen als ökonomische und soziale Verbindungen
zweier Individuen gesehen. Das ehestiftende Motiv löste sich schrittweise von
einer pekuniären, besitzorientierten Verbindung zu einer auch auf Neigung
beruhenden Wahl. Dennoch zeigt gerade die Vielzahl der Scheidung, dass die
Entwicklung weitergeht. Aus der Wahlbiographie entstand nicht die Normalbiographie als eine lebenslange Gemeinschaft, sondern es entsteht eher eine
Folge von Beziehungen unterschiedlicher Zeitdauer gerade auch in der Folge
demographischen Wandels und der zunehmenden Lebensdauer der Menschen.
Die Bezeichnung „Lebensabschnittsgefährte" versinnbildlicht dies deutlich.

2. Famliengründungen sind weiterhin abhängig von Schicht und Klasse, die
    freie Partnerwahl eine Fiktion.
Trotz der Fiktion der freien Partnerwahl werden Ehen im Kontext der sozialen
Gruppierungen und Milieus gestiftet. Nach wie vor kann man von einer Exklusion sozialer Schichten bei der Partnerwahl sprechen. Bourdieus Analysen weisen auch hier den Weg. Vorhandenes kulturelles, soziales und ökonomisches
Kapital bildet den Bezugsrahmen für Beziehungen. Grenzüberschreitungen sind
möglich, Frauen heiraten eher tendenziell in eine „niedere" soziale Schicht,
doch meist gilt der Volksmund: „Gleich und Gleich gesellt sich gern". Hinzu
kommen ethnisch-religiöse Barrieren und Abgrenzungen, die das Heiratsverhalten beeinflussen.

3. Es gibt gegenläufige Tendenzen der gesellschaftlichen Moderne. Einerseits betonen gesellschaftstheoretische Erklärungen des Lebens in der Moderne die Notwendigkeit und den Zwang zur individuellen Planung des jeweiligen Lebensverlaufes, andrerseits treten Mechanismen gesellschaftlicher Ungleichheit und gesellschaftlicher Abschottung hervor. Soziologische Theorien betonen die ambivalente Entwicklung der Gesellschaft. Davon bleibt die familiale Entwicklung nicht unberührt. Tendenzen zur Betonung familialer Lebensmuster stehen Lebensplanungen gegenüber, die auf ein Leben als Single setzen, oder aber eben auch das Leben mit einem oder mehreren Kindern jenseits tradierter Lebensformen als bewusste Entscheidung, die Erziehung von Kindern alleine zu gestalten. Der Partner wird in dieser Lebenskonstellation einer Elternrolle enthoben und bewusst auf die Rolle als emotionaler Gefährte festgelegt. Dies entlastet einerseits den Erziehungsalltag, da keine konkurrierenden, konfliktären Erziehungsvorstellungen sich aneinander reiben, bedeutet aber andrerseits die alleinige Zuständigkeit für alle Erziehungsfragen und -probleme.

Im Prozess der Pluralisierung und Individualisierung, der Auflösung und Erosion sozialer Milieus verflüchtigen sich feste Konturen einer sozialen Zugehörigkeit, die Schutz und Gruppenbindung bedeuteten, gleichzeitig aber auch soziale Statuslagen voneinander abgrenzen. Offensichtlich überlagern sich verschiedene Prozesse: Einerseits nehmen die Gestaltungsfreiheit und die Möglichkeiten des Auslebens unterschiedlicher Lebensmuster zu, andrerseits sind Lebensvorstellungen eben nicht frei auslebbar. Dies verdeutlichen nicht nur ethnisch-gruppenspezifische Familiengründungsvorstellungen und Mechanismen. Auch Arbeitsmarkt und sozio-ökonomische Lebensgrundlagen prägen die Lebenschancen und die Realisierbarkeit von partnerorientierten Leitvorstellungen im Rahmen eines individuell akzeptierten und gewünschten Lebensstils.

So werden zwar auch Lebensstile zunehmend mehr akzeptiert, die noch vor wenigen Jahrzehnten offiziell als obsolet galten, so dass Zusammenleben nicht verheirateter oder gleichgeschlechtlicher Menschen. Dennoch bedeutet dies nicht, dass „alternative" Lebensweisen rechtlich und finanziell der klassischen Kleinfamilie gleichgestellt wären. Das geltende Lebenspartnerschaftsgesetz und das Ehegattensplitting markieren nach wie vor Grenzen der Förderung.

1. Standardisierung und Destandardisierung des Lebenslaufs - Lebensform und Lebensphase verschmelzen.

Galt für viele in der Moderne: Lebensverläufe gehorchten einem bestimmten Muster, das sich an der sozialen Lage, der Milieuzugehörigkeit orientierte, so lösen sich diese Muster einerseits auf, andrerseits konturieren sie sich wieder neu. Eindeutig zugewiesene klassenspezifische Bildungschancen, geschlechtspezifische Ausbildungsmuster lösen sich tendenziell auf. Die Quote der Abiturienten ist in den letzten 50 Jahren deutlich gestiegen, die Bildungserfolge von Mädchen sind - gemessen am schulischen Erfolg - größer als die von Jungen. Diese Veränderungen bewirken einerseits neue, unterschiedliche Verlaufsmuster der jeweiligen Biographie, d.h. die Variabilität der angestrebten und gewählten Lebensstile vergrößert sich, es treten neue Muster der Gestaltung des Lebensalltags hervor.

Im Prozess der Berufsfindung werden die Einzelnen z.B. häufig gezwungen mobil zu sein, sich einen Arbeitsplatz außerhalb des bisherigen Lebensraums zu suchen. Jeder Sechste ist in Deutschland bereits mobil, die mit Pendlern gefüllten Züge zwischen den Ballungszentren in Deutschland belegen dies deutlich. Andrerseits ist die Bereitschaft zur Mobilität nicht sonderlich ausgeprägt.

Der Zwang zur beruflichen Mobilität geht einher mit einer starken Veränderung familialer und beziehungsorientierter Verhaltenweisen. Das living-apart-together entspricht dieser Lebensform. Hinzu kommt aber noch bedeutsamer, die Phasierung des Lebens. Das Heiratsalter verschiebt sich auf Ende Zwanzig, die Phase davor gilt als Experimentierphase. Der Dreiklang der 50iger Jahre, Sich-Kennen-Lernen, Mit-Einander-Gehen, Heiraten, wird von einem anderen Lebensrhythmus abgelöst: Sich-Kennen-Lernen, Zusammenleben und Beziehung auf Probe, eventuell Sich-Trennen, Heiraten erst bei Kindeswunsch.

Diese Experimentierphase endet erst mit Dreißig. Dann bleibt zur Reproduktion nicht mehr viel Zeit, die biologische Uhr tickt. Diese Tendenz der Neustrukturierung und Phasierung der Lebensverläufe wird noch verstärkt durch die veränderten Ausbildungsverläufe. Die Dauer der Ausbildung hat sich verlängert, vor allem auch für Frauen. Dies wird begleitet von zunehmender Orientierung am Beruf als wesentlichem Inhalt des Lebens.

Die demographischen Veränderungen tragen zu einer Neukonturierung der familialen Strukturen bei: Einerseits verlängert sich prinzipiell die Phase des gemeinsamen Lebens durch die höheren Lebenserwartungen, andrerseits treten Bruchstellen deutlicher hervor, so z.B. an dem Punkt, an dem die Kinder das Haus verlassen. Nicht nur das empty-nest schafft Probleme, sondern die hohen Trennungs- und Scheidungsziffern belegen generell wie fragil Beziehungen in der Moderne geworden sind.

Die Vielfalt der Gestaltungsmöglichkeiten des Lebens in der Moderne bedeutet somit auch Auflösung, Chaos und Ungewissheit. Die Vergänglichkeit und das Verblassen der Liebe treten deutlich hervor, doch zugleich bilden sich neue Strukturen, die die historische Notgemeinschaft zu einer bewussten Wahlgemeinschaft werden lassen. Diese ist allerdings häufig brüchig und die großen Hoffnungen zerrinnen im Alltag der Beziehungen.

Daraus zu schließen, Familie und Ehe würden an Bedeutung verlieren, entspricht nicht der überwiegend gelebten Realität und den Vorstellungen über ein gelingendes Leben. Die familialen Strukturen wandeln sich nur tendenziell. Männer- und Frauenrollen sind sehr statisch. Die Berufstätigkeit von Frauen hat wenige Auswirkungen auf die familialen Rollen. Castells formuliert dies in Anlehnung an Chodorow so, „Frauen Muttern weiter" (Castells, 2002: 245ff.). Nach wie vor leben die Menschen überwiegend in heterosexuellen Bezügen. Die Reaktion von Männern auf die Veränderung von Frauenrollen, ist nicht die Ausweitung homosexueller Beziehungen. Die stärkere Trennung von Familie und Sexualität, die Liberalisierung der Sexualität und die Erweiterung sexueller Praktiken lässt nach Castells Ehen tendenziell zu genossenschaftlichen Ehen werden, in denen die Kinder gemeinsam groß gezogen werden. Dies jedoch zunehmend in Frauennetzwerke eingebunden. Dennoch folgt auf die Experimentierphase überwiegend der Lebensabschnitt in einer klassischen Familienkonstellation. Es entstehen aber gleichzeitig die unterschiedlichsten Typen von Privatheit. Diese Privatheit wird zum entscheidenden Sinnmuster der Familie.

Begleitet von der Pluralisierung der Lebensformen, der zunehmenden Akzeptanz homosexueller Lebensformen - zumindest unter rechtlichen Aspekten - taucht schemenhaft eine Familie in neuer Form auf:

2. Die Familie als Zweckform
Dieter Hoffmeister (2001) arbeitet dies heraus: Offensichtlich schwinden Gemeinsamkeit suggerierende Mythen wie Liebe, Leiblichkeit, gemeinsamer Name und gemeinsame Lokalität als Kriterien für eine Ehe und Familie. Die Erfahrung von Vergänglichkeit der Liebe und enttäuschten Erwartungen begleitet nicht nur Scheidungsfamilien, sondern auch aus normativen Gründen aufrechterhaltene Ehen. Andrerseits hat die Kindererziehung durch Familien an Bedeutung gewonnen. Kinder als Wunschkinder, als Ausdruck von Reproduktionsneugierde, aber auch Bereicherung der Paarbeziehung und des Lebenssinns, bedeuten Gewinn und Last zugleich. Kinder bedeuten Veränderungen des Lebensalltags: Einschränkung, Planung und Alltagsgestaltung, die sich häufig mit den individuellen Bedürfnissen kreuzen.

Die Preisgabe der in der bürgerlichen Ideologie entstandenen Ehevorstellung eines Gattenbezugs der auf Intimität, Liebe, Verständnis bei gleichzeitiger klar differenzierter Rollenstruktur beruht, kann die Familie auch von der Last der großen Hoffnungen befreien.

Hoffmeister erkennt fünf sich konturenhaft abzeichnende Formen von Familie, die hier noch etwas präziser umgrenzt werden:

A. Flexible Lebensgemeinschaft ohne Wir-Erwartung mit funktionalem Liebescode

In dieser Form der Beziehung steht die individuelle Verwirklichung an erster Stelle, Lebensgemeinschaft existiert als flexible Form, die nicht auf Dauer angelegt ist und in der Kinder keine Rolle spielen.

B. Auf Liebe, Paarbeziehung und Kind ausgerichtete Familie

Diese klassische Familienform ist auf Offenheit, Vertrautheit und Verhandeln von Problemen angelegt. In dieser Form ist die Familie keine Anweisungsfamilie mehr, sondern wird zur Verhandlungsfamilie. Dies gestaltet den Alltag nicht einfach, lässt aber den Mitgliedern individuellen Entfaltungs- und Entwicklungsspielraum und bindet ihre Rollenstruktur an einen offenen Kommunikationsprozess.

C. Familie als Attrappe, individualisierte Vereinzelung, strikte Rollentrennung

Unter dem Signum der Modernität herrscht hier strikte Rollentrennung und der Einzelne verwirklicht seinen Lebensstil. Im Prinzip lebt hier jeder für sich alleine, die Familie ist gleichzeitig aber Reproduktionsstätte und dies nicht zuletzt aus milieuspezifischen Orientierungsmustern heraus: Kinder sind Statusnachweis und -symbol.

Beobachtbar ist dieser Typus an den Stränden Europas. Die Kinder werden häufig von einem ausländischen Au-pair-Mädchen begleitet, das mit ihnen in ihrer Muttersprache spricht, zur Förderung der Sprachkompetenzen der jeweiligen anvertrauten Kinder.

D. Single- und Alleinerziehenden-Haushalte

Dies betrifft sowohl Trennungs- und Scheidungsfamilien als auch Verwitwete und zunehmend vor allem Frauen, die sich bewusst entscheiden, ihr Kind alleine groß zu ziehen. Dabei ist eine Partnerschaft durchaus erwünscht, aber eben nicht eine Lebens- und Erziehungsgemeinschaft an einem Ort.

Dieser Typus wäre nach Castells um einen fünften zu erweitern:

E. Mutter-Kindfamilien mit Unterstützung von Frauennetzwerken

Aus der Krise des Patriarchalismus ensteht eine Art Frauen-Kinder-Kommunen. Diese „werden im Fall von heterosexuellen Frauen von Zeit zu Zeit nach dem Muster sukzessiver Partnerschaften von Männern besucht, die zusätzliche Kinder und weitere Gründe für den Separatismus hinterlassen" (Castells 2002:249). Zur Durchsetzung dieses Modells bedarf es jedoch einer guten ökonomischen Grundlage, guter Kinderbetreuung und guter beruflicher Chancen für die Frauen.

F. Fortsetzungsfamilien in beliebiger Struktur

Stieffamilien, Konsekutivfamilien, Patchworkfamilien, Commuterfamilien sind nur einige Bezeichnungen von Familienformen, die Lebensstrukturen beschreiben, die von vielfältigen Innen- und Außenbezügen geprägt werden. Das Verhältnis von Stiefkindern zueinander, zu dem Stiefvater oder der Stiefmutter, die Rolle der leiblichen Eltern, der Stellenwert der jeweiligen leiblichen und „neuen" Großeltern, schon diese Personenvielfalt verweisen auf Gestaltungs- und Organisationsaufgaben für die Fortsetzungsfamilie, nicht nur an Feiertagen und Geburtstagen. Den Anforderungen der unterschiedlichen Familienteilsysteme gerecht zu werden, verlangt permanente Koordination aller im Beziehungskontext.

Die Stieffamilie, die sich nach Außen gerne als Normalfamilie darstellt, hat in der Realität ständig eine schwierige Balance zwischen den ehemaligen Partnern, den neuen Partnern, deren Kinder und nicht zuletzt den sonstigen Verwandten zu erbringen. Dies wird umso schwieriger, je mehr Trennungsverletzungen existieren, die den Kontakt und die Beziehung nach wie vor prägen, auf das Verhalten der Kinder Einfluss haben oder aber auch zum Kontaktabbruch oder höchst formalisierten Besuchsregelungen beitragen.

Insgesamt gibt es nicht mehr *den* vorherrschenden Familientypus. Offensichtlich zeichnen sich aber Elemente für die neuen Arrangements ab. Unterstützungsnetzwerke, zunehmende Frauenzentriertheit, Aufeinanderfolge von Partnern und Mustern über den gesamten Lebenszyklus hinweg (Castells 2002:243). Gleichzeitig wird der heterosexuelle Familienvertrag heute ständig neu ausgehandelt. Dazu gehört „Teilung der Hausarbeit, wirtschaftliche Partnerschaft, sexuelle Partnerschaft und vor allem die *volle Teilung der Elternschaft*" (ebd.: 249).

Dabei erscheint es als offen, ob eine androgyne Perspektive entsteht: Übernehmen Männern tatsächlich umfassend die Elternrolle? Muttern also auch Väter? In der klassischen heterosexuellen Familie beziehen sich Frauen auf vier Arten von Objekten: auf Kinder als Objekt des Mutterns, auf Frauennetzwerke als primäre emotionale Stütze, auf Männer als erotische Objekte und auf Männer als Versorger der Familie. Unter den gegenwärtigen Bedingungen löst sich die vierte Bindung auf. Dies bedeutet aber, dass die Grundlage des Familienpatriarchalismus unterspült worden ist. Männern bleibt also primär die Rolle des erotischen Objekts.

Männer haben nach Castells verschiedene Reaktionsmöglichkeiten auf ihre schwindende Bedeutung, aber auch auf ihre Objektfixierung auf die Frau, die sie überwiegend nach wie vor als Liebesobjekt in erotischer und emotionaler Hinsicht suchen: Zum ersten die *Separation*, sie ziehen sich in Zusammenkünfte unter Männern zurück. Dies bedeutet in der Regel eine Verminderung der

Lebensqualität, Zunahme von Depressionen, höhere Mortalität. *Schwulsein* als zweite Alternative breitet sich unter Männern nur tendenziell aus. Castells rechnet schwule Familien dem experimentellen Milieu für Egalitismus im Familienleben zu.

Für die meisten Männer trifft jedoch die dritte Variante zu. *Den heterosexuellen Familienvertrag neu auszuhandeln.* Der Weg zu einer egalitären Elternschaft ist allerdings noch recht weit. Die Kinder sind nach Castells die Hauptbetroffenen dieses Übergangs. Kinder werden massiv vernachlässigt und die massenhafte Zerstörung menschlicher Psychen ließe sich nach Castells durch eine Rekonstruktion von Familie auf der Grundlage egalitärer Beziehungen ändern. Für ihn bleibt die Gesamtrichtung der Entwicklung offen, eine „Befreiung" von der Familie kann auch bedeuten, dass Rollendefinitionen schwieriger und komplexer werden, ihre Pufferfunktion verloren gehen kann und sich Strukturen Bahn brechen, die zur „Ausbreitung sinnloser Gewalt in der Gesellschaft über die Seitenstraßen wilder Begierden" (ebd.: 257) führen. Das Ich wird mit der selbst zugefügten Unterdrückung konfrontiert und die Zunahme sozialer Spannungen wäre wahrscheinlich, wenn die Überschreitung der Sexualität über die Familie hinweg prinzipiell legitimiert würde, jenseits kanalisierter Kontexte wie Prostitution und Homosexualität. Gleichzeitig führt das Misslingen von Familie in einen Ausnahmezustand und zwingt zur Flexibilität bei der Gestaltung privater Beziehungen. Die Differenzierung der familialen Formen und Strukturen, die Konflikte und Widersprüche im familialen Zusammenleben bewirken eine Transformation der Familie, die nicht nur als Bruch zu verstehen ist. Das Auflösen der traditionalen Gestalt bewirkt auch die Chance, Familie egalitär neu zu gestalten. Wenn Sexualität und Familie nicht mehr zwanghaft zusammenhängen würden, dann könnte sie ihre Sozialisationsfunktion verstärken. Erziehung würde dann an zentrale Stelle rücken, sich auf Wunschkinder konzentrieren. Doch dies erscheint mehr als Illusion, denn als Hoffnungsschimmer am Horizonte der familialen Entwicklung.

Strukturell sieht Castells aber eine Veränderung der Konstruktion von Sexualität. Er stellt eine Entkopplung von Ehe, Familie, Heterosexualität und sexuellem Ausdruck fest. Letzteres setzt er mit Begierde gleich (Castells 2002:251). In Anlehnung an Giddens erkennt er zwei Richtungen der Entwicklung. Zum einen ist es die Ausgestaltung des Ehebezugs als einer Art genossenschaftlicher Ehe, die der Zeugung und dem Aufziehen von Kindern dient bei zugleich geringem sexuellem Engagement der Eltern. Zum anderen wird die Ehe von den Partnern als eine Art Ausgangsbasis für individuelles Leben gesehen, in der jeder nur wenig Emotionen in den Andren investiert.

Sexualität löst sich also zunehmend von der Ehe. Was faktisch für Männer immer galt. Dadurch steigt der Abstand zwischen der Begierde, nennen wir es hier Erotik und dem Ausleben sexueller Bedürfnisse in der Familie. Allerdings führt - so Castells - dies nicht zur sexuellen Freiheit, sondern eher zu sexueller Armut und sexuellem Elend (siehe Aids). Verschoben haben sich auch sexuelle Aktivitäten. Das Zusammenleben vor der Ehe ist eher die Norm als die Ausnahme. Die Hälfte dieser Beziehungen endet nach weniger als einem Jahr, 40% werden in Ehen umgewandelt, von denen wiederum ca. 50% geschieden werden. Zwei Drittel davon heiraten wieder; deren Scheidungswahrscheinlichkeit ist noch höher. So werden durch aufeinander folgende Versuche, neue Lebensarrangements geschaffen, die Erotik perpetuieren wollen, aber doch eher zu einer „Austrocknung der Begierde" führen (Castells 2002:252).

Offensichtlich sind familiäre Strukturen im Umbruch. Neue Generationen werden vermutlich außerhalb der bisher geltenden Muster sozialisiert. Wenn zunehmend Menschen nicht mehr in der tradierten Kleinfamilie leben werden und Kinder zunehmend in alternativen Familienformen erzogen werden, dann wird in einer postmodernen oder auch post-patriarchalischen Gesellschaft die Konstruktion von Identität außerhalb der Verwandtschaftszusammenhänge bisheriger überlieferter Familienstrukturen stattfinden. Wenn familiale Grundmuster weiter existieren wollen, dann wird es darum gehen, neue institutionalisierte Formen der Beziehungen zwischen den Geschlechtern zu finden.

Da die Entwicklung der Reproduktionsmöglichkeiten sich zusehends von der Reproduktion über die Familie ablöst - siehe Samenbanken, In-Vitro-Fertilisation, Leihmütter, aber auch die sich zusehends liberalisierende Genforschung und -entwicklung - so löst sich möglicherweise auch die Reproduktion der menschlichen Gattung von familialer Reproduktion. Dies könnte einerseits eine Befreiung menschlicher Sexualität von gesellschaftlich vorgegebenen Mustern und Zwängen bedeuten, andrerseits aber die postindustrielle Gesellschaft in eine Ungewissheit sozialer Ordnungszusammenhänge führen.

Letztlich sind die hier dargestellten Thesen Castells über die Veränderungen innerhalb der amerikanischen, aber auch andrer industrialisierten Gesellschaften, zum Patriarchat und dem familiären Lebenskontext Vermutungen, deren Plausibilität jedoch nicht von der Hand zu weisen sind. Jenseits der staatlichen Unterstützung durch Elterngeld, Ausdehnung der Betreuung im Vorschulalter, der Erweiterung des schulischen Bereichs in Richtung Ganztagsbetreuung, ist offensichtlich ein Prozess der Vervielfältigung von Lebensformen im Gang, der familiale Strukturen und Funktionen weiterhin beeinflusst und verändert.

Die Perspektiven sind ungewiss, doch gerade dies ist offensichtlich.

18 Exkurs: Forschung in der Sozialen Arbeit

Die Forschung im Bereich der Sozialen Arbeit hat sich in den letzten Jahren weiterentwickelt. Stand die universitäre Forschung noch vor einigen Jahren in der Kritik, so hat sich mittlerweile ein differenziertes System inner- und außeruniversitärer Forschungseinrichtungen entwickelt. Dies gilt bedingt auch für die Fachhochschulen, die in einzelnen Bundesländern spezielle Forschungsförderungsprogramme nutzen können. Auch die zwischenzeitlich eingestellte Förderung über AIF (Arbeitsgemeinschaft industrieller Forschungsvereinigungen "Otto von Guericke" e.V.) wurde im letzten Jahr für den Bereich der Forschung in der Altenhilfe wieder aufgelegt.

Innerhalb der Ausbildung gewinnen unterschiedliche Forschungsmethoden an Bedeutung. Die Dominanz qualitativer Verfahren scheint etwas zu schwinden. Die Verbindung verschiedener Forschungsmethoden quantitativer und qualitativer Art - als so genannte Methodentriangulation - ist angesagt. Das Verhältnis zwischen Theorie und Praxis hat im Diskurs insbesondere der Bielefelder Kollegen eine wichtige Rolle gespielt. Forschung, so Dewe/Otto, wie bereits weiter oben angedeutet, muss eine notwendige Distanz zum verkürzten praxeologischen Handeln halten, untersucht die Praxis und ist so auch und notwendigerweise Kritik an alltäglichen Routinen und Verhaltensweisen. Forschung hält gewissermaßen der Praxis den Spiegel vor und entwickelt, so auch ihre ursprüngliche Position, keine Handlungsanweisungen für die Praxis. Die wissenschaftliche Reflexion der Organisationsstrukturen der Institutionen der Sozialen Arbeit, die Analyse der Verhaltensmuster in den unterschiedlichen Feldern, ist nicht daran orientiert, primär neues Handlungswissen zu generieren, um die Praxis zu fundieren und Handlungsstrategien zu entwickeln, sondern hält die wissenschaftliche Distanz zur alltäglichen Arbeitsgestaltung.

Diese scharfe Trennung scheint in der jüngeren Zeit zu schwinden. Untersuchungen zur Evaluation sozialer Institutionen signalisieren Einstellungen, die Grenze zwischen Theorie und Praxis nicht als unaufhebbare zu sehen, sondern auch das Wissen der Praxis als reflexives anzuerkennen. Hier gelten im Prinzip dieselben Kriterien wie in der Forschung generell: Validität und Reliabilität des Erforschten oder Erkannten sind die Gültigkeitskriterien.

Die Praxis kann also auch Handlungswissen schaffen und weiterentwickeln. Best-Practice-Verfahren und Darstellungen belegen dies. So kann die praktische

Handlungskompetenz theoretisches Wissen schaffen und in den Wissenschafts-bereich zurückführen. Offensichtlich ist Forschung nicht mehr nur ein einseiti-ger Prozess des omnipotenten Forschers, der auf die Praxis kritisch schaut, sie reflektiert, sondern die Einbahnstraße hat sich zu einem wechselseitigen, sich zusehends verbreiternden Pfad entwickelt.

Eine zentrale Frage ist die, worauf sich überhaupt Forschung in der Sozia-len Arbeit bezieht und wie man Soziale Arbeit ein- und abgrenzen kann von anderen Disziplinen und Professionen?

Klaus Mollenhauer hat dies schon vor Jahren so beantwortet: Es handelt sich um einen spezifischen Ausschnitt sozialer Fragen. Es geht um „eine thema-tische Kohärenz von Problemstellungen, die in anderen (Teil)Disziplinen zurücktreten oder dort (…) gar nicht recht erkennbar sind" (Mollenhauer 1989). Eine Zwischenfrage sei jedoch an dieser Stelle gestattet: Brauchen wir über-haupt eine thematische Kohärenz? Die großen Erzählungen sind nicht nur in der Soziologie etwas verblasst, auch in der Sozialen Arbeit oder der Sozialpädago-gik haben Einheit suggerierende umfassende Erklärungsmuster immer weniger Konjunktur.

Lebensweltorientierte Soziale Arbeit, empowerment, ressourcen-orientierte Soziale Arbeit, agency, Transnationalität und Transkulturalität sind Begrifflich-keiten, die zentrale Bewegungstendenzen innerhalb der Sozialen Arbeit be-schreiben wollen, dies aber nur zum Teil einlösen können. Auch der gesell-schaftskritische Diskurs, wie von Otto u.a. schon 1972 geführt, ist ähnlich wie der sozial-ökologische Ansatz, in Deutschland vor allem von Wendt vorgetra-gen, mehr Versuch einer wissenschaftlichen Umgrenzung der Profession und Disziplin, denn tragende theoretische Fundierung.

Thole (2005) skizziert in den von ihm herausgegebenen „Umrissen Sozialer Arbeit" acht aktuelle theoretische Positionen/Paradigmen und ordnet diese unterschiedlichen Autoren und Autorinnen zu:

- Lebenswelt (Thiersch),
- dienstleistungsorientiertes Professionshandeln (Dewe/Otto),
- Lebensbewältigung als sozialpolitisch inspiriertes Paradigma (Böhnisch),
- Hilfe (Hillebrand),
- Bildung (Sünker),
- Soziale Arbeit und Probleme (Staub-Bernasconi).

Drei Bezugspunkte der Sozialen Arbeit erkennt wiederum Rauschenbach (2005):

- „Erziehungstatsache(n)" (Diese sind jedoch nach Mollenhauer rückläufig).
- soziale Probleme (Inklusion und Exklusion)
- Lebensbewältigung/Lebensführung

Mollenhauer (1989) nannte folgende Forschungsaspekte als zentrale der Sozialen Arbeit:

- Interkulturalität[19]
- Generation
- Normalität
- Armut
- Treatment Forschung

Schefold (2005) wiederum unterscheidet sechs Bereiche der Forschung:

- Bereichs- und Verbundforschung (z.b. Elementarerziehung, Jugendhilfeleistung und sozialpädagogische Familienhilfe)
- Adressat/innenforschung (Problemgruppen), so z.b. Straßenkinder und rechtsextrem orientierte Jugendliche
- lokale und regionale Forschung (Modellvorhaben, Evaluation, administrativer Handlungsbedarf)
- Qualifikationsforschung (Promotion)
- Forschung als methodisch angelegte Selbstbeobachtung der Praxis einschließlich Evaluation und Qualitätsmanagement
- Surveys, so z.B. die Kinder- und Jugendberichte zur Selbstvergewisserung aber auch Überblick und Vergleichbarkeit generierend.

Schefold sieht im Kontext der zusehends schwieriger werdenden Lebensgestaltung Forschungsbedarf in Richtung praxisbezogener Forschung. Gleichzeitig betont er die Notwendigkeit zu Zeitdiagnosen, die die Grenzen der Disziplin überschreiten und so Anschluss finden an die großen Theorien. Diese beiden Forschungslinien müssen jedoch in einem Zusammenhang stehen und dürfen nicht zu einer einseitigen Akzentuierung führen, wie es sich an den Profilen mancher Forschergruppen erkennen ließe (Schefold 2005:893). Last not least gehe es auch um die Forschung zur Förderung sozialpädagogischer Forschung. Hier geht es darum, deren Nachhaltigkeit zu steigern, ihre Verwendung zu erfassen und nicht zuletzt um den Ausbau sozialpädagogischer Grundlagenforschung. Die bloße Übernahme theoretischer Artefakte, theoretischer Erklärungsmuster aus den unterschiedlichen Disziplinen so z.B. der Systemtheorie negiere auch die Entwicklung eigener Paradigmen.

So ist z.B. das Thiersch'sche Paradigma der Lebensweltorientierung forschungspraktisch wenig ausgelotet worden. Es muss darum gehen, Methoden und Forschungstechniken (weiter) zu entwickeln, die an sozialarbeiterischen

---

[19] Jeder Fünfte in Deutschland hat Migrationshintergrund, und sogar jedes dritte Kind (DJI Bulletin 3/2006)

Fragestellungen und Problemen orientiert sind. Die Ansätze des zarten Pflänzchens Aktionsforschung sind offensichtlich der Themen- und Methodenkonjunktur geopfert worden.

Nimmt man die Mollenhauersche Auforderung auf, den Bereich der Sozialen Arbeit als einen zu beschreiben, der spezifische Fragestellungen und Problemkonstellationen aufgreift, dann sind jedoch unterschiedliche Forschungsmethoden zu verfolgen. Eben diejenigen, die dem Untersuchungsziel und -gegenstand entsprechen. Hierbei werden zunehmend Forschungsansätze angewandt, die qualitative und quantitative Methoden miteinander verbinden. Die Dominanz qualitativer Methoden ist im Schwinden. Bisweilen löste sich durch das Propagieren so genannter weicher Methoden, als für den sozialen Bereich angemessenen Erkenntniszugriff, die Forschungsergebnisse in einen diffusen Brei nicht nachvollziehbarer Aussagen und Interpretationen auf. Im Rahmen einer von der Deutschen Gesellschaft für Soziale Arbeit vor einiger Zeit veranstalteten Tagung, berichteten in einer Gruppe die Forscherinnen wenig über ihre Forschungsansatz, ihre -methode, ihre Zielsetzung(en). Sie beschränkten sich im Wesentlichen auf den vagen Hinweise, sie hätten Interviews durchgeführt. Hier steht Soziale Arbeit unter Beobachtung ob der Anwendung von dem Forschungsgegenstand angemessenen Methoden.

Schon bei Nohl hatte Forschung einen hohen Stellenwert. Der „Sozialbeamte" sollte auf der Grundlage „wissenschaftlicher Forschung" ausgebildet werden. „Forschungsreisen" (Zinnecker 2000) erweitern Wissens- und Erfahrungshorizonte (Jakob/v. Wensierski 1997). Denn Forschungskompetenz ist ein wissenschaftlicher Bildungsprozess. Die Beteiligung an Forschungsvorhaben ist eine wichtige Voraussetzung für eine ständige Aktualisierung der eigenen Wissensbestände über einen konkreten Gegenstandsbereich der Sozialen Arbeit.

19 Migration, gesellschaftlicher Wandel im Fokus der Sozialen Arbeit

Migration ist ein hochsensibles Thema. Während die Einen die Ideologie vertreten „Das Boot ist voll, wir brauchen keine Zuwanderer mehr", so betonen Andere die entstehende kulturelle und soziale Vielfalt und deren Bedeutung für Wirtschaft, Wissenschaft und das gesellschaftliche Zusammenleben. Hinzu kommt die Debatte um den Bevölkerungsrückgang und die Bedeutung der Migranten für den Ausgleich dieser sich in den nächsten Jahren wahrscheinlich noch verstärkenden Entwicklung. Birg hat dies verdeutlicht (vgl. Kapitel 14). Auch wenn die Geburtenrate derzeit wieder etwas ansteigt, so ist doch die Gesamtbilanz der demographischen Entwicklung negativ.[20]

Rund ein Fünftel der Bevölkerung hat Migrationshintergrund, rund ein Drittel der Kinder die derzeit geboren werden, haben zumindest einen Elternteil mit Migrationserfahrung aus erster oder zweiter Hand. Der Begriff Migrationshintergrund erfasst verschiedene Dimensionen. Nach der Definition des statistischen Bundesamts handelt es sich um zugewanderte Ausländer, in Deutschland geborene Ausländer der zweiten und dritten Generation, um zugewanderte Spätaussiedler und deren Kinder, um eingebürgerte zugewanderte Menschen und eingebürgerte Kinder, die hier geboren sind. Auch wenn Aussiedler und Spätaussiedler rechtlich nach der Einreise zu Deutschen werden, so sind sie doch soziologisch zur Gruppe der Migranten zu rechnen. Entscheidend für das Zuordnungskriterium „Migrationshintergrund" ist, dass zumindest ein Elternteil Migrant oder Migrantin ist oder von Migranten abstammt.

Vergleicht man das Leben der Menschen mit Migrationshintergrund so werden signifikante Unterschied deutlich:

- sie haben durchschnittlich höhere Kinderzahlen,
- häufig niedrige Schulabschlüsse,
- sind erhöht von Arbeitslosigkeit betroffen,
- leben überproportional in prekären Einkommensverhältnissen,
- wohnen häufiger in Arealen mit hoher Problembelastung,
- haben seltener Wohneigentum (DJI-Bulletin 3/2006).

---

[20] Nach neuesten statistischen Veröffentlichungen erscheint der behauptete Anstieg zudem als fraglich.

Dennoch ist Migration nicht der alleinige Faktor gesellschaftlicher Lagerung. Offensichtlich sind die Effekte sozialer Ungleichheit zu berücksichtigen. So ist z.B. einerseits in den Einstellungen zu Kindern und deren Schullaufbahn die Erwartung an Bildung/Ausbildung bei Migranten sehr hoch. Gleichzeit aber besuchen weniger Migrantenkinder den Kindergarten, es gibt weniger Tagesbetreuung oder Hilfen im Haus. Dies ist nicht zuletzt den finanziellen Möglichkeiten geschuldet. Auch die Hilfen durch die Großeltern sind geringer. Offensichtlich verbinden sich hier Merkmale sozio-ökonomischer Ungleichheit, spezifische Milieuzuordnungen mit Folgen der Migrationserfahrung.

Deutlich wird die Milieuzuordnung beim Bildungsniveau. Mit steigendem Milieu werden die Schulleistungen deutlich besser. Migration ist als alleiniger Indikator zur Beschreibung der Lebenslage nicht ausreichend. Zum Kontext von Ethnie und Milieu lassen sich einige Kernaussagen formulieren. Die Population der Migrant(inn)en ist keine homogene Gruppe:

- Unterschiede in Herkunft und Milieu haben Auswirkung auf die Lernbedingungen der Kinder,
- niedriges Milieu bedeutet mit oder ohne Migrationshintergrund Probleme im Bildungsbereich,
- nicht Milieu oder Migration, sondern Milieu *und* Migration sind entscheidende Einflussgrößen.

Betrachtet man das Verhältnis zwischen den Angehörigen der Mehrheit und den Ausländern, dann treten nach Nick jedoch Bedrohungsszenarien hervor, die eine Abgrenzung gegenüber dem Ausländer signalisieren. Zwar werde der klassische Rassismus geringer, so gebe es doch eine deutliche Abwertung von Minderheiten (vgl. Nick 2006). Wollrad (2005) arbeitet im Kontrast zur These vom abnehmenden Rassismus jedoch heraus, welche Bedeutung die Hautfarbe in der gesellschaftlichen Realität noch heute hat und welche Rassifizierung damit einherschreitet.

Im Prinzip wird von den Ausländern eine Anpassung an den Lebensstil hier verlangt. Nick betont, dass auch die Fachdiskussion sich auf die Betrachtung und Analyse der Lebenssituation von Migranten konzentriere. Aus analytischer Sicht sei jedoch die Verarbeitung von Differenz, genauso wie die individuelle Identitätsentwicklung besonders zu erfassen. In der Metapher der Parallelgesellschaft verberge sich eine Abgrenzung vom Fremden, die es zu vermeiden gelte. Hingegen sei der bisweilen verpönte Begriff der multikulturellen Gesellschaft ein wichtiger, da er auf die kulturellen Differenzen aufmerksam mache und diese auch als normal angesehen würden.

Eine statische Auffassung von Kultur müsse aufgelöst werden. Wenn Kultur ein kollektiv geteilter Verstehenshintergrund sei, dann müsse man zugleich auch die kulturellen Unterschiede sehen. Hier seien die Annahmen der cultural studies weiterführend. Kultur sei nicht statisch, sondern ein polyphoner, stets umstrittener und komplexer Prozess der Konstruktion von soziokulturellen Bedeutungen und Identitäten. Offenheit, Wandel, Konflikt und Widerspruch sind Aspekte der kulturellen Entwicklung, aber auch der Austausch zwischen kulturellen Teilen und die gegenseitige Durchdringung und Beeinflussung ist zu sehen. Dazu gehöre insbesondere die Betrachtung der Populärkultur.

Kultur ist ein Feld, auf dem um Macht gerungen wird. Individuelle Identitätsvorstellungen und die Entwürfe über das eigene Leben, die angestrebten und realisierten Lebensstile sind in kulturelle Muster und Ordnungen eingebunden. Dennoch gibt es dominante kulturelle Normen. Dies gilt sowohl für das Binnenverhältnis in Gesellschaften als auch für die Abgrenzungen zwischen den Gesellschaften. So wird z.B. im Konstrukt der nationalen Identität eine Grenzziehung nach außen vorgenommen.

Offensichtlich gilt es, die Kategorien des Eigenen und des Fremden zueinander in Bezug zu setzen. Dies führt zu der Frage, ob wir mittlerweile hybride kulturelle Identitäten haben, auf der innergesellschaftlichen Ebene und als Teil globaler Prozesse. Einerseits lassen sich Abgrenzungen zwischen den Ethnien feststellen, gleichzeitig gibt es Prozesse der kulturellen Vermischung und Diffusion. Der Zusammenstoß kultureller Traditionen und Normen offenbart sich in unserer Gesellschaft bisweilen in menschenrechtsverletzender Weise und Entwürdigung insbesondere von Frauen. Gleichzeitig lassen sich globale Zirkulationsmuster von Kultur feststellen, die Menschen in den Sog einer Moderne reißen, die - im Sinne von Bauman - nicht nur Trivialitätsschemata durchsetzen, sondern den zivilisatorischen Prozess insgesamt infrage stellen.

Auf der Suche nach einer reflexiven Interkulturalität, die das Anderssein akzeptiert, aber auch in einen zivilisatorischen Rahmen setzt, ist es wichtig, das Eingebundensein in eigene Widersprüche zu erkennen und sich aus festen Identitätskorsetten zu lösen. Es geht eben darum, mit Differenzen leben zu lernen und diese auch zu akzeptieren. Die Auseinandersetzung mit Migration ist eine gesellschaftliche Querschnittsaufgabe, die in alle Bildungs- und Erziehungsprozesse hineinragt und hineinragen muss.

Betrachtet man neuere Untersuchung insbesondere auch zur Lebenslage von Kindern und Jugendlichen wie z.B. die 1. World Vision Kinderstudie „Kinder in Deutschland 2007" (Hurrelmann u.a. 2007), die jüngste Shell-Studie (Hurrelmann u.a. 2006) oder aber auch die Untersuchungen des Deutschen Jugendinstituts zum Kinderleben in Deutschland (Alt u.a. 2005), dann treten eine ganze Reihe von Fakten hervor.

So wurden in der repräsentativen 1. World Vision Kinderstudie, Kinder in Deutschland in Ost und West im Jahre 2007 befragt. Erfasst wurden 1592 achtbis elfjährige Kinder in Ost und Westdeutschland. Hinzu kamen qualitative Befragungen von sechs- bis elfjährigen Mädchen und Jungen - insgesamt 12 Porträts. Diese Studie liefert zentrale Aussagen für die Lebenslage von Kindern generell, aber auch ausländischen Kindern. Sie orientiert sich im Studiendesign an den Shell Jugendstudien. Hier wie in Referenzstudien (Alt 2005, 2007) wurden auch speziell ausländische Kinder von acht bis elf Jahren befragt. Allerdings wird nicht zwischen verschiedenen Gruppen differenziert, wenn auch der Anteil der befragten Kinder mit Migrationshintergrund in etwa ihrem Anteil an der Bevölkerung entspricht (vgl.: 1. World Vision 2007:396).

Einige Ergebnisse:
- Migrantenkinder leben etwas häufiger in Kernfamilien als die Kinder der Mehrheitsethnie, davon 14% in Einelternfamilien und 5% in Stieffamilien.
- 34% haben zwei und mehr Geschwister.
- 17% der Migrationskinder gehören zur Unterschicht.
- 52% nicht-deutscher Nationalität reden eher in der Muttersprache, noch bei 35% der Kinder mit Migrationshintergrund ist die Muttersprache die Hauptsprache.
- Auffallend ist auch die deutlich höhere Bewertung von Religiosität und Glauben.

Das Familienklima weicht insgesamt nicht signifikant von dem der deutschen Familien ab, gemessen an Konflikten mit den Eltern und deren Strafverhalten. Und hier ist der Schichtkontext stärker zu sehen als der Migrationshintergrund. Jungs berichten allerdings mehr von Streitereien mit den Eltern als Mädchen.

Die Studie arbeitet heraus: Es gibt keine ethnisch strukturierten Lebenswelten von Kindern, die sich gegenseitige ausschließen (ebd.: 157). Jedoch Unterschiede zwischen alten und neuen Bundesländern. Die Frage, ob man Migrantenkinder zum eigenen Geburtstag einlädt, wird von 52% im Westen und 79% im Osten mit nein beantwortet. Dabei ist jedoch der Sozialraum zu berücksichtigen, ob es in diesem Bereich überhaupt Migranten gibt und diese Frage überhaupt der Lebensumwelt entspricht. Insgesamt haben Jungen weniger Freunde unter Kindern mit Migrationshintergrund als Mädchen. 47% der Kinder mit Migrationshintergrund geben an, dass ihr Freundeskreis überwiegend und 11% sagen, dass ihr Freundeskreis ausschließlich aus Deutschen besteht.

Offensichtlich verschwinden die ethnischen Grenzen unter den Kindern, verlieren an Prägnanz, interethnische Freundschaften nehmen zu. Die soziale Herkunft und die Milieuzugehörigkeit prägen das Verhalten. Daraus jedoch im Sinne der postmaterialistischen Theorieannahmen eine Auflösung ethnischer

Grenzen abzuleiten wäre voreilig. Betrachtet man die Strukturen sozialer Ungleichheit, dann wird deutlich:

- 14% der Kinder mit Migrationshintergrund haben mindestens einen arbeitslosen Elternteil,
- 34% der Migrantenfamilien waren in den letzten zwei Jahren von (temporärer) Arbeitslosigkeit betroffen,

Die Arbeitslosenquote bei Alleinerziehenden beträgt:

- 20% aktuell und
- 32% in den letzten zwei Jahren.

Für die Befragten generell gilt: In 8% Prozent der Familien ist mindest ein Elternteil derzeit arbeitslos. Bei der Erweiterung der Frage auf die Arbeitslosigkeit in den letzten zwei Jahren, geben 23% an, in den letzten zwei Jahren, drei und mehr Monate arbeitslos gewesen zu sein. D. h. Arbeitslosigkeit gehört für fast ein Viertel zur Alltagserfahrung (ebd.: 76). Es wird deutlich, dass die Kinder mit Migrationshintergrund wesentlich höher von Arbeitslosigkeit betroffen sind.

Je nach Definition von Armut leben ungefähr 10% der Kinder in relativer Armut und ihre Eltern verfügen über weniger als 50% des durchschnittlichen Monatseinkommens, legt man jedoch weniger als 60% zugrunde, dann erhöht sich die Quote auf ca. 17%. Die Studie nennt Armutsfalle. 34% der Kinder von Alleinerziehenden sind von Armut betroffen. Offensichtlich gibt es drei Risikofaktoren, die Armut verursachen können:

Von Armut betroffen sind überproportional Kinder,

- deren Eltern (oder ein Elternteil) arbeitslos sind/ist (44%) oder keiner geregelten Erwerbsarbeit nachgehen (45%),
- oder Kinder von Alleinerziehenden (34%) auch dann, wenn der Elternteil eine Erwerbstätigkeit hat,
- Zugehörigkeit zur unteren Herkunftsschicht besteht (ebd.: 78).

Nichtsignifikant sind hingegen die Merkmale Migrationshintergrund oder nichtdeutsche Nationalität. „Die höhere Betroffenheit von Armut erklärt sich daher primär über die hier ebenfalls vorhandene höhere Betroffenheit von Arbeitslosigkeit" (ebd.: 78).

Auernheimer stellt den Kontext zwischen den grundlegenden Zielsetzungen der Sozialen Arbeit und der Migrationssozialarbeit her. Wenn Soziale Arbeit sich dem Strukturprinzip der „Erziehung zur Normalität" verpflichtet fühlt, dann sei zu erörtern, ob dies noch für die Soziale Arbeit in der Einwanderungsgesellschaft gelte.

Die weiter oben schon skizzierten zentralen Leitvorstellungen der sozialen Arbeit beziehen sich auf

- den fürsorgewissenschaftlichen (in der Tradition Scherpners),
- den gesellschaftstheoretischen (H-U. Otto u.a.) und
- den normalitätstheoretischen subjektbezogenen (H. Sünker) Ansatz.

Diese Normalität erscheint jedoch in der jetzigen gesellschaftlichen Realität als gebrochen und hat sich nach Auernheimer aufgelöst. Dies wird von ihm begründet: erstens erzwingen die Produktionsformen der globalisierten Wirtschaft eine weit reichende Deregulierung sozialer Standards in der sich auflösenden und umstrukturierenden Massenproduktion, und parallel hierzu nimmt die weltweite Migration zu. Normale Risiken werden zusehends privatisiert, die geforderte Absicherung von Renten durch private Verträge sei hier als Beispiel genannt. Die Soziologie reflektiert dies durchaus. Auernheimer verweist auf Sennet, Beck und Giddens, die die Konsequenzen der Moderne unter den Aspekten der Flexibilisierung und Individualisierung untersuchen. Er erkennt die Zunahme von Abhängigkeiten in unserer Gesellschaft, nicht die Zunahme von Freiheitsgraden. Hier verbindet sich seine Analyse mit der Argumentation von Bauman.

Auch wenn die derzeitigen Systemmechanismen, man betrachte den Bankencrash und seine Folgen, zusehends Normalität auflösen, bleiben Normalitätsvorstellungen in den Köpfen der Menschen bestehen, die gerade in postmodernistischer Interpretation die Offenheit und die „Möglichkeit permanenter Selbsterfindung" glorifizieren (Auernheimer 2006:193). Die Auflösung der Normalität werde als Befreiung von Zwängen interpretiert. Die Lebensweise von Migranten werde hingegen als verstörend wahrgenommen und ihre Identitätskonstrukte im Rückgriff auf Herkunftskulturen „befremden die Mehrheit" (ebd.: 193). „Hier in Deutschland musste ich lernen, dass ich ein ‚Russe' bin", so die Erkenntnis vieler Russlanddeutscher.

In der sich neu strukturierenden Industriegesellschaft mit ihren Zusammenbrüchen, Produktionsverlagerungen ins Ausland, High-Tech-Rationalisierungen und den Faktor Mensch zunehmend einsparenden Produktionsweisen werden die Migranten vor allem in an- und ungelernten Bereichen überflüssig. Auernheimer stellt fest: „Dies gilt zu einem großen Teil auch für ihre Kinder" (ebd.: 193).

Da die Migrantenbevölkerung überdurchschnittlich stark von Armut betroffen sei, sei gerade in der derzeitigen Situation die Rolle der Sozialarbeit bei der Umsetzung ihres Auftrags, zur Herstellung oder Wiederherstellung von Normalität beizutragen, eingeengt. Dass Migranten primär von Prekarisierung bedroht sind, werde nicht gesehen und nur z. T. durch Selbsthilfepotentiale kompensiert. Die soziale Marginalisierung von Einwanderern und deren Kinder entstehe durch die erhebliche Selektion im Bildungswesen, die häufig schlechte Wohnsituation, hohe Arbeitslosigkeit und den Verlust des Glaubens an die eigenen Chancen zur gesellschaftlichen Teilhabe. Im Sinne von Foucault wird die Gouvernementalität, also die Regierbarkeit, gefährdet, Rückzugstendenzen und Exklusionserfahrungen lassen den sozialpädagogischen Ansatz der „Hilfe zur Selbsthilfe" als obsolet erscheinen.

Auch wenn das neue Staatsbürgerschaftsrecht Verbesserungen für die hier geborenen Kinder der Migranten und die lange hier lebenden Migranten gebracht habe, so habe der Diskurs um die Zuwanderung neue Grenzen geschaffen, da sich Fremdbilder verstärkt ausgeprägt hätten. Die Verknüpfung des Islams mit Fundamentalismus und dessen Gleichsetzung mit Terrorismus verstärke die Ablehnung des Fremden. Im Prinzip gehe es um die Anerkennung der Gleichheit der Rechte und der sozialen Chancen.

Hier geraten gerade die Sozialen Dienste auf den Prüfstand, die nach Auernheimer weit von gleichen Zugangschancen, der Realisierung angemessener Hilfeansprüche entfernt wären. Die Integration der Sozialberatung für Ausländer in die Regeldienste, so umgesetzt, sei häufig mehr Anspruch denn Realität, da die Aufgaben faktisch doch begrenzt und die interkulturelle Öffnung weitgehend nur Programm geblieben seien. Dies gelte insbesondere auch für die politische Partizipation (Auernheimer 2006:196).

Zentral ist für Auernheimer die Verwirklichung des Gleichheitsgrundsatzes, hier vor allem als soziale Wertschätzung zu verstehen. In der Geschichte der Sozialarbeit seien durchaus Diskurse um das Prinzip Anerkennung geführt worden. Diese beziehe sich auf Religion und Sprachen, Familienkulturen, Erziehungsstile und Geschlechterrollen. Die Kategorie des Verstehens im Sinne von Thiersch sei hier wegweisend (ebd.: 197). Dazu hat jüngst Finkeldey eine theoretische Begründung formuliert. Um als Menschenrechtsprofession[21] im Sinne von Staub-Bernasconi wirken zu können, gehe es darum, das „Fremde" zu verstehen (Finkeldey 2007:7).

Finkeldey bezieht sich explizit auf Bourdieus Werk „Das Elend dieser Welt" in dem Bourdieu sich ausführlich mit der Kategorie des Verstehens auseinandersetzt und mit dem Ansatz des Verstehens eine analytische Methode zur Erfassung der Lebensgeschichte und -realität insbesondere von Migranten beschreibt. Für Finkeldey wird dieser Ansatz zu einem zentralen zur Erfassung

---

[21] Zum Stellenwert der Menschenrechte zur Begründung sozialarbeiterischen Handelns vgl. Kapitel 16

von Lebenswirklichkeiten, dies betont er, gerade unter dem Aspekt des Erkennens von Widersprüchen, Ambivalenzen und Machtstrukturen, die in den Alltag der Sozialen Arbeit hineinragen und diesen beeinflussen (ebd.: 72). Wenn Soziale Wertschätzung die Schlüsselkategorie ist, dann schließt die Anerkennung des Anderen nicht nur die Akzeptanz kultureller Verhaltensweisen ein, sondern bezieht sich vor allem auf die individuelle Autonomie. Es gelte zwischen moralischer und ethischer Anerkennung zu unterscheiden. Ersteres bezieht sich auf „die Vorstellung des anderen vom ‚guten Leben', letztere auf die Autonomie als Bedingung der Möglichkeit sittlicher Entscheidung" (Auernheimer 2006:198). Das Beispiel der Zwangsverheiratung zeige den Vorrang der Autonomie vor der Tradition. Die individuelle Autonomie ist entscheidend - sie kann im Widerspruch zur Anerkennung stehen.

Gleichzeitig mahnt er aber auch zur Vorsicht vor „zivilisatorischen Missionen", davor den Anderen Verhaltensvorschriften zu machen. Vielfältige Kulturen, die sich begegnen, schaffen „kulturelle Mixturen", auffällige Unterschiede der Sprache und Religion werden durchkreuzt von Unterschieden nach Geschlecht, Alter, Bildungsstand, Generationszugehörigkeit, Aufenthaltsdauer oder Akkulturation (ebd.: 199).

Dies zeigt wie differenziert Beratungssituationen und -ansätze sein können und müssen. Auernheimer empfiehlt deshalb interkulturelle Leitbilder zu entwickeln für einzelne Einrichtungen genauso wie Kommunen und zwar als bottom-up-Strategie. Es geht um kulturelle Kompetenz, dies meint aber nicht nur Kenntnisse über Kulturmuster, Differenzen, Sensibilität, sondern: vor allem Reflexion eigener Fremdbildern, Machtstrukturen und -assymetrien. Es gehe darum, sich der eigenen Einsichten, der eigenen Denkstrukturen zu vergewissern, ohne Schuldgefühle die eigenen Vorurteile zu erkennen und sich im Klaren zu sein, wie (un)bewusste Stereotypisierungen nicht nur unsere Wahrnehmung beeinflussen (können).

Dabei betont Auernheimer vor allem: Entgegen dem „Zeitgeist" ist Professionalität in der Sozialen Arbeit ohne politische Haltung nicht denkbar, dies auch als bewusst „widerständiges Denken", das sich gegen die suggerierte existentielle Unsicherheit der Postmoderne als das Normale entschieden positioniere (ebd.: 200).

Franz Hamburger setzt sich in seinem Beitrag in dem hier schon teilweise bilanzierten Sonderhefts 8 der Neuen Praxis mit der „Kulturalisation der Sozialen Arbeit" auseinander. In seinen einleitenden Anmerkungen vertritt er die These der zunehmenden Distanz zwischen der Mehrheit der Bevölkerung und den Arbeitsmigranten und ihren Nachfahren. Pädagogische Konzepte sieht er als in diese Entwicklung verstrickt an. Die geforderte Sensibilität für die Differenz löse sich in der gesellschaftlichen Realität in Ungleichheit auf (Hamburger

2006:178). Hamburger stellt die einzelnen Phasen der Zuwanderung nach der ersten Anwerbevereinbarung im Jahre 1955 zu den mit ihnen einher schreitenden Ideen in Verbindung. Es galt die Ausländer, zunächst Gastarbeiter genannt, was schon spezifische Assoziationen wecke, nämlich die der Anwesenheit auf Zeit, über die Ausländerpädagogik hinweg, inter- bzw. multikulturell zu betreuen.

Im Verlaufe der 1980er Jahre habe sich das Konzept durchgesetzt. Migranten und die aufnehmende Gesellschaft sollten Lern- und Veränderungsprozesse in Gang setzen, um die Prinzipien einer pluralistischen Zivilgesellschaft zu realisieren. Faktisch habe dies jedoch mehr eine „dichotome Realität" betont, und sei in der Wirklichkeit mehr eine „wohlklingende Formel" in den „dienstleistungstheoretischen Sprachroutinen von Qualitätsentwicklungsprogrammen und -vereinbarungen" (Hamburger 2006:182).

Ein weiterer Versuch, die Enge der interkulturellen Erziehung zu überwinden, stellt nach Hamburger das Konzept der „reflexiven Pädagogik" dar. Hier sieht er eine Analogie zur reflexiven Modernisierung.[22] Er verweist auf Merten und Bauman und auf die „nicht intendierten Nebenfolgen der Moderne" (ebd.: 184) als Kennzeichen der reflexiven Moderne und betont, dies sei nicht mit dem Konzept der Transkulturalität gleichzusetzen. Reflexive Interkulturalität bedeute die Wahrnehmung der Gegensätze, der „Dichotomisierung des Denkens" und zugleich eine Anreicherung des Wissens über den Anderen und damit in gewisser Weise eine Übernahme der Werte des Anderen.

Doch diese Übernahme der reflexiven Modernisierung in ein Konzept der reflexiven Interkulturalität ist meines Erachtens verkürzend. Die „nicht intendierten Nebenfolgen der Moderne" nach Beck, auf den diese gesellschaftsanalytische Beschreibung zurück zu führen ist, setzt Reflexivität nicht mit Einsicht, Überlegung und gesellschaftlicher Transformation im Sinne einer möglichen Amalgamierung oder Erweiterung des Wissen gleich. Vielmehr ist bei Beck nicht die Selbstreflexion Ausgangspunkt der *Selbstransformation*, sondern es sind eher die „*un*reflektiert[en], *un*gewollt[en], (…) ,Nebenfolgen'." Daraus ergeben sich „erstens *Unsicherheit*, zweitens *Politisierung*, drittens ein Ringen *um (neue) Grenzen*" (Beck 1996:27).

Es geht um schleichende Veränderungen in der Moderne, die sich eigendynamisch in der Industriegesellschaft entfalten, und auf dreierlei zielt: Radikalisierung, Auflösung der Konturen der Industriegesellschaft und Wege in eine andere Moderne, möglicherweise auch Gegenmoderne (ebd.: 29). „*Reflexive* Modernisierung meint potenzierte Modernisierung mit *gesellschaftsverändernder* Reichweite (ebd.: 30). Sicherlich kann dabei das Verhältnis zu den Fremden

---

[22] Vgl. dazu Kapitel 5 zur Sozialen Arbeit und der reflexiven Moderne

eine Rolle spielen, deren gesellschaftliche Lagerung und ihre soziale und ökonomische Gefährdung. Gerade deswegen erscheint mir aber der Rückgriff auf
die Kategorie der reflexiven Interkulturalität als problematisch.

Hamburger will sich mit diesem theoretischen Ansatz auch von der Konzeption
der Transkulturalität abgrenzen, da diese noch zu sehr dem „Begriff" der Nationalkultur verhaftet sei, von dem dieses Paradigma sich eigentlich absetzen will
(Hamburger 2006:184f.). Daraus leitet er dann ein Konzept für die Jugendhilfe
ab, das als Konzept der reflexiven Interkulturalität durch einige Maximen umgrenzt wird:

- die situative Begründung der Sonderformen von Erziehungsarrangements,
- Nicht-Hervorheben der Differenzen, sondern Stärken allgemeiner Grund-
  sätze, so z.B. der Achtung vor der Person und gleiche Rechte,
- Eingehen auf spezifische Benachteiligungen und Belastungen,
- Ermöglichen des Rechts auf Differenz durch Verständigung auf den Ver-
  fassungsrahmen (Hamburger 2006:185).

Es geht in diesem Ansatz um die Vermittlung von Kenntnis und Wissen über
Migration, die Reflexion des eigenen Ethnozentrismus und rassistischer Einstellungen als Folge gesellschaftlicher Sozialisation. Ob die weiche Kategorie
Migrationshintergrund sich jedoch als pädagogisch tragfähig erweist, dies erscheint ihm als problematisch, da hier Kinder und Jugendliche zugeordnet und
als Angehörige dieser Kategorie behandelt und etikettiert werden (ebd.: 186).
Im Prinzip gehe es um die Orientierung an der jeweiligen Person, die Individualisierung der Sozialen Arbeit tue Not. Es kann nicht um die Förderung der
„armen Ausländerkinder" gehen und deren Stereotypisierung, sondern sie
müssen als Subjekte gesehen werden.

Aus der Analyse von Hamburger ergibt sich gleichzeitig, die kulturalisti-
sche Engführung der Sozialen Arbeit aufzuheben, wie sie interkulturelle Konzepte (unbeabsichtigt) herbeiführen. An deren Stelle setzt er ein „Modell Sozialer Arbeit mit Migranten". Dieses Konzept beschreibt das Anforderungsprofil
anhand von sechs Funktionen:

- Problemdefinitionsfunktion
- Konzeptionsfunktion
- adressatenbezogene Strukturierungsfunktion
- Strukturierungsfunktion in Bezug auf die inneren Ressourcen
- Multiplikatorfunktion
- und Politikfunktion (ebd.: 188).

Hamburger umgrenzt die Weiterentwicklung interkultureller Kompetenz, als
eines vielschichtigen Begriffs, insbesondere unter dem Aspekt der „Vermeidung

und Bearbeitung kulturbedingter Missverständnisse". Auch die Betrachtung und Analyse von Machtasymmetrien, Fremdbildern und Kollektiverfahrung will dieses Konzept beinhalten. Doch sieht er insgesamt die „Bilanz des Diskurses über die interkulturelle Kompetenz" negativ (ebd.: 189).

Der Begriff wird letztlich immer diffuser. Auch ihm geht es wie Auernheimer um das Verstehen der Situation des „Klienten" und dies mittels sozialwissenschaftlicher Kategorien. Dazu gehört auch die Reflexion des eigenen Selbstbildes, das sich in der Polarität zur Traditionsverhaftetheit als modern begreift. Hier wiederhole sich sozusagen die Geschichte der Sozialen Arbeit der frühen 70er Jahre als progressive, emanzipative und zugleich definierende, was dies für die Adressaten zu bedeuten habe. Wenn man so will, dann ist eine Entkategorisierung notwendig, es gehe um Pluralismus und Toleranz, nicht um Integration und Multikulturalität (Hamburger 2006:190).

Aus sozialwissenschaftlicher Sicht erscheint allerdings die Kategorie der reflexiven Sozialen Arbeit als problematisch. Im Sinne der von Hamburger skizzierten Aufgaben und Funktionen der Jugendhilfe geht es offensichtlich nicht nur um die Nebenfolgen gesellschaftlicher Entwicklung im Sinne der Analysen von Beck und Giddens.

Hamburger verwirft auch in einer kurzen Anmerkung den Ansatz von Welsch zur Transkulturalität als Beschreibung der gesellschaftlichen und kulturellen Realität als sich ständig in Bewegung befindliche, sich gegenseitig durchdringende Gebilde. Gerade die Diskussion um die Reichweite transnationaler und transkultureller Erklärungsansätze hat jedoch an Bedeutung gewonnen: Transnationalität und Transkulturalität haben offensichtlich als Begriffe Konjunktur (Thole u.a.; Schweppe/Homfelder/Schroer). Die sozialpädagogische Theorie setzt sich intensiv mit Kultur und Ethnizität in der Moderne in einem (neuen) theoretischen Rahmen auseinander. Es soll deshalb bezogen auf ein Forschungsprojekt zur Lebenslage von Russland-Deutschen der Stellenwert dieses Erklärungsansatzes zur Lebenslage in der Moderne, aber auch als Paradigma für die sozialarbeiterische Theorie, untersucht werden.[23]

Die Lebenslage von Russlanddeutschen in Sibirien und Kasachstan wurde von jahrhunderte-langen Ab- und Ausgrenzungsmechanismen, ethnisch-kulturellen Selbstzuschreibungen und ethnisch-kulturellen Ausgrenzungsprozessen geprägt. Russlanddeutsche - schon dieser Begriff markiert eine Grenze, fixiert das Innen und Außen einer Gruppenzugehörigkeit sowohl in den GUS-Staaten, als auch in der Bundesrepublik.

Landsmannschaftliche, sprachlich-mundartliche Unterschiede, alltagskulturelles Brauchtum werden in verdichtenden Zuschreibungen amalgamiert und

---

[23] Auf dieses Forschungsprojekt wird im nächsten Kapitel eingehender eingegangen.

dienen dann der milieutheoretischen Zuordnung von Russlanddeutschen. So attestiert Grothe (1922) zwar einerseits ein „zähes Festhalten der Wolgabauern am Deutschtum", gleichzeitig stellt er aber fest: „Das geistige Leben der Wolga-deutschen war schon vor dem Kriege (gemeint ist hier der 1. Weltkrieg, F. V.) nicht von auffallendem Reichtum" (Grothe 1922:237). Ähnliche Stereotypisie-rungen lassen sich beim bloßen Antippen des Themas Russlanddeutsche in der gegenwärtigen Gesellschaft finden. Hier werden die Einwanderer häufig uni-sono als „Russen" wahrgenommen (vgl. dazu kritisch: Ipsen-Petzmeier/Kaiser 2005:14).

Bei der Untersuchung der Lebenslage von Russlanddeutschen in Russland und von nach Deutschland Ausgewanderten war ein Ziel, einerseits die Lebens-welt im jeweils spezifischen sozialen und kulturellem Umfeld zu erfassen, ande-rerseits jedoch auch ein Augenmerk auf generelle Entwicklungsprozesse des Lebens in der Moderne zu legen. Schafft die Netzwerkgesellschaft (Castells) Lebensbedingungen, in die die Menschen im Prozess der Globalisierung hinein-gerissen werden, die strukturell das Leben stärker beeinflussen als lokale, ethni-sche Bindungen und Differenzierungen?

Moderne, postmoderne Gesellschaft (Etzioni), postindustrielle Gesellschaft (Bells), Postmoderne (Welsch), reflexive Moderne (Giddens/Beck), flüchtige Moderne (Bauman) sind beschreibende, gesellschaftstheoretische Konzepte der Lebenssituation der Menschen heute. Bei der Analyse der Lebensbedingungen löst sich der Blick zusehends von einer eingegrenzten nationalstaatlichen Be-trachtung hin zu einer staatenübergreifenden Perspektive: Es wird vermutet, dass im Prozess der Globalisierung, zunehmend Staaten und Nationen über-schreitende Arbeits- und Lebensstrukturen entstehen, die nicht mehr dem loka-len Raum eindeutig zuzuordnen sind: Es würden translokale, transnationale und transkulturelle Lebensstrukturen entstehen (L. Pries 1997). Diese seien häufig in grenzüberschreitende Netzwerke eingebunden, zumal internationale Wanderun-gen fast immer in Netzwerkstrukturen realisiert würden (ebd.: 33). Die These transnationaler Prozesse, also des Entstehens sozialer Beziehungen und Ver-flechtungen, die die Grenzen des Nationalstaates überschreiten (ebd.: 13) greift auf ein Konzept zurück, das in den 90er Jahren in den USA entwickelt wurde. Während die klassische Migration sich intensiv mit der Integration von Einwan-derern beschäftigte, gingen Rouse u.a. (1992) davon aus, dass Migranten zwi-schen der Residenz- und Herkunftsgesellschaft ökonomische, kulturelle und soziale Beziehungen aufrechterhalten. Es geht also nicht primär um den schwie-rigen Prozess der Integration, sondern vielmehr auf einer Mesoanalyseebene um soziale Beziehungen und Bindungen zum Heimatland. Es geht um die Bezüge in und zwischen unterschiedlichen Räumen, um Interaktion, Verbindungen, Zirkulationen und Verflechtungen des Einzelnen, die über den Nationalstaat nach einer Wanderung hinausragen. Das Pendeln türkischer Migranten wäre dafür ein klassisches Beispiel. Mit dem analytischen Konzept des Transnationalismus bzw. der Transnationalisierung will Pries der Migrationsforschung eine neue Perspektive weisen. Pries stellt generell einen Prozess der Transnationalisierung der Sozialen Welt fest, ein Ausdehnung von Interaktionsstrukturen jenseits zwischenstaatlicher Beziehungen und jenseits globaler, weltweiter Finanz- und Informationsströme (vgl. Pries 2008:47). Die Individuen werden als handelnde Subjekte gesehen.

Vertreter der Postmoderne beschreiben, dass die Rolle der ethnischen Zuordnung von Migranten an Bedeutung verliere, die Rolle der Ethnizität, der gruppenspezifischen kulturellen Verortung trete zurück. Kennzeichen der Post-Moderne sei die Vielfalt. Es gelte Abschied zu nehmen von der Eindeutigkeit der Beschreibung der Welt, wie sie die großen Erzählungen suggerieren. Die Vertreter der Postmoderne gehen von der Vielheit aus, dem prinzipiellen Pluralismus (Welsch 2002:5). Sie, die Postmoderne, verabschiede sich von theoretischen Absolutheitsansprüchen (ebd.: 7). Konsequenterweise sieht dieser Theorieansatz die „unaufhebbare Heterogenität verschiedener Paradigmen". Diese Heterogenität dringt auch in die Individuen ein, jeder von uns hat vielfache Neigungen und Identitäten und folgt ganz unterschiedlichen Interessen und Werten (ebd.: 30). Welsch folgert pointiert: „Daher ist die Gesellschaft unaufhebbar plural"(ebd.: 30).

Dies gilt dann konsequenterweise auch für Migranten. Kategoriale und ethnische Zuordnung und Selbstortung würden an Bedeutung verlieren, die Postmoderne nehme die Verschiedenartigkeit der Kulturen, Sprachen, Menschen intensiver wahr (Kubsch 2007:68). In der postmodernen Lebensform, die als transkulturelle zu beschreiben sei, schwinge die Konzeption der transversalen Vernunft mit: Denn es gelte in der postmodernen Wirklichkeit „zwischen verschiedenen Sinnsystemen und Realitätskonstellationen übergehen zu können" (Welsch 2002:317).

Andere oben dargestellte theoretische Paradigmen gehen von einer Beschleunigung, einer Veränderungsdynamik aus, die auch den kulturellen Bereich erfasse. Dies führe zu einem schnelleren Wechsel von Lebensstilen, Moden, Freizeitpraktiken, Wissensbeständen, aber auch „familiären, beruflichen, räumlichen, politischen und religiösen Bindungen und Orientierungen" (Rosa 2005:433). Diese verschiedenen Prozesse sind offensichtlich charakteristisch für die Lebensbedingungen in der Postmoderne. Deshalb fokussiert auch die neuere Migrationforschung stärker ihren Blick auf die transnationalen und transkulturellen Prozesse, das Individuum rückt ins Zentrum der Betrachtung (Hamburger 2006:186). Hamburger leitet - wie weiter oben dargestellt - als Schlüsselkategorie zur Erfassung von Lebenslagen von Migranten, den der „reflexiven

Interkulturalität" in Anlehnung an den Begriff der „reflexiven Modernisierung" ab (Hamburger 2006:184).

Mit dem analytischen Begriff der „reflexiven Interkulturalität" sollen sowohl Mischformen zwischen einzelnen Kulturen, insofern Transkulturalität, erfasst werden, gleichzeitig aber auch Differenzen und Gegensätze nicht „zum Verschwinden" gebracht werden (Hamburger 2006:184) als Aufhebung der Differenzen in einem Neuen - wie es der Begriff der Trans-Kulturalität nahe legen könnte.

Sieht man von der weiter oben formulierten Kritik an dem Rückgriff auf soziologische Theoriebildung ab, da der Begriff eine andere Konnotation hat, so wird bei Hamburger doch der Ansatz deutlich, sich von bisherigen Interpretationsfolien zu lösen: Integration, Inter- und Multikulturalität. Seine Ablehnung der Postmoderne (Welsch) als analytischen Rahmen, der angenommen Vielfalt und damit auch Auflösung von Konturen kann man folgen. Allerdings hat in seinem Modell der sozialen Arbeit mit Migranten der transnationale Raum einen Platz.

Deutlich wird aus dem Bisherigen jedenfalls: Es gilt sich vor einem statischen Kulturbegriff zu hüten.

Nick verweist auf die Vorstellungen von kultureller Identität wie sie im Gefolge von Johann Gottfried von Herder entwickelt wurden: „Kultur als ein relativ geschlossenes System von gemeinsam geteilten Werten, Normen und Deutungsmustern" zu sehen" (Nick 2006:238). In dieser Wahrnehmung gerinnt die Kultur der jeweiligen Migrantenpopulation zu einer homogenen Masse, die dann häufig folkloristisch und kulinarisch definiert wird.

In den Ansätzen der Cultural Studies wird versucht, dieser Enge zu entgehen: Kultur wird als polyphoner, stets umstrittener und komplexer Prozess der Konstruktion von soziokulturellen Bedeutungen und Identitäten verstanden (Hörning/Winter 1999, zit. nach Nick 2006:238). Hier geht es um das Erkennen von Spielräumen, die Vieldeutigkeit kultureller Formen, Offenheit, Widersprüche, Aushandlung, Konflikt, Innovation und um Macht auf dem Hintergrund sozialer Ungleichheiten (Nick 2006:239).

Ähnlich kritisch setzt sich Nick mit dem Konstrukt „nationale Identität" auseinander und dessen Inklusionsbedeutung zur Abgrenzung von Anderen, das in seiner „Unbestimmtheit" und seinem „Mangel am programmatischen Gehalt" als ideologische Grenzziehung zu sehen sei (ebd.: 241).

Am Beispiel der Russlanddeutschen (Aussiedlern und Spätaussiedler) lässt sich herausarbeiten, dass Verbindungslinien der Ausgewanderten zum Herkunftsland existieren, die durchaus den skizzierten Kriterien des Transnationalen und Transkulturellen entsprechen.

Zunächst soll jedoch erläutert werden: Wer ist überhaupt Russlanddeutscher?

Die gesetzlich-administrativen Regelungen zur Feststellung der Zugehörigkeit zu den russlanddeutschen (Spät-)Aussiedlern, beinhalten die Feststellung der Zuordnung zu einer spezifischen Gruppe, die durch gemeinsame Sprache, Traditionen, Brauchtum, Werte und durch zeitlich fixierte personen- und generationenbezogenen Aufenthalt in einem umgrenzten geographischen Raum geprägt ist. Diese rechtliche Zuordnung, die heute je nach Geburtsjahrgang und Alter durch bloße Versicherung der Zugehörigkeit (vor 1923 geboren), abgegebene Erklärungen/Versicherungen (Bekenntnis zum deutschen Volkstum), neuerdings durch spezifische Sprachtests verifiziert wird, verweist auf angenommene gemeinsame Wertvorräte, die relativ homogen über viele Jahre (bisweilen Jahrhunderte) tradiert wurden. Im Zuge des ab dem 1.1.1993 gültigen Kriegsfolgenbereinigungsgesetzes werden Definitionskriterien der Zuordnung festgelegt. Diese werden im Bundesvertriebenengesetz genauer fixiert und zeitlich in Stichtagsregelungen kodifiziert:

Im Kern rekurriert die personale Zuordnung von Menschen zu den so genannten Aussiedlern/Spätaussiedlern auf gemeinsame Sprachstrukturen und Dialekte, die trotz unterschiedlicher Ausprägung einem gemeinsamen Sprachraum zugeordnet werden. Hinzu kommen kulturelle Muster, die mit deutschen Lebensstilen verbunden werden: christliche Feste zu feiern, „Brauchtum und Sitten" zu pflegen. Dies unterstellt eine - trotz aller ursprünglicher Andersartigkeit (es waren Bayern, Hessen, Schwaben, Schweizer und auch Österreicher die nach Russland auswanderten) und unterschiedlicher religiöser Zuordnung - eine strukturell gemeinschaftsbezogene Homogenität.

So ist eine in mehreren Studien belegte Standardantwort bei der Befragung von russlanddeutschen Migranten, warum sie nach Deutschland auswandern wollen, bzw. ausgewandert sind, die, „als Deutscher unter Deutschen leben zu wollen" (vgl. Barbaschina u.a. 1997). Die Antwort ist nicht: „Ich möchte wieder als Donau-Schwabe in mein geliebtes Schwabenland - das Land meiner Vorväter - zurückkehren."

Jenseits der administrativ-rechtlichen Regelungen zur Feststellung der Zugehörigkeit der Gruppe der Spätaussiedler verstehen wir hier prinzipiell unter Russlanddeutschen diejenigen, die als Nachfahren von bereits in den letzten Jahrhunderten aus deutschsprachigen (Territorial-) Staaten Ausgewanderten in dem Hoheitsbereich Russlands und anderer GUS-Staaten leben.

Im Kontext der oben skizzierten Gesellschaftsanalysen und der Ansätze der Sozialen Arbeit in der Migrationsgesellschaft wird die Notwendigkeit deutlich, sich in der Migrationsforschung nicht primär auf Aspekte der mehr oder weniger gelungen Migration zu konzentrieren, sondern „sich stärker auf die Lebenszusammenhänge" der Migranten in ihren Herkunftsländern (Kaiser 2007:21) zu beziehen.

Migrationsstudien sind nach Kaiser entweder an dem „eindeutig gerichteten und kontinuierlich verlaufenden einseitigen Anpassungs- bzw. *Assimilationsprozess* der Migranten an die Sozialgefüge der Einheimischen" in Deutschland orientiert oder werden als ein wechselseitiger „Beeinflussungsprozess- und Verschmelzungsprozess der Einwanderer mit der Aufnahmegesellschaft" (ebd.: 21) analysiert. Er fordert nun auf, diese reduktionistische Sicht auf die soziale Existenzweise der Russlanddeutschen zu erweitern. Migration in der Moderne sei im Kontext von Globalität und Mobilität durch transnationale und translokale Untersuchungen zu ersetzen. Im Zuge der Globalisierung sei Zugehörigkeit zu einer bestimmten Gruppe nicht mehr primär räumlich eingegrenzt, sondern die Identitätsbildung und die Lebensprojekte der Menschen seien transnational zu sehen, räumliche Begrenzungen transzendierend.

Kaiser beruft sich dabei primär auf Giddens der in seiner Beschreibung und Analyse der Moderne auf die Veränderung der Bedeutung von Raum und Zeit eingeht, das Herauslösen aus sozialen Beziehungen beschreibt (disembedding) und die Rekonturierung der Lebensbedingungen unter weltumspannenden Aspekten. Kaiser argumentiert im Wesentlichen, dass die nationale, lokale, kulturspezifische Zuordnung von Menschen sich tendenziell aufhebe, er spricht in Anlehnung an Appadurai von einer „Enträumlichung des Sozialen" (ebd.: 26).

Nach Pries geht es darum - wie bereits dargestellt - transnationale Räume in die Analyse mit einzubeziehen. Migration bedeute das Aufrechterhalten, aber auch die Entstehung eines Komplexes von Netzwerken, Gemeinschaften, Praktiken und plurilokale Beziehungen (Pries 1996).

In seinem Fazit geht Kaiser von einer „Transnationalisierung individueller Lebensprojekte" aus. „Transnationalisierung bedeutet grenzüberschreitende Mobilität (Pendeln), Etablierung von permanenten Kreisläufen und multinationale Verortung" (Kaiser 2007:29ff.). Im Kontext der Russlanddeutschen gelte dies primär für die Migranten ab 1989.

Kaiser betont wie Pries, dass die Zuordnung der Menschen zu einem bestimmten Ort sich auflöse. Aus der Lokalität werde die Translokalität. Der geographische Ort als primäre Quelle und Bezugspunkt der Identität und des Alltagslebens verliere an Bedeutung: „Fernorientierungen schieben sich über die nahräumliche Vergesellschaftung,(...) Fern- oder Transvergesellschaftung werden zur lebensweltlichen Realitäten" (ebd.: 43). Deshalb gilt: Die Vorstellung räumlicher Identitätsfindung im Rahmen von Nationalstaaten, nationaler Gesellschaft bedarf der Revision. Es entständen „soziale Lebens- und Handlungszusammenhänge,(...) die über nationalstaatliches Eingebundensein hinausgehen" (ebd.: 45). Sowohl politikwissenschaftliche als auch soziologische Analysen über Migrationsprozesse seien entweder auf die Rolle von Organisationen, Gruppen, Staaten oder auf soziale Beziehungen oder soziales Kapital fixiert. Es

würden hauptsächlich die Entscheidungen zur Migration und die Migrations-
bewegungen erfasst.

Dagegen seien translokale soziale Räume wenig untersucht, welche transnationalen sozialen Beziehungen sich bildeten, ebenso transnationale Politik-
muster und transnationale politische Identitäten. Der Raum müsse im Sinne
plurilokaler Lebensprojekte und Entwürfe (siehe das Pendeln der türkischen
Arbeitsmigranten) in Beziehung zur Zeit gesetzt und untersucht werden. So
gerät auch die Forschungsperspektive der Integration/Segregation, der Inklusion
und Exklusion als Ansatz für eine gelingende Migration in den kritischen Blick:
Hier müsse die sozialwissenschaftliche Theoriearbeit ein differenzierteres
Instrumentarium entwickeln. Es könne sein, dass gerade im russisch-deutschen
Leben hier, die kaum gebotenen „Optionen einer Integration in die Aufnahmegesellschaft und eines entsprechenden Statuserwerbs durch die Möglichkeit, die
die Plurilokalität bietet, kreativ kompensiert" werden (ebd.: 50).

Diese Einsicht hat sich im Rahmen eigener Befragungen und Interviews in
Russland und mit Ausgewanderten durchaus bestätigt. Andrerseits hebt dies
aber Mechanismen und Aspekte sozialer Desintegration nicht auf. So ist z.B. der
Zugang zum Arbeitsmarkt hier mit erheblichen Barrieren versehen, insbesondere auch für höher Qualifizierte. Gleichzeitig bestehen Netzwerke und Verbindungslinien und nicht zuletzt auch der Wunsch von einigen, nach Russland
zurückzukehren. Dies verweist auf unterschiedliche Verknüpfungen, seien sie
ökonomischer, betrieblicher Art oder auch sozio-emotionaler.

Dennoch kann man feststellen, dass Migrationstheorien im Wandel sind. Ludger
Pries (1997) hat diese Entwicklung herausgearbeitet. Bisher galten zusammengefasst, verschiedene Ansätze zur Erklärung von Migration:
1. Neoklassischer Ansatz = Ökonomische Nutzenmaximierung
2. Wert-Erwartungs-Theorie = rational-choice-approach (Optimierungskal-
    kül)
3. Verhaltens- oder interpretativer Ansatz - Migrant/innen entscheiden sich
    auf der Basis von gedachten und vermuteten Chancen und Optionen, hier
    eher als sozialpsychologische Entscheidung, die auf der Grundlage iterati-
    ver (wiederholter) Interpretationen zu einer Handlung führt.
4. Migration als Konsequenz struktureller und anomischer Spannungen.
5. Der sekundärer Arbeitsmarkt lockt Migranten (Apfelpflücker...).
6. Polit-ökonomische Wertetheorie - Dies bedeutet Freisetzung der Menschen
    aus der Subsistenzwirtschaft durch das Eindringen der kapitalistischen
    Wirtschaftweise in weniger industrialisierte Länder, gefolgt von einer
    Flucht in die Stadt und dann weiterer Migration (Pries 1997:30f.).

Bisherige Untersuchungsaspekte waren z.B. an Park orientiert, um Stufen der Integration zu erfassen: Begegnung, Konflikt, Akkomodation (Anpassung), Enkulturation (Kulturelemente übernehmen, insbesondere die Sprache der aufnehmenden Gesellschaft) und dann schließlich die Assimilation, die Angleichung an die Gesellschaft. Oder es wurde im Sinne von Habermas nach Mustern der Sozial- und Systemintegration gefragt, nach der sozialstrukturellen Einordnung, der Zugänglichkeit zu Statusgruppen oder im Sinne von Bourdieu nach dem ökonomischen, sozialen und kulturellen Kapital.

Pries betont nun ausdrücklich Transnationalität als das neue Stichwort zur Untersuchung und Erfassung der personalen, ökonomischen und sozialen Situation der Migranten. Denn Migranten können durchaus mehreren Kulturkreisen angehören. Die Globalisierung schaffe einen neuen Typus von Migranten/innen und traditionelle Lebenskontexte würden sich auflösen. Die von Castells skizzierte Netzwerkgesellschaft führe zur grenzüberschreitenden Lebensart.

Pries nennt sechs Gründe die bisherigen Ansätze zu erweitern:

- Netzwerkstrukturen bestehen in und nach der Wanderung.
- Es gibt eine kumulative Verursachungsdynamik: Jede Migration verändert den Rahmen in dem weitere Migrationsentscheidungen gefällt werden. Berichte der Migranten über erfolgreiche Migration wirken als Pullfaktoren.
- Es entstehen neue qualitative Sozialzusammenhänge, es entstehen Ordnungsgefüge, die Migration regeln.
- Es bilden sich eine transnationale community, eher im Sinne von Gemeinschaft denn Gesellschaft (Nationalstaat wird überschritten).
- Die von Nina Glick Schiller u.a. (1992) vorangetriebene Diskussion um *transnationalism* und *transmigrants*, die Entstehung neuer „sozialer Felder" zwischen Herkunfts- und Ankunftsregion erweitere die Kenntnis über Migrationsprozesse.
- Man sollte in das Konzept transnationaler Sozialer Räume im Sinne Bourdieus die Theorie des Sozialen Kapitals in die Analyse von Migrationsverläufen mit aufnehmen. Es geht um die Verflechtungszusammenhänge aber auch die „alltagsweltliche Lebenspraxis" die über den „Sozialzusammenhang von Nationalgesellschaft hinausweist" (Pries 1997:33).

Neuere Diskussionen um den theoretischen Bezugsrahmen der Sozialen Arbeit, die längerfristigen Auswirkungen von Migration auf die Lebenslage von Menschen und die Handlungsansätze der Sozialen Arbeit greifen auf den Aspekt der Transnationalisierung zurück. Nach Homfeld/Schröer/Schweppe ist dies „auch dringend geboten" (2007:239). Pries wird sozusagen in die Soziale Arbeit adaptiert. Die analytische Beschreibung der Transmigration orientiert sich an seinen zentralen Annahmen.

Aus sozialpädagogischer Sicht geraten die sozialen Unterstützungen in den Blickpunkt, die als Transferleistungen zur Armutsreduktion in den Herkunftsländern, aber auch zur Verbesserung von Erziehung und Gesundheit beitragen (können). Die Soziale Unterstützung im transnationalen Kontext, so stellen die drei Autoren fest, entwickle sich allerdings kaum im Rahmen „etablierter bzw. institutionalisierter Sozialer Dienste" (ebd.: 244). Diese Unterstützungsleistungen seien aber besonders beachtenswert, da hier das aktive Handeln von Menschen deutlich werde und sich grenzüberschreitendes Handeln dokumentieren würde.

Um dies theoretisch zu untermauern wird - im Rückgriff auf Holland u.a (1998) - der Begriff Agency in den Diskurs eingeführt. Es geht um die Kräfte und Fähigkeiten nicht nur als ein Set individueller Kompetenzen, sondern als Folge sozialer Prozesse, durch die Menschen in ihrer Handlungsmächtigkeit gestärkt werden (Homfeld u.a. 2007:245). In diesem Artikel wird die Soziale Arbeit aufgefordert, nicht das Passungsverhältnis zwischen sozialen Institutionen und Adressaten als zentralen Gegenstand der sozialen Arbeit zu belassen, sondern vielmehr die „subjektive Handlungsmacht" und Handlungsoptionen zum Ausgangpunkt der Diskussion werden zu lassen.

Cornelia Schweppe (2005) hatte davor schon die Internationalität als Erkenntnispotential der Sozialen Arbeit untersucht. Hier betont sie vor allem die mögliche Erweiterung des Wissens über Gemeinsamkeiten und Differenzen der Vorstellung über das, was Soziale Arbeit ist oder sein soll. Die Erfassung des Sozialen in der Globalisierung und die Erkenntnis der über nationale Grenzen hinweg existierenden sozialen Probleme durch Veränderung der Arbeitsmärkte, Fremdenfeindlichkeit und Marginalisierungsprozesse wird von ihr in diesem Artikel betont. Daran gemessen erscheint mir der propagierte Erkenntnisgewinn durch die Kategorie der Agency als gering. Die beschriebene Vielfalt, Differenz und Komplexität der Sozialen Arbeit verweist eben gerade darauf, dass im Zuge der Globalisierung nicht eine einheitliche Lebenskultur entsteht, sondern „gerade das Gegenteil ist der Fall" (Schweppe 2005:577). Die transnationale Weltgesellschaft ist plural. Sicherlich ist es sinnvoll, die Handlungskompetenz der Migranten zu verdeutlichen, dies gilt übrigens auch für das Handeln innerhalb unserer Gesellschaft (Vahsen 2000), doch sind Unterstützungsleistungen nur Teil des analytischen Rahmens zur Erfassung der Lebenslage von Migranten in toto.

Desiderate der Forschung sind die unterschiedlichen Verknüpfungen und Verbindungen zur „Heimat", das Leben hier und der Rückbezug. Neuerdings geraten auch Remigrationsprozesse in den Blickpunkt. Die Motive der Remigration sind bisher kaum erforscht (Schönhut 2008) offensichtlich wandern einige Ausgesiedelte nach Russland zurück, da sie sich hier nicht eingebettet haben, ökonomische Probleme haben und sozial isoliert sind. Andere wiederum wollen im Ursprungsland sich Betriebe, Geschäfte aufbauen, in der Tourismusbranche arbeiten und nutzen Unterstützungen der jeweiligen ehemaligen GUS-Staaten, aber offensichtlich auch durch die Gesellschaft für Technische Zusammenarbeit aus Deutschland (GTZ).

In den Interviews im Rahmen eines Forschungsprojektes der DIGESA[24] tritt noch ein weiterer Typus von - vor allem jungen - Migranten hervor, der Auswandern als eine Art Experiment des Lebens in der Fremde sieht, gegebenenfalls auch weiterwandert, so z.B. nach Kanada, aber vielleicht auch wieder zurückgehen will. Auswandern auf Probe also.

Die bleibende vielfache Verknüpfung mit dem Herkunftsland lässt sich an einer zweiten Untersuchung verdeutlichen: Ausgewanderte Deutsche der Nachkriegszeit nach Nordamerika halten vielfältige Verbindungen nach Deutschland: Besitz einer Wohnung, jährliche Besuche, Familie und Freundeskreis, Lesen deutscher Zeitungen, Fernsehen und Brauchtumspflege in den Staaten (Vahsen 2006).

Migration wird zu einem Prozess, der nicht nur das Leben in einer Gesellschaft umfasst, sondern Wanderungsbewegungen werden zunehmen transnational. Die Menschen pendeln zwischen Ländern und im Prozess der Globalisierung nimmt die Migration vielfältige Formen des Aus-, Rück- und Weiterwanderns an. Migration ist nicht nur Bewegung in eine Richtung und lässt sich grundsätzlich nicht mehr mit einem stufenförmigen, mehr oder weniger aufeinander aufbauenden Integrationsmodell beschreiben: Ankunft, Begegnung, Anpassung und Angleichung. Migrantinnen und Migranten bleiben häufig auf vielfältige Weise mit den Herkunftsländern verknüpft.

Andrerseits ist es aber wichtig, den Blick nicht nur auf die Metapher Agency zu lenken. Die Handlungsautonomie der Migranten unterliegt den unterschiedlichsten Einschränkungen. Dies gilt für Russlanddeutsche z.B. im Rahmen des Wohnortzuweisungsgesetzes, aber auch der Berufschancen hier. Die Anerkennung der Zeugnisse und Diplome ist häufig nicht gegeben. Das Beispiel der putzenden Ärztin aus Kasachstan ist ein Beleg dafür. Insofern ist die Analyse der Lebenslage von Migranten vielschichtig anzulegen, und nicht zuletzt ist auch der Blick auf das Verhalten der Mehrheit wichtig. Wenn man davon ausgeht, dass in Zukunft der Anteil der Menschen mit Migrationhintergrund noch steigt, dann geht es um die Gestaltung des Zusammenlebens, die

---

[24] Lebenslage von Russlanddeutschen – eine Untersuchung der Dokumentations- und Informationsstelle zur Geschichte und Erziehung der Sozialen Arbeit (DIGESA)

Akzeptanz des Anderen. Die rhetorisch beschworene Einheit und Gemeinsamkeit in der Vielfalt gilt es zu beschreiben und zu erkennen und als Prozess wechselseitigen Erkennens und Begegnens zu gestalten.

Insofern ist der Hamburgersche Ansatz der individuumzentrierten Sozialen Arbeit ein wesentlicher Teil der Migrationssozialarbeit, doch der Blick auf transnationale Strukturen und Verbindung erscheint genauso zentral wie das Erkennen der Lage der Menschen hier, ihre Partizipation nicht zuletzt im Berufs- und Ausbildungssystem, vor allem aber auch als Teil gegenseitiger Achtung und Akzeptanz.

Soziologische Analysen zur Situation der Fremden in der Moderne - siehe Bauman - zeichnen in ihrer Bestandsaufnahme ein Bild des Umgehens mit dem Unvertrauten, das zwischen Ausgrenzung und Vereinnahmung schwankt. Die Versuche sozialpädagogischer Gesellschaftsdiagnosen kreisen um die Auflösung der Klassenstrukturen, um die Transformation der gesellschaftlichen Sozialstruktur hin zu einer sozialstrukturellen Entgrenzung sozialer Probleme. Mechanismen sozialer Ungleichheit werden im Kontext sozialer Milieus verortet. Der Lebensstil gerät in den Blickpunkt, wird jedoch nicht zu einem zentralen Analysemoment. Letztlich fokussiert sich die Analyse auf die Untersuchung von Klassen und Milieus sowie Mechanismen sozialer Ungleichheit, die über diese Zuordnung hinausragen und Angehörige diskriminierter aber auch privilegierter gesellschaftlicher Teil- und Randgruppen erfassen.

Soziale Arbeit, die zunehmend sich an die Menschen in der Mitte der Gesellschaft richtet, will nun Anschluss finden an die reflexive Modernisierungstheorie. Dies sieht Thole zwar nicht als „risikofrei", doch diese Beschreibungsfolien wären „offen für Widersprüche und empirisch gesättigte Modifikationen" (Thole u.a. 2007:131).

Insgesamt hält er dies jedoch für „inspirierend". Nicht erkennen können wir die von Thole u.a. beschworene „Subversität der reflexiven Modernisierungstheorie" (ebd.: 12) im Kontext der Sozialen Arbeit. Es sei denn, man setzt Soziale Arbeit mit Sozialwissenschaften und insbesondere der Soziologie gleich. Kennzeichnend für die Moderne sind nach Giddens „Diskontinuitäten", das Herausreißen aus „*allen* traditionalen Typen der sozialen Ordnung" (Giddens 1999:13). *Die Reichweite des Wandels* ist universell, die *Geschwindigkeit* der Veränderung steigert sich und auch die *modernen Institutionen* verändern ihr *Wesen* (ebd.: 15).

Giddens stellt seine Analyse in den Kontext der dichotomen Analyse von Sicherheit versus Gefahr, von Vertrauen und Risiko. In seiner kritischen Auseinandersetzung mit den Strömungen der Gesellschaftstheorie kommt Giddens zu dem Fazit, sich von „bestehenden soziologischen Betrachtungsweisen zu lösen" (ebd.: 27) und die Mechanismen der *Entbettung [disembeding], die refle-*

xive Ordnung und Umordnung, die die Handlungen von Einzelpersonen oder Gruppen betreffen, zum Gegenstand zu machen.

Bei Giddens umfasst Reflexivität verschiedene Dimension. Die erste ist die Verbindung mit der Tradition, Alltag ist Routinegestaltung. Dies wandelt sich mit der Moderne, jetzt werden soziale Praktiken überprüft, die Rolle der Tradition schwindet. Scheinbar nimmt die Vernunft zu, doch in der Realität „untergräbt" die Reflexivität die Vernunft (ebd.: 54). Wissen kann also nicht mit Gewissheit gleich gesetzt werden. Dies hat für die Gesellschaftswissenschaften Auswirkungen und hier führt Giddens das „subversive Element" seiner Theorie ein: „Der sozialwissenschaftliche Diskurs [findet] in die von ihm analysierten Kontexte selbst wieder Eingang" (ebd.: 56).

Wichtig ist jedoch nicht primär die oben vorgenommene Zuordnung der Sozialen Arbeit, vielmehr geht es darum, die Bedeutsamkeit und Konsequenzen einer reflexiven Erfassung gesellschaftlicher Phänomene zu erkennen. Mehr Wissen schafft nicht „umfassendere Kontrolle über unser Schicksal". Die Steigerung von „Rationalität", die bei mehr Kenntnis und Einsicht als möglich erscheint, unterliegt vier Einschränkungen.

Die erste ist die ungleiche Zuordnung/Verfügung von Wissen zu und in unterschiedlichen Machtpositionen. Die zweite ist die der möglichen Veränderung von Wertordnungen, die zu neuen kognitiven Orientierungen führt. Die dritte ist die Wirkung unbeabsichtigter Konsequenzen. Unser Wissen über die Soziale Welt wird nicht einfach immer besser. Und viertens trägt das Wissen über die Welt auch zur Instabilität und Unbeständigkeit bei, so führt das Wissen der Experten nicht unbedingt zur Anwendung bei den Nichtexperten (ebd.: 62).

Für die sozialpädagogische Theoriebildung ist dies unseres Erachtens nicht sonderlich förderlich. Soziologie im Sinne von Max Weber will deutend verstehen und ursächlich erklären. Hier sind zwei verschiedene Bezugrahmen der Theoriebildung gegeben. Der eine bezieht sich auf einen bestimmten Ausschnitt sozialer Fragestellungen und Probleme, ist pragmatisch, handlungsorientiert, der andere will soziales Handeln erklären.

Soziale Arbeit entwickelt Handlungsstrategien, die den Einzelnen befähigen sollen, ein Leben in „Normalität" zu führen, Soziologie gibt keine Handlungsanweisung. Insofern ist Soziale Arbeit eine Disziplin und Profession, die der Idee eines gelingenden Lebens folgt und der Hilfe, dies zu erreichen und abzusichern, Soziologie ist ungeachtet aller Debatten und Kontroversen, wie sie im so genannten Positivismusstreit geführt wurden, nicht die Wissenschaft zur sozialen Gestaltung.

Deshalb ist der Rückgriff auf reflexive Modernisierung unseres Erachtens auch eine Eingrenzung der sozialarbeiterischen Paradigmen, die auch auf pädagogische, bildungsspezifische Ansätze jenseits soziologischer Betrachtungen zurückgreifen können. Hier gerinnt die Theoriebildung zu einer sozialpädago-gisch halbierten Vernunft.

Wenn Homfeld/Schroer und Schweppe vorschlagen, insbesondere auf die Soziale Unterstützung zu achten im Sinne einer Handlungsorientierung, so ist dem zustimmen, als einem zentralen Ansatz sozialarbeiterischen Erkennens und sozialpädagogischer Praxis gerade in der Arbeit mit Migranten. Die soziologi-sche Analyse in Anlehnung an die reflexive Modernisierung vermag auf Gren-zen der Analyse und der Anwendung in den sozialen Institutionen und Verbän-den und Organisationen hinzuweisen. Dies ist jedoch nicht mit Handeln gleich-zusetzen. Agency ist allerdings ebenfalls nur ein Aspekt. Das neue Stichwort der Sozialen Arbeit will soziale Prozesse beschreiben, durch die die Menschen in ihrer Handlungsfähigkeit gestärkt werden. Agency bedeutet: „realized capacity of people to act upon their world and not only to know about or give personal intersubjective significance to it" (Holland 1998 zit. nach Homfeld u.a. 2007:245).

Dies reicht über Enpowerment und Partizipationsformen hinaus, es umfasst einen akteursbezogenen Ansatz als Handeln des Einzelnen, nicht nur als eine Veränderung durch ein „Entwickelt-Werden", sondern als aktiven Prozess. Zugleich öffnet dieser Begriff den Blick auf transnationale Hilfsorganisationen und Soziale Bewegungen. Hier besteht bisher ein erhebliches Defizit der Sozia-len Arbeit. Dies ist ein wichtiger Aspekt, aber eben nur einer unter mehreren der Migrationssozialarbeit. Dies führt aber prinzipiell zur Frage: Wie kann subjek-tive Handlungsmacht sozial und politisch abgesichert und gestärkt werden (Homfeld u.a.: 247)?

Doch auch die Theoreme der Postmoderne entbehren nicht eines gewissen empirischen Gehalts, hier geht es vor allem um den kulturellen Bereich. Welsch (2002) verdeutlicht, wie kulturelle Elemente Einfluss auf andere haben, sich gegenseitig berühren, durchdringen, angleichen, abstoßen, sich wieder berühren und sich in einem ständigen Prozess der Annäherung, Distanzierung, aber auch Angleichung und Auflösung von Unterschieden befinden. Jugendkulturelemente können hier am Beispiel des Musikhörens, des global übergreifenden Musik-geschmacks, des Sehens von Videoclips als Beleg herangezogen werden: Viva läuft auch im „Starbuck"-ähnlichen neuen Cafe in Omsk. Die Kulturelemente werden austauschbar und zugleich vielfältiger, sind universell, bestimmten (sozialen) Gruppen und Personen zuzuordnen, aber nicht national eingrenzbar. Tradierte Kulturelemente stehen neben diversen modischen Trends der Alltags-kultur. So lässt sich in der Postmoderne weder eine klare Differenz zwischen Kulturen und Ethnien noch Einheit erkennen. Vielfältigkeit und Amalgamierung sind sich überlagernde Prozesse.

M. Castells (2003) lenkt den Blick auf die Informationsgesellschaft: Die Netzwerkgesellschaft zieht den Einzelnen in ihren Bann: In der Netzwerkgesellschaft, die sich weltweit konstituiert, determiniert die Technologie nicht die Gesellschaft, sie wird zur Gesellschaft. Die drahtlose Kommunikation mit ihrer neuen Reichweite der Kommunikationstechnologie führt zu einer generellen sozialen Veränderung, insbesondere im Verhalten der Jüngeren.

Die Netzwerkgesellschaft schafft neue Probleme: Es gibt die Unterscheidung zwischen In- oder Out-Sein, Kontakt zum Netz zu haben oder eben nicht. Wireless communication hat kräftige Auswirkungen auf die menschlichen Lebensstrukturen, stärker als wir es vielleicht erkennen können und wollen. Allerdings ist zu fragen, inwieweit diese Analyse auch für den gesamten geographischen Raum zutrifft? Greift die networksociety auch in die Lebensstrukturen der ländlichen Gebiete ein? Ist der Access zum Internet uneingeschränkt möglich?

Dennoch entdeckt auch Castells Analyse neue Verwerfungen. Soziale Ungleichheiten prägen sich weiter aus: Castells erkennt zunehmende Polarisierungen an der Spitze wie am Ende der sozialen Stufenleiter. Hinzu kommen Prozesse der Exklusion, da der informationelle Kapitalismus Menschen von der Arbeit „freisetzt" (Castells 2003:395). So wie das staatliche Sicherheitsnetz erodiert, so verändern sich auch die Lebensbedingungen generell: „Die Grenzlinie zwischen sozialer Exklusion und alltäglichem Überleben verwischt für eine wachsende Zahl von Menschen in allen Gesellschaften" (ebd.: 396). In diesem Prozess der identifizierbaren, multidimensionalen Angst werden solche Befürchtungen unter „die Codes von Einwanderung=Rasse=Armut=Wohlfahrt= Verbrechen=Arbeitsplatzverlust=Steuern=Bedrohung" (ebd.: 399) gefasst.

Auf jeden Fall findet durch die Transformation der materiellen Grundlagen eine Veränderung der Kulturen statt. Waren sie bisher an Raum und Zeit gebunden, an Produktions- Macht- und Erfahrungsverhältnisse von Menschen, so entsteht in der „zeitlosen Zeit" des Informationszeitalters eine „neue Kultur", die der „realen Virtualität". Ausdrucksformen werden vermischt, beständig neu angeordnet und in einen Bezugsrahmen zeitloser, ortloser Symbolsysteme gebracht, die gesendet und rezipiert werden können - wo auch immer. Die Virtualität wird zur Realität (ebd.: 401). Im Kontext dieser gesellschaftlichen Entwicklung finden auch Veränderungsprozesse statt, die sich insbesondere auf das Geschlechterverhältnis beziehen. Es entstehen im lokalen Raum kulturelle soziale Bewegungen, die sich dem Verlust von Selbstbestimmung entgegen stellen. Die Analyse der Netzwerkgesellschaft verweist auf gesellschaftsübergreifende Transfomationsprozesse. Migranten sind in diese Prozesse involviert, jedoch nicht als ethnisch-definierte Gruppen, die als Reaktion auf Exklusion sich zusammenschließten und fundamentalistisch auf kapitalistische Segregationstendenzen reagieren. Sie sind aber Teil von Arbeits- und Lebensbedingungen, die scharfe Kontraste zwischen Ländern, Regionen und Ballungsgebieten bewirken. Griese (2006) untersucht die Zuordnung von Migranten zu einer nationalen Identität. Sie stellt von einem anderen Analyseansatz her kommend, einer konstruktivistischen Sichtweise, die pauschalisierende und generalisierende Zuordnung von Migranten, in diesem Fall die der Russlanddeutschen, zu einer *nationalen* Identität infrage. Griese bilanziert: „In einzelnen Fällen spielen nationale Konstruktionen eine tragende Rolle, ebenso relevant sind jedoch personale Identitäten, ethnische Konstrukte (…) oder anderweitige Deutungsmuster der Welt und des Selbst" (Griese 2006:16). Griese greift u.a. für ihre Analyse das Konzept der Generation auf und bezieht sich explizit auf Mannheim, der zwischen Generationenlagerung, -zusammenhang und -einheit unterscheidet (ebd.: 35).

Prinzipiell will sie Strukturen personaler und sozialer Identität russlanddeutscher Einwanderer erfassen. Dazu gehört die Frage nach den „kulturellen Codes", die der Konstruktion von Identität dienen (ebd.: 49). Gibt es Konstruktionsmodi kollektiver Identität, die als „primordinale, traditionale und unversalistische Codiertypen" (ebd.: 51) identifizierbar sind oder ist Identität nicht doch oder auch den Pluralisierungs- und Individualisierungsprozessen geschuldet?

Auch Griese fragt kritisch an, ob kulturelle Identität mit Ethnizität gleichgesetzt werden kann (ebd.: 59), es geht ihr um die Übergänge zwischen Ich, Lebenswelt und Gemeinschaft. Da der Kulturbegriff vielschichtig ist, sei er als analytischer Referenzrahmen problematisch, gleichwohl lassen sich Konstruktionen der Gemeinschaft feststellen, die ein Innen und Außen generieren. Kollektive Identität zeichnet sich nach Griese in Anlehnung an Giesen durch folgende „Codiertypen" aus:

1. Primordinale Codierungen, die eine Außenseite zwischen dem Innenraum der Gemeinschaft durch unveräußerbare, zumeist körperliche Merkmale wie Abstammung, Geschlecht, Rasse und Ethnizität konstruieren.
2. Traditionale Konstruktionen im Kontext lokaler Lebensgemeinschaften und Vertrautheit mit den Regeln einer spezifischen Lebenswelt und geschichtlichen Traditionen eingebunden in alltägliche Praxen.
3. Missionarischer Inklusionsdrang hält die Grenzen aufrecht: Außenseiter müssen zur Not zwanghaft integriert und zum richtigen Bekenntnis bekehrt werden (ebd.: 61).

Die Vielzahl der hier angedeuteten Optionen sich personell einzuordnen zeigt, dass einfache Erklärungsmuster kultureller, gemeinschaftsbezogener, kollektiver Identität zur Bestimmung der individuellen und sozialen Lagerung nicht ausreichen. Zwar sind Prinzipien von Kultur erkennbar, die lange als objektive Merkmale angesehen wurden (Sprache, Herkunft, Abstammung, Religion, kulturelle Handlungspraxis), doch muss der konstruktivistische Charakter von Kultur betont werden. Auch sind Kulturen nicht homogen; geschweige denn ist feststellbar, was eine Nationalkultur ausmacht (ebd.: 60). Die Analyse der Lebenslage von Russlanddeutschen würde verdeutlichen: Es gäbe keine einheitliche deutsche Kultur der Minderheiten in den GUS-Staaten, vielmehr „können wir lediglich von *„Kulturen der russlanddeutschen Bevölkerung* als ethnischen Gruppen sprechen" (Becker 2006:139).

Im Prozess der Herausbildung subjektiver Identität bestehen für den Einzelnen unterschiedliche Konstruktionsmöglichkeiten von Kultur, ethnischer Zugehörigkeit, die enger oder weiter an einen Raum gebunden sein können (lokal-translokal), die aber auch transnational und global definiert sein können. Griese verweist zu Recht darauf, dass auch den Russlanddeutschen sozial- und zeitgeschichtliche Möglichkeiten der Zuordnung offen stehen, u.a.: *„Wolgadeutsche, Schwarzmeer-, Transnistrien-, Ukraine-, Sibiriendeutsche"* (ebd.: 55).

Es geht insgesamt in der Migrationsforschung darum, Lebenslagen und -prozesse zu identifizieren, die den Wandlungsprozessen der globalen, transnationalen und transkulturellen Veränderung folgen. Das Sich-Wechselseitig-Beeinflussen ist jedoch nicht mit Modernisierung und zunehmender Autonomie des Subjekts gleichzusetzen. Es ist herauszuarbeiten, welche Mechanismen der Sozialen Kontrolle in der „Flüchtigen Moderne" wirksam sind, der Integration des Einzelnen in die Gesellschaft. Nach Bauman verschieben sich die Mechanismen der Sozial- und Systemintegration der Individuen: Normative Integration wird durch „Verführung" der Konsumangebote ersetzt (Junge 2006:81). In der postmodernen Gesellschaft erscheint der Einzelne als Konsument oder Spieler. Die Gesellschaft ist - wie schon von Simmel analysiert - von Ambivalenzen und Ambiguitäten geprägt. Der Einzelne wird zur „Sozialen Instanz", nicht mehr die Gruppe. Prinzipiell lassen sich postmoderne Lebensstile typologisieren. In der Konsumgesellschaft unterscheidet er grundsätzlich vier Typen: Den Spaziergänger, Vagabunden, Touristen und Spieler. Diese Typologie, die nicht beansprucht vollständig zu sein, verweist aber auf das „Wandern", das Flüchtige, als einer Grundkategorie des Lebens. Das Grundprinzip der Lebens in der Moderne ist die Festlegungsvermeidung (ebd.: 98). Es ist zu fragen, ob sich diese Typologisierung auch auf Russland-Deutsche übertragen lässt? Auf jeden Fall verweist Bauman auf die Pluralität von Orientierungen ähnlich wie Welsch mit der Feststellung der Vielfalt. Allerdings löst sich dies bei Bauman nicht in eine gewisse Beliebigkeit wie bei Welsch auf, sondern ihm geht es um das Unbehagen in der Postmoderne im Anschluss an und Erweiterung der Freudschen Erkenntnis des *„Unbehagen in der Moderne".*

In der „Flüchtigen Moderne" gerät die Auflösung von Ordnungen in den Mittelpunkt: „Flüchtige Moderne ist ein beständiger Prozess des Relationierens von Interessen, Bedürfnissen und Beziehungen, ohne dass eine längerfristige Stabilität erreicht wird" (ebd.: 110). In der flüchtigen Moderne verschwinden die Ziele, das Individuum unterliegt einer „verschärften Privatisierung" (ebd.: 110). Der Mensch muss sich wie es Sennett skizziert, den kapitalistischen Strukturen anpassen, sich gleichsam von einer fest gefügten Identität lösen und immer wieder neu erfinden, um sich den Anforderungen der Konsumgesellschaft zu stellen. In der flüchtigen Moderne gibt es keine festen Bezugspunkte mehr, es gibt nicht mehr feste Identitäten, sondern nur flüchtige Identifikationen. Bindungslosigkeit wird zum Merkmal der Moderne. Leben in der Moderne ist ein Leben konstanter Unsicherheit, es entsteht „menschlicher Abfall". Die Schnelllebigkeit der Konsumgesellschaft schafft Ausgeschlossene, dies verstärkt sich zusehends in der Flüchtigen Moderne.

Diese Aspekte sollten in Untersuchungen aufgegriffen werden: Welche Inklusions- und Exklusionsprozesse finden statt? Wie ist die Lage von Migranten zwischen Inklusion und Exklusion sowohl auf der Ebene der System- als auch der Sozialintegration (Habermas) und gibt es noch gemeinsame Deutungen von Welt oder verflüchtigen sich kulturelle Elemente in Beliebigkeit? Gehören Migranten zu den Ausgegrenzten der Moderne, den Entwurzelten oder sind sie, wie Bauman es prägnant formuliert, „der Abfall der Globalisierung" (Bauman 2005:85). Es geht einerseits um die transkulturellen Prozesse, aber andrerseits auch um Ausgrenzungsmechanismen von Menschen in der Moderne und hier insbesondere von Migranten. Die Folie der Interpretation ist also nicht die der ethnischen Zugehörigkeit, sondern die der Positionierung des jeweiligen Individuums in der „reflexiven Moderne". Wie bewältigt der Einzelne ambivalente Ansprüche? Gilt die postmoderne Annahme der Vielfalt?

Hamburgers Konzept der reflexiven Interkulturalität ist *ein* Orientierungspunkt, an dem sich die hier angesprochenen Verortungsfragen des Individuums messen lassen. Dennoch sind die oben formulierten Einwände aus gesellschaftstheoretischer Sicht zu berücksichtigen. Die mögliche Konnotation von Reflexivität mit bewusstem, einsichtigem Wissen wird in den gesellschaftstheoretischen Aussagen von Beck und Giddens widerlegt. Es müssen die Verwerfungen der Gesellschaft, die Mechanismen der möglichen Ausgrenzung, der Unterwerfung des Individuums genauso gesehen werden, wie seine Anpassungsmechanismen an die vorhandenen Lebensbedingungen. Es geht also primär um die subjektive Bewältigung im „Einschluss-/Ausschlussspiel" (Bauman 2005) der flüchtigen Moderne.

Auch in der Sozialen Arbeit wird - wie weiter oben ausgeführt- dieser Aspekt im Kontext von Modernisierungprozessen diskutiert. Thole u.a. (2007)

fragen nach der Tragfähigkeit des Redens von der zweiten Moderne. Sie attestieren ein Wechselspiel des Fortbestehens von bisherigen Strukturen sozialer Ungleichheit und einer tendenziellen Aufweichung und Entstrukturierung herkunftsabhängiger Lebensstile und –präferenzen (ebd.: 125). Sie plädieren dafür, das Projekt Soziale Arbeit - wenn auch nicht ohne Eingrenzung - in „Bezug auf reflexive Modernisierungstheorien" zu denken (ebd.: 131). Inwieweit sich Soziale Arbeit damit in Soziologie auflösen würde, bleibt offen, da Erkennen/Analyse und professionelles Handeln in der Sozialen Arbeit zwei unterschiedliche Dimensionen sind. Giddens hat ja ausdrücklich darauf hingewiesen, dass das Wissen um diese Welt sogar „zu deren Instabilität oder Unbeständigkeit" beiträgt (Giddens 1999:62). So bleibt die Idee der subversiven Analyse entlang der Modernisierungstheorie letztlich das Projekt der Sozialwissenschaften und hier primär der Soziologie. Doch auch für sie gilt: „Die Soziologie der zweiten Moderne muss erst noch erfunden werden" (Beck 1996:33).

Es geht insgesamt darum, tradierte Untersuchungsansätze von Migrationsprozessen aufzulösen und zu erweitern. Deshalb soll sich das Augenmerk nicht primär auf (zugeschriebene) Integrations- und Assimilationsprozesse und -verläufe richten, sondern auf die individuelle Auseinandersetzung der Wandernden mit den Lebensbedingungen hier. Der Blick richtet sich also weniger auf gemeinsame Wertevorräte, kulturelle Gemeinsamkeiten, sondern auf die aktive Gestaltung der Migration, das Sich-Herantastens an die Lebensbedingungen hier und den jeweiligen Perspektiven zur Gestaltung des Lebens in Deutschland und in transnationalen Bezügen.

20 Lebenslagen von russlanddeutschen Jugendlichen in Russland und Kasachstan – eine empirische Analyse

Vorliegende Untersuchungen zu Menschen mit deutschen Wurzeln in den ehemaligen GUS-Staaten - hier zusammenfassend als Russlanddeutsche bezeichnet - sind älteren Datums. Barbaschina u.a. (1997, 1999) haben quantitative Erhebungen und Smirnova (2003) ethnographisch-orientierte Interviews durchgeführt. Die grundlegenden Arbeiten von Smirnova stellten die Lebensweise, den Alltag von Russlanddeutschen in Sibirien und Kasachstan und ihre kulturellen Prägungen und sprachlichen Orientierungen dar.

Barbaschina u.a. haben in einer ihrer beiden Studien die Jugendlichen in ihren spezifischen Lebenswelten erfasst. Dies bezog sich im Wesentlichen auf die Aspekte:

- schulische und berufliche Situation,
- ökonomische und soziale Lage,
- ethnische Verortung, kulturelle Tradierung,
- Zukunftsorientierung,
- mögliche Auswanderungsmotive,
- politische Orientierung,
- Blick auf Deutschland.

Die beiden Befragungen von Barbaschina u.a. erfolgten überwiegend in ländlichen Gegenden in Sibirien, in Gebieten (Rayons) mit hohem Anteil von Menschen mit eingewanderten deutschen Vorfahren. In Tür-zu–Tür Befragungen wurden einzelne Dörfer und Siedlungen erfasst.

Die Ergebnisse zeichneten ein vielfältiges Bild der Lebenssituation junger Russlanddeutscher zwischen Bleiben und Auswandern. Es traten jedoch noch deutlich die Verwerfungen hervor, die sich infolge der Deportation ihrer Eltern ergaben. Niedrigere Bildungsabschlüsse und geringere Lebenschancen im Verhältnis zu der Mehrheitsethnie zeigten deutlich die soziale Platzierung der jungen Menschen auf. Nicht zuletzt durch rechtliche Regelungen und Verlautbarungen begann jedoch die gesellschaftliche und politische Diskriminierung der Russlanddeutschen zu schwinden.

In der Zwischenzeit hat sich die ökonomische und soziale Situation in Russland und Kasachstan geändert. Nach einer vorübergehenden Phase der Verbesserung der Lebensbedingungen ist die postsowjetische Transformations-gesellschaft in einer strukturellen Krise. Explorative Interviews der DIGESA[25] in Omsk und Nowosibirsk verdeutlichten die wirtschaftlichen und sozialen Probleme und familiale Erosionstendenzen, insbesondere die zunehmende Armut und die steigenden Scheidungsraten vor allem jüngerer Menschen.

Ausgangspunkt unserer Untersuchung zu den „Lebenslagen von Russlanddeut-schen zwischen Bleiben und Auswandern", die im Folgenden auf die im ersten Teil dieses Buches dargestellten theoretischen Konzepte bezogen wird, war vor allen Dingen die Frage nach Migrations- bzw. Bleibemotiven, Migrationsverläu-fen und der Vorbereitung auf die Migration, sowie die Rolle der institutionellen und informellen Hilfesysteme in diesem Feld.

Gleichzeitig und als Hintergrund für die Analyse dieser Aspekte haben wir eine Reihe von Fragen in die Erhebungsinstrumente aufgenommen, die uns geeignet erscheinen, eine Beschreibung der Lebenslagen der russlanddeutschen Jugendlichen zu ermöglichen. Hierzu gehörten:
- soziodemographischen Grunddaten (Alter, Geschlecht, Herkunft, Einkom-men etc.),
- Haushaltszusammensetzung und Wohnform,
- Ausbildung/Bildung,
- (familiale) Bezüge,
- Freizeitgestaltung,
- Einschätzung von Lebenschancen und Zukunftsorientierungen,
- Einbettung in die Gesellschaft,
- transkulturelle Prozesse.

Zudem wurden die Einstellungen der Respondenten zu gesellschaftlichen Prob-lemen, Kultur, Ethnizität und Religion erfasst, sowie ihre grundlegenden Orien-tierungen erfragt.

Unsere methodische Vorgehensweise bestand in einer Methoden-Triangu-lation. Es wurden qualitative und quantitative Erhebungsinstrumente genutzt und darüber hinaus vorhandene statistische Daten ausgewertet. Neben leitfaden-gestützten Interviews mit Experten entstanden in Russland ebenso wie in

---

[25] Dokumentations- und Informationsstelle zur Geschichte der Erziehung und Sozialen Arbeit - an der Fakultät für Soziale Arbeit und Gesundheit der HAWK- Hildesheim/Holzminden/Göttingen. Im Folgenden werden die Untersuchungen, mit dieser Abkürzung bezeichnet.

Deutschland narrative Interviews mit Jugendlichen zu ihrer Biografie. Für Russland und Deutschland wurden zwei verschiedenen Fragebögen entwickelt und eingesetzt, ein weiterer für die Online-Umfrage. Letztere dienten zur Ergänzung und weiteren Absicherung der Ergebnisse der Untersuchungen in Russland.

Die Fragebögen enthielten – aus Gründen der Vergleichbarkeit - einen großen Teil derselben Fragen, berücksichtigten jedoch auch spezifische Aspekte der jeweiligen Lebenslagen vor und nach der Ausreise, bzw. die speziellen Umstände der Datenerhebung.

Die quantitativen Erhebungen in Russland erfolgten in Kooperation mit der Russisch-Deutschen Universität in Nowosibirsk, der Staatlichen Pädagogischen Universität in Omsk und der Tulaer Staatlichen Pädagogischen Leo Tolstoi Universität in der Zeit von März bis November 2008. Die Umfrage in Friedland erfasste von März bis Juni 2007 Teilnehmer/innen von 11 verschiedenen Integrationskursen und Schüler/innen der „Lagerschule", die an dem dortigen Integrationsprogramm für neu Zugereiste teilnahmen.

Der Vergleich zwischen bereits ausgewanderten Menschen und den potentiell Auswandernden und deren Vorstellungen und erlebter Wirklichkeit sollte dazu beitragen, sowohl praktische Hinweise auf die Möglichkeiten der Lebensgestaltung in der neuen Umgebung zu geben, als auch Hinweise auf eine Vorbereitung zur Auswanderung.

Das Neue des Projektes bestand in dem pädagogisch-soziologischen Blick auf die Nutzung von institutionellen Beratungs-, Bildungs- und anderen Unterstützungsangeboten. Dabei geht es nicht nur um die Angebote im Prozess des Wanderns und des "Sich-Einlebens" in der Aufnahmegesellschaft, sondern ebenso um die, die denjenigen Russland-Deutschen zur Verfügung stehen, die sich für den Verbleib in Russland/Kasachstan entschieden haben.

In die folgenden Kapitel fließen Ergebnisse aus allen genannten Umfrageteilen ein. Dies sind im Einzelnen: 100 Fälle aus der Umfrage in Tula, 51 Fälle aus Nowosibirsk, 79 Fälle aus Omsk und 70 Fälle aus der Online-Umfrage, 16 Experteninterviews, 31 qualitative Interviews mit russlanddeutschen Jugendlichen in Russland und Deutschland. Wo sich dies anbietet, werden kontrastierend auch die Ergebnisse der Umfrage in Friedland (201 Fälle, davon 66 im Alter bis 25 Jahre) herangezogen[26].

---

[26]Was die Daten der Online-Umfrage angeht, ist ein vorsichtiger Einbezug möglich. Durch das verwendete Medium und die Werbewege ergeben sich möglicherweise Verzerrungen der Stichprobe. Im Vorfeld der Untersuchung wurden zur Werbung für die Umfrage russlanddeutsche Organisationen angeschrieben. In der Konsequenz stammen viele der ersten Antworten vermutlich von Mitarbeitern dieser Organisationen.

Die im Folgenden wiedergegebenen Ergebnisse umfassen neben einer deskriptiven Darstellung auch statistische Auswertungen zu Korrelationen (zumeist mittels des Spearman-Rho-Koeffizienten). Zudem wurden Testverfahren zum Vergleich unabhängiger Stichproben (U-Test nach Mann & Whitney) und eine Faktorenanalyse durchgeführt. Die Gründe für die Wahl der jeweiligen Instrumente werden erläutert, wo diese zum ersten Mal zum Einsatz kommen.

Da der Schwerpunkt der Analyse auf den Daten der quantitativen Erhebung in Omsk, Nowosibirsk, Tula und der Online-Umfrage liegt, werden die dort Befragten hier zunächst in den Merkmalen Alter, Geschlecht, Familienstand ausführlicher beschrieben.

In der Untersuchung sollten insbesondere Jugendliche zwischen 12 und 25 Jahren erfasst werden. Die gewählte Altersspanne diente dabei unter anderem der Synchronisierung mit der 15. Shellstudie, auf die einige der gewählten Fragen und Antwortkategorien Bezug nehmen, mit dem Ziel Vergleichsmöglichkeiten herzustellen.

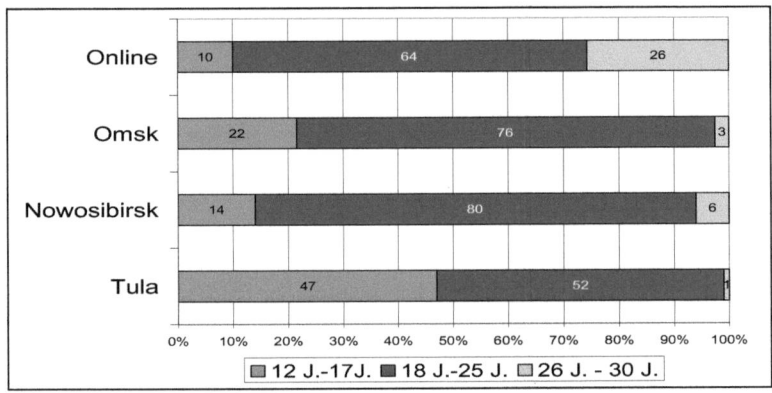

Abbildung 2:   Befragte der Untersuchungen nach Altersklassen in %

Die Altersverteilung sollte möglichst gleichmäßig sein. Im Ergebnis sind jedoch nur in dem Untersuchungsteil in Tula in größerem Umfang jüngere Jugendliche erfasst worden. Dort betrug der Anteil der Altersgruppe zwischen 12 und 17 Jahren 47 %. 52 % zählten zu der Altersgruppe von 18 bis zu 25 Jahren und nur ein Befragter war mit 26 Jahren etwas älter.

In der Untersuchung in Nowosibirsk hingegen zählten nur 14 % zu der Gruppe der 12-17jährigen. Den Großteil der Befragten stellten die 18-25jährigen mit 80 %, drei waren älter, der Älteste von ihnen 30 Jahre. Auch in Omsk entfiel der größte Teil der Befragten auf die Gruppe der 18-25jährigen. Dort stellten diese 76 %, weitere 22 % waren unter 18 Jahren und zwei waren älter als 25.

Zu den Besonderheiten der Online-Umfrage gehörte die Tatsache, dass sich interessierte Personen durch die Vorgaben der Untersuchung nicht vom Ausfüllen des Fragebogens haben abhalten lassen. Dies betraf sowohl die Frage der Abstammung, als auch die Frage des gegenwärtigen Wohnortes und die des Alters zum Zeitpunkt der Befragung. Einige der „Jugendlichen" waren sogar älter als 40 Jahre. Da wir jedoch bewusst auch Antwortvorgaben aufgenommen haben, die nicht in das angestrebte Umfrageschema passten, war es uns möglich, diese Respondenten wieder herauszufiltern.

Betrachten wir nun nur die Personen, die online geantwortet haben, mit deutschen Vorfahren und Wohnsitz in GUS-Staaten im Alter von 12 bis maximal 30 Jahren, so entfallen von diesen 70 Personen 10% auf die Gruppe der 12-17jährigen, 64 % sind junge Erwachsene bis 25 Jahre und 26 % sind zwischen 26 und 30 Jahren alt.

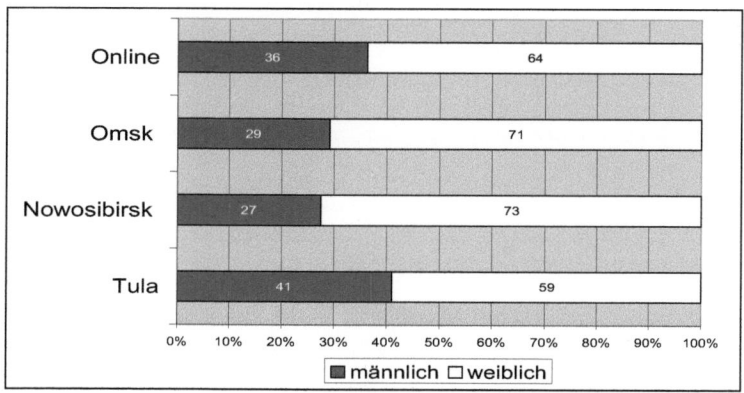

Abbildung 3:   Befragte nach Geschlecht in %

Was die Geschlechterverteilung angeht, so sind die weiblichen Befragten in den Untersuchungen überrepräsentiert. Sie stellen 59% in der Tulaer Untersuchung, 73 % in Nowosibirsk, 71 % in Omsk und 64 % in der Online-Umfrage. Demgegenüber weisen die Ergebnisse der Volkszählung in 2002 in der Altersgruppe der 10 bis 29jährigen mit rund 51 % einen leichten Überschuss an männlichen Jugendlichen aus.

Betrachtet man den Familienstand der Befragten über 18 Jahre, so finden sich in der Untersuchung vornehmlich Personen die ledig sind. Diese stellen in Tula 72 %, in Nowosibirsk 84 % in Omsk 79 % und in der Online-Umfrage 88 %. Die zweitgrößte Gruppe bilden in fast allen Untersuchungsteilen die Verheirateten, mit 25 % in Tula, 14 % in Nowosibirsk, 6 % in Omsk und 11 % in der Online-Umfrage.

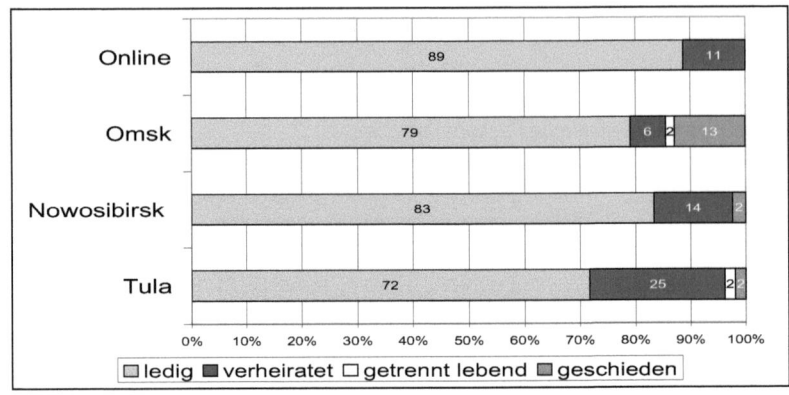

Abbildung 4:   Befragte nach Familienstand in %

Während an allen anderen Untersuchungsorten und in der Online-Umfrage nur einzelne Nennungen auf die Kategorien „getrennt lebend" und „geschieden" entfallen, finden sich in der Omsker Umfrage mit 13 % mehr Geschiedene als Verheiratete. Hierbei handelt es sich, wie die Daten der Volkszählung verdeutlichen, keinesfalls um ein regionales Spezifikum. Die Scheidungsrate in Omsk weicht von der an den anderen Orten kaum ab. Möglich ist allerdings ein Effekt der Altersverteilung, denn die Statistik weist für die 25-29jährigen Städter einen Anteil an Geschiedenen von 6 % der Männer und sogar 11 % der Frauen aus.

Allgemein hat der Anteil an den Geschiedenen zwischen den Volkszählungen 1989 und 2002 erheblich zugenommen, von 7 % auf 9 %. Hingegen ist der Anteil der Verheirateten von 65 % auf 57 % geschrumpft und dies obwohl in 2002 erstmals auch nicht-registrierte Partnerschaften erfasst wurden.

Der Anteil der Ledigen stieg im selben Zeitraum von 16 % auf 21 %. Beides kann als Hinweis auf ein Ansteigen des Heiratsalters interpretiert werden. Dennoch sind die Ledigen unter den 25-29jährigen Frauen immer noch deutlich in der Minderheit, mit 23 % der städtischen und sogar nur 18 % der ländlichen Bevölkerung.

168

Auf eine fortbestehende Tendenz zur frühen Familiengründung verweist die Tatsache, dass nur 29 % der städtischen weiblichen Bevölkerung und sogar nur 18 % der ländlichen in dieser Altersklasse noch kinderlos sind. Wobei jedoch auch hier der Vergleich zu der vorangegangenen Volkszählung in 1989 - mit Werten von 20 % für die weibliche städtische Bevölkerung und 12 % für die ländliche Bevölkerung - eine deutliche Tendenz in Richtung auf eine Verschiebung der Familiengründung in eine spätere Lebensphase zu erkennen ist. In den DIGESA-Untersuchungen ist der Anteil der Kinderlosen unter den über 18jährigen Frauen ausgesprochen hoch. So haben in Tula nur sieben der 32 Frauen über 18 Jahre bereits eigene Kinder, in Nowosibirsk sind es drei von 29, in Omsk vier von 36 und in der Online-Umfrage zwei von 23[27].

- **Besonderheiten der Stichprobengewinnung**

Einige der Besonderheiten in der Zusammensetzung der Befragten erklären sich mit Blick auf die angegebene Haupttätigkeit. Hier finden sich unter denjenigen, die keine Schüler mehr sind, in Tula zu 31 % Studierende in Nowosibirsk zu 88 %, in Omsk zu 60 % und in der Online-Umfrage zu 51 %. Während dies in der Online-Umfrage hauptsächlich als ein Effekt des genutzten Mediums zu verstehen ist, wurden in Omsk und Nowosibirsk überwiegend Studierende der beteiligten Universitäten befragt. Dies erklärt nicht nur die Tatsache, dass die höheren Altersklassen stärker vertreten sind, sondern auch den höheren Anteil an weiblichen Befragten, da es sich vornehmlich um Studierende pädagogischer und anderer sozialwissenschaftlicher Studiengänge handelt, in denen Frauen auch in Russland stärker vertreten sind. Der relativ hohe Anteil an Ledigen mag hier ebenfalls seine Ursache finden, da davon ausgegangen werden kann, dass auch in Russland längere Ausbildungszeiten ein Grund für einen Verzicht auf eine Familiengründung sein können. Der hohe Anteil an Studierenden in den Datensätzen ist bei der Interpretation der Ergebnisse unbedingt zu beachten. Dies gilt am deutlichsten für die Umfrageergebnisse in Nowosibirsk.[28]

---

[27] Für einen Vergleich mit den statistischen Daten der Volkszählung müsste hier eine Aufschlüsselung in kleinere Altersklassen vorgenommen werden, doch würden dann die Fallzahlen zu weit schrumpfen, als dass sie noch seriöse Aussagen zulassen würden.
[28] Hierbei müssen die besonderen Studienbedingungen an der Russisch-Deutschen-Universität berücksichtigt werden. Dort gehört intensiver Deutschunterricht fest zum Curriculum und findet seinen Niederschlag in den Studienabschlüssen. Es besteht ein starker Deutschlandbezug und es ist davon auszugehen, dass die dortigen Studierenden bereits bei ihrer Studienwahl durch ein besonderes Interesse an der deutschen Sprache und/oder Deutschland beeinflusst wurden. Zudem stellen die von der Universität erhobenen Studiengebühren einen Selektionsfaktor dar.

Tabelle 7: Wohnorte der Befragten der DIGESA-Umfrage

		Dorf	Kleinstadt	Großstadt	Gesamt
Tula	Anzahl	5	83	12	100
	%	5 %	83 %	12 %	100 %
Nowosibirsk	Anzahl	7	5	39	51
	%	14 %	10 %	76 %	100 %
Omsk	Anzahl	52	5	22	79
	%	66 %[29]	6 %	28 %	100 %
Online	Anzahl	7	6	48	61
	%	11 %	10 %	79 %	100 %
Gesamt	Anzahl	72	99	130	301
	%	24 %	33 %	43 %	100 %

Weitere Besonderheiten der unterschiedlichen Umfrageorte sind für die Untersuchung ein Fundus: In der Region Tula leben die meisten Russlanddeutschen
noch in eher ländlich/kleinstädtisch geprägten Gebieten. Es handelt sich hauptsächlich um Nachfahren von gegen Ende des zweiten Weltkriegs zur Arbeit in
der Industrie und im Bergbau dorthin deportierten Russlanddeutschen. Diese
waren mehrheitlich Männer, die in der Folgezeit mit in und um Tula lebenden
Frauen russischer Herkunft Familien gegründet haben. Obwohl also die Russlanddeutschen in und um Tula zumeist in binationalen Familien leben, ist die
Rehabilitation dieser Bevölkerungsgruppe dort von allen untersuchten Orten am
wenigsten weit fortgeschritten. Viele der ehemals Deportierten und deren Nachfahren ist nach wie vor der soziale Aufstieg nicht gelungen, etliche leben sogar
noch in prekären Verhältnisse in den damals errichteten Baracken. Auch berichten die Befragten dort am meisten von erfahrener Diskriminierung. Unsere
Tulaer Projektpartnerin Knjazeva (2009) sieht dies unter anderem darin begründet, dass Teile der russischen Bevölkerung nicht zwischen den Russlanddeutschen und den nach dem Krieg in Gefangenenlagern untergebrachten
Wehrmachtssoldaten unterschieden. In Vergleich zu den anderen Orten ist der
Anteil der Russlanddeutschen in dieser Region gering, er beträgt nur etwa
0,28 %.

---

[29] Bei 25 der 52 Personen die in kleineren Ortschaften leben, sowie bei 3 der 5 Kleinstädtern handelt
es sich um Studierende einer Omsker Universität, so dass bei diesen trotz des anderen Wohnortes
eher von einer Orientierung am Leben in der Großstadt ausgegangen werden kann. Somit wären
auch in der Omsker Untersuchung die städtisch Orientierten mit über 60 % in der Mehrheit.

Die Region um Omsk weist mit 3,67 % einen der höchsten Anteile an Russ-landdeutschen auf. Zu der Region gehört der deutschnationale Rayon Asowo. In unserer Untersuchung dort wurden somit auch Personen erfasst, die in den kon-zentrierten Siedlungsgebieten von Russlanddeutschen leben. Es fanden sich noch mehr Familien, in denen beide Elternteile deutscher Herkunft sind. Die Region ist in besonderem Maße von Migration betroffen. Diesendorf (2007) spricht in einer Auswertung der Zahlen der Volkszählungen von 1989 und 2002 von einem dramatischen Rückgang der deutschen Bevölkerung im Omsker Gebiet. Generell seien insbesondere die konzentrierten Siedlungsgebiete von Auswanderung betroffen und hier seien es vorwiegen die herkunftshomogenen Familien die emigrierten. Ohne die nicht unerhebliche Zuwanderung von Deut-schen aus Kasachstan in die deutschnationalen Rayons, hätten diese ihren Charakter als konzentrierte Siedlungsgebiete längst eingebüßt.

Der Anteil der Deutschen im Nowosibirsker Gebiet beträgt 1,76 %.

Die Respondenten der Online-Umfrage leben mehrheitlich (71%) in Russland, davon etwa jeder fünfte in Sibirien. Durch die Ortsunabhängigkeit des Mediums konnten jedoch auch Personen in anderen GUS-Staaten erfasst werden. 14 % der Antworten stammen aus der Ukraine, wo die landesweite Jugendorganisa-tion der Deutschen auf Ihrer Internetseite für die Teilnahme an der Umfrage geworben hat. Neben weiteren 13 % an Antworten aus Kasachstan, ging auch eine Person aus Kirgisien in die Auswertung mit ein.

Die Untersuchung stellt kein repräsentatives Abbild der russlanddeutschen Bevölkerung nach ihren demographischen und/oder sonstigen sozialstatistischen und -strukturellen Merkmalen dar. Die Schichtungsmerkmale der Respondenten entsprechen nicht der Sozialstruktur in Russland. Die den Interviewern vorge-gebenen Quoten - nach Alter, Geschlecht, Stadt-Land, Ausbildung, Beruf und Studium - ließen sich nicht realisieren. Da eine überproportional hohe Zahl von jungen Studierenden befragt wurde, lassen sich die Ergebnisse jedoch in Rich-tung einer schlüssigen Wiedergabe der Lebenslage von angehenden Akademi-ker/innen interpretieren.

Auf jeden Fall kommt dieser Untersuchung mehr als eine explorative Bedeutung zu. Die Aussagen werden durch die narrativen Interviews prinzipiell validiert.

Tabelle 8: Erhebungswellen

Zeitraum	Zahl der Interviews
2004/2005	3
02.2007	1
05-08.2007	11
01-03.2008	9
05-06.2008	7
gesamt	31

Drei der in die Analyse einbezogenen Interviews stammen bereits aus der Vorbereitungsphase in 04/05, ein wieteres wurde zum Projektstart im Februar 2007 geführt. Es folgten drei weitere Erhebungswellen. Hierbei fanden im Sinne einer Methodenintegration Ergebnisse der Interviews in die Ausarbeitung der Fragebögen für Friedland und Russland Eingang.

Die überwiegende Mehrzahl der Interviews wurde mit Jugendlichen geführt, die sich im Rahmen des Integrationsprogramms in Friedland aufhielten. Sie ergaben einen Rückblick auf die Biographie und die Migrationsgeschichte und die Ersteindrücke von Deutschland. Außerdem boten Sie eine Sicht auf das dort vorgehaltene Programm.

Tabelle 9: Ort des Interviews

		Zahl der Interviews
Deutschland	Friedland	23
	Hildesheim	2
	Salzgitter	1
Sibirien	Omsk	3
	Asowo	1
	Nowosibirsk	1
gesamt		31

Die in Sibirien geführten Interviews, rundeten das Bild ab.

Tabelle 10: Herkunft der Interviewten

	Zahl der Interviews
Kasachstan	12
Russland	17
Ukraine	2
Usbekistan	1
gesamt	32[30]

Entsprechend der Ausrichtung unseres Projektes wurden vor allen Dingen Personen aus Russland und Kasachstan befragt. Es sind jedoch auch einzelne Personen aus der Ukraine bzw. aus Usbekistan mit in die Analyse aufgenommen worden.

---

[30] Da ein Interview als Doppelinterview geführt wurde, wurden 32 Personen interviewt.

Tabelle 11: Altersklasse der Interviewten

Bei den meisten derjenigen, die uns für ein Interview zur Verfügung standen, handelt es sich um junge Erwachsene.

	Zahl der Interviews
12 – 15 Jahre	5
16 – 17 Jahre	5
18 – 19 Jahre	4
20 – 26 Jahre	18
gesamt	32

Tabelle 12: Geschlecht der Interviewten

	Zahl der Interviews
männlich	20
weiblich	12
gesamt	32

Männliche Jugendliche waren für uns leichter zu erreichen als weibliche, da wir den Kontakt über den Jugendclub des Lagers gesucht haben, in dem sich mehr männliche Jugendliche aufhielten. In der letzen Erhebungswelle haben wir uns daher bewusst über die Koordinatorin der Deutschkurse Kontakt zu weiblichen Jugendlichen vermitteln lassen.

Die Teilstudien zusammengenommen zeichnen ein prägnantes Bild der Lebenssituation junger Menschen mit deutschen Wurzeln in Russland und Kasachstan.

Es wird deutlich, wie die russische Gesellschaft sich wandelt. Die Lage der Jugendlichen unterliegt den Transformationsprozessen in Russland und schmiegt sich ebenfalls an übergreifende transkulturelle, kultur- und verhaltensästhetische Muster des Lebens in der Postmoderne an. Gleichzeitig treten subjektive Orientierungsmuster hervor, die deutliche Unterschiede zwischen jungen Menschen in Deutschland und Russland markieren.

Im Sinne der Ausgestaltung lebensweltbezogener Analysen, ist diese Studie ein Beitrag, die Lebenswelt der Betroffen zum Sprechen zu bringen. Der Alltag, Verhaltensweisen, familiale Situation, wahrgenommene Chancen und Grenzen der Entfaltung des Einzelnen treten hervor. Dies gilt ebenso für das Geworfensein in die Moderne, die persönlichen, äußerlichen Darstellungs- und Verhaltensweisen, Moden und Trends, die scheinbar subjektiv sind, aber faktisch der massenmedialen Beeinflussung unterliegen.

21 Familiale Orientierung, Netzwerke und Beziehungen der Jugendlichen

Auch in Russland scheint es zu einer langsamen Auflösung traditioneller Familienstrukturen zu kommen. Dies belegt nicht nur die steigende Scheidungsrate in der offiziellen Statistik. Unter den 164 Jugendlichen aus unserer Umfrage, die noch bei den Eltern wohnen, leben immerhin 18 % mit nur einem Elternteil zusammen. Diese Tendenzen treten in den Untersuchungen im Raum der Großstädten Omsk und Nowosibirsk wesentlich stärker zu Tage als in dem Umfrageteil aus Tula. Sechs Jugendliche aus den verschiedenen Umfrageteilen leben nur mit ihren Großeltern zusammen.[31]

Allerdings lassen sich in unserem Material keine Anzeichen für die von Castells u.a. beschriebene Pluralisierung von Familienformen finden. Stiefväter und –mütter sind (noch) eine Seltenheit (jeweils zwei Nennungen) und auch die Kategorie „Zusammenleben mit anderen" wurde nur selten gewählt (insgesamt neun Nennungen). Die meisten der Mütter, die nicht (mehr) mit dem Vater ihrer Kinder zusammen leben, leben ohne einen neuen Partner. Sechs der zehn Geschiedenen und eine der getrennt lebenden jungen Menschen leben bei ihren Eltern. Auffallend ist im Kontrast zu Tula die relativ große Anzahl von Singlehaushalten in und um Omsk und Nowosibirsk. Diese Tendenz scheint zumindest teilweise mit vorangegangener Migration (z.B. aus Kasachstan) im Zusammenhang zu stehen, wobei jedoch offen bleibt, ob Migration zur Verselbständigung der Jugendlichen beiträgt oder ob sie vielmehr bereits deren Ausdruck darstellt. Generell sind jedoch offensichtlich die Gründung einer eigenen Familie bzw. das Zusammenziehen mit einem Partner die Hauptgründe für einen Auszug aus dem elterlichen Haushalt.

Die Heirat ist offensichtlich in den meisten Fällen mit der Gründung eines eigenen Haushaltes verbunden. Nur zwei der Verheirateten leben noch mit den Eltern zusammen, neben diesen gibt es noch zwölf weitere Mehrgenerationenhaushalte, in denen die Jugendlichen mit mindestens einem Elternteil und min-

---

[31] Von diesen gibt eine an, keinen Kontakt zu ihren Eltern zu haben, zwei weitere haben keinen Kontakt zu ihrer Mutter, einer zu seinem Vater. Die weiterhin bestehenden Verbindungen werden jedoch durchgehend als gut oder sehr gut eingestuft. Die Tatsache, dass diese Jugendlichen nicht bei den Eltern leben, mag also praktischen Überlegungen entspringen.

destens einen Großelternteil zusammenleben. Dies entspricht einem Anteil von 5 %, stellt also deutlich den Ausnahmefall dar.

112 der 130 Jugendlichen (86 %), die bei beiden Eltern wohnen, charakterisieren die Beziehung zu beiden Elternteilen als gut oder sehr gut, nur eine Person gibt an, zu beiden ein sehr schlechtes Verhältnis zu haben.

Sogar 42 der 58 Personen, die nicht (mehr) mit ihren Eltern zusammen leben, sehen das Verhältnis zu beiden Elternteilen als gut oder sehr gut an, dies bedeutet immerhin einen Anteil von 72 %. Nur einer der Befragten klassifiziert das Verhältnis zu beiden als schlecht. Allerdings haben zwei zu keinem Elternteil Kontakt.[32] Bei den übrigen besteht in der Regel zumindest ein gutes Verhältnis zu einem Elternteil.

Die Beziehungen zu den abwesenden Elternteilen in den Ein-Eltern-Familien stellen sich wie folgt dar: Von vier Jugendlichen, die nur mit ihrem Vater zusammenleben, hat nur einer keinen Kontakt mehr zur Mutter. Von 20 Jugendlichen, die nur mit ihrer Mutter zusammenleben, haben hingegen 13 den Kontakt zu ihrem Vater verloren oder aufgegeben. In der Regel wird aber von den betroffenen Jugendlichen das Verhältnis zu allen Elternteilen, mit denen Kontakt besteht, als mindestens durchschnittlich, eher jedoch noch besser beurteilt.

- Ansprechpartner bei Problemen

Die Stärke der familialen Bindungen unterstreicht die Frage nach den Ansprechpartnern bei Problemen. In diesem Bereich sind die Mütter ungeschlagen, sie werden von 72 % zu Rate gezogen, die Väter erreichen hier einen Wert von nur 43 %, wobei 41 % Probleme mit beiden Eltern besprechen. Nur etwa jeder Vierte gibt keinen Elternteil als Ansprechpartner an. Dies betrifft vermehrt die männlichen mit 36 % gegenüber 21 % der weiblichen Befragten, während sich der Anteil derer, die mit beiden Eltern sprechen, zwischen den Geschlechtern nicht unterscheidet. Allerdings wird von 38 % der Respondentinnen alleine die Mutter zu Rate gezogen, was nur auf 20 % der männlichen Jugendlichen zutrifft.

Freunde werden wesentlich seltener als Mütter von etwa jedem zweiten Befragten um Rat gebeten (49 %), womit sie allerdings noch vor den Vätern den zweiten Platz halten. Allerdings sollte man hieraus nicht vorschnell auf eine Peer-Group-Orientierung schließen. Nur für etwa ein Drittel der so antwortenden Jugendlichen, sind die Eltern nicht mehr Ansprechpartner. Von diesen geben vier an, Probleme mit dem Ehe- und Lebenspartner zu besprechen und elf

---

[32] Es wurde darauf verzichtet zu erheben, aus welchem Grund kein Kontakt besteht. Daher ist neben einem Kontaktabbruch auch immer die Möglichkeit in Betracht zu ziehen, dass der betreffende Elternteil verstorben ist.

nennen Geschwister. Also ist bei einem Teil trotzdem auch eine Orientierung auf Familie als Problemlösungsinstanz vorzufinden. In Familien mit Geschwisterkindern beraten sich 39 % mit ihren Geschwistern[33].

Der Auszug aus dem Elternhaus führt nicht zwangsläufig dazu, dass Eltern ihre Rolle als Berater einbüßen, was zu der Feststellung einer guten Beziehung der unabhängig Lebenden zu ihren Eltern durchaus passt. Von 63 besprechen sich 19 mit beiden Eltern, weitere 17 nur mit der Mutter und vier nur mit dem Vater. Von den 23 Jugendlichen, die ihre Eltern nicht (mehr) zu Rate ziehen, geben 11 ihren Lebenspartner an, was bedeuten kann, dass die eingegangene Partnerschaft in diesem Bereich die Orientierung an der Herkunftsfamilie ersetzt hat. Dass dies nicht zwangsläufig der Fall ist, belegen die dreizehn der 23 Verheirateten die ihre Probleme weiterhin (auch) mit mindestens einem Elternteil besprechen.[34]

Sonstige Familienangehörige mit 7 %, Beratungsstellen und Pädagogen mit 6 % und andere mit 2 % spielen bei der Hilfe zur Problemlösung eine untergeordnete Rolle. Beratungsstellen werden hierbei zusätzlich zu den Gesprächspartnern des familialen Netzes und den Freunden in Anspruch genommen. Dabei fällt auf, dass nur jeder Dritte in der Untersuchung angibt, überhaupt Institutionen zu kennen, an die er/sie sich wenden kann, nur rund jeder Vierte gibt bei der darauf folgenden offenen Frage auch tatsächlich eine an.[35] Ob dies als ein Hinweis auf ein wenig ausgebautes System an Beratungsstellen zu werten ist, oder auf mangelnde Kenntnis der Angebote seitens der Jugendlichen hinweist, bleibt offen. Die Kollegin Mavrina (2009) aus Omsk deutet dies eher in die zweite Richtung. Verwunderlich erscheint dies insbesondere aufgrund der Tatsache, dass es sich bei etlichen der Befragten in Omsk um Studierende des Sozialen Bereichs (Psychologie, Pädagogik, Soziale Arbeit) handelt.

Migrationssozialarbeiter der Caritas in Hildesheim schreiben insbesondere den männlichen russlanddeutschen Spätaussiedlern große Hemmungen bei der Inanspruchnahme ihrer Dienste zu. Hier ist es offensichtlich insbesondere wichtig, die Neutralität der Institutionen herauszustellen. Viele der Betroffenen be-

---

[33] Es ist zu vermuten, dass die Beratungsinstanz mit den Beratungsinhalten variiert.

[34] Es finden sich sogar fünf Jugendliche, die - obwohl verheiratet – ihren Lebenspartner nicht als Ansprechpartner für Probleme nennen. Die vier weiblichen Jugendlichen, bei denen dies der Fall ist, besprechen Probleme weiterhin mit ihrer Mutter (eine zusätzlich auch mit dem Vater).

[35] Spitzenreiter unter den genannten Beratungsbereichen ist der medizinische Sektor mit 12 Nennungen. An zweiter Stelle stehen mit 10 Nennungen verschiedene telefonische Hilfsangebote (darunter 5 Sorgentelefon, 4 Telefonseelsorgen), 9 Nennungen beziehen sich auf den Bildungssektor (darunter 4 auf das Komitee für Volksbildung, die übrigen auf Schule, Uni, Lehrer, Dozenten), 9 weitere auf psychologische Beratungsangebote. Das „Komitee für sozialen Schutz" und weitere soziale Einrichtungen rangieren mit sechs Nennungen auf gleicher Höhe mit der Administration noch hinter der Rechtsberatung mit sieben.

fürchteten in den Blick staatlicher Kontrolle zu geraten, wenn Sie eine Beratungsstelle aufsuchen[36]. Dies verweist in Richtung auf eine bislang nur schwach ausgeprägte Etablierung unabhängiger Hilfeinstitutionen in Russland, es fehlt eine institutionelle Beratungskultur und -vielfalt, worauf auch die Überrepräsentanz von Institutionen des medizinischen Sektors in den Aufzählungen der Respondenten unserer Umfrage verweist.

Acht Jugendliche (davon sechs männliche, zwei weibliche), das entspricht einem Anteil von etwa 4 %, geben an, keinen zu haben, mit dem sie über Probleme sprechen können.

Insgesamt wird deutlich, dass vergleichbar und sogar noch stärker als in der Shellstudie, für die von uns befragten Jugendlichen Familie einen hohen Stellenwert hat. Auch in Russland fungiert die Familie als sicherer Halt und Basis. In ihr werden enge Beziehungen gepflegt und von ihr erwarten die Jugendlichen Schutz und Hilfe bei aufkommenden Problemen. Eine Orientierung an der Peer-Group scheint hingegen nur schwach ausgeprägt zu sein. Kontakte mit Gleichaltrigen werden zwar als wichtig eingeschätzt (siehe unten) und gepflegt, doch treten diese, gerade wenn es um die Bewältigung von Problemen geht, hinter den familialen Beziehungen in ihrer Bedeutsamkeit zurück.

▪ Transnationale Netze

Knapp 82% der befragten Jugendlichen deutscher Herkunft in Russland geben an, Verwandte in Deutschland zu haben. Häufig handelt es sich dabei um entferntere Verwandte, doch immerhin haben vier von zehn Jugendlichen Großeltern in Deutschland und nahezu jeder Fünfte Geschwister. Man kann davon ausgehen, dass ein beachtlicher Teil der Jugendlichen in transnationale familiale Netzwerke eingebunden ist.

Diese Netzwerke haben, wie dies von Pries (1997) betont wird, Auswirkungen auf Migrationspläne und deren Umsetzung seitens der zunächst im Land Verbliebenen. Tatsächlich geben etwa die Hälfte der 150 Jugendlichen, die Angaben zur Vorbereitung auf eine mögliche Migration machten, an, dass sie Gespräche mit Verwandten in Deutschland zur Vorbereitung nutzen würden. Die Information über die ausgewanderten Verwandten führt nicht zwangsläufig dazu, dass die Jugendlichen die mögliche Migration nach Deutschland durch eine rosarote Brille betrachten. Alle bis auf einen erwarten Schwierigkeiten beim Einleben in Deutschland. Dies betrifft vor allem die sprachliche Verständigung. Folgerichtig wollen 86 % derjenigen, die sich über Verwandte in Deutschland informieren, vor der Ausreise ihre Deutschkenntnisse verbessern.

---

[36] Zu den Hemmungen bei der Inanspruchnahme von Beratung vgl. auch Boos-Nünning 2005

Gleich an zweiter Stelle der genannten erwarteten Probleme stehen solche, die sich auf die berufliche Integration im Migrationsland beziehen.

Offensichtlich differenzieren sich die Erwartungen der Auswanderungswilligen zusehends, während die Literatur für die vorangegangenen Kohorten noch konstatierte, dass diese meist mit einem idealisierten, stark verzerrten Deutschlandbild im Kopf einreisten. Dies ist zum einen sicherlich der besseren Verfügbarkeit von Informationen in der Netzwerkgesellschaft geschuldet, teils sinkt wohl auch die Tendenz unter zuvor Ausgewanderten, die Situation zu schönen. Auf beide Entwicklungen gibt es auch in den Interviews entsprechende Hinweise:

> „..., aber früher hat man ganz falsche Vorstellungen von Deutschland, dass es wirklich ein Schlaraffenland ist. Dass man einmal nach Deutschland kommt und dann sind alle Probleme erledigt auf einmal (.). Ja, jetzt, also jetzt gibt's mehr Informationen auch (mhm). Jetzt gibt's Internet, jetzt gibt's also die Familien, die zurückgekehrt sind,...(Interview RKWGca.24[37] 220-224).

> „Ja, das meiste habe ich von meinen Verwandten, ja, und im Internet habe ich viel gelesen. Mit meinem Onkel habe ich Kontakt über das Internet. Aber die sind so pessimistisch, jammern immer wieder, dass in Deutschland von Jahr zu Jahr alles schlechter wird. Ach, sie haben schon lange in Russland nicht gelebt. Sie sind vor langer Zeit ausgereist und denken, hier wird alles besser. Ja, und dann sagen sie mir, bereite dich vor, du wirst in Deutschland zu der zweiten Sorte von Menschen gehören. Ja, und was bin ich hier, erste Sorte oder was?" (Interview RKWE23 72-78)

Neben den Verwandten gehören bei einigen Jugendlichen auch andere Personen zu transnationalen Netzwerken. So gibt in etwa jeder Siebte an, sich durch Gespräche mit Freunden oder Bekannten in Deutschland auf die Ausreise vorzubereiten. In der Onlineumfrage sind es sogar 10 von 18, was als ein Hinweis auf die Bedeutung der neuen Medien bei der Etablierung und Aufrechterhaltung grenzüberschreitender Bezüge gewertet werden kann. Auch in den Schilderungen der interviewten Jugendlichen spielen die neuen Medien in der Pflege von Kontakten eine große Rolle:

> I: „Hast du jetzt noch Kontakt mit ihnen (den Freunden aus Usbekistan d. V.)?"
> A: „Ja, ich rufe an und per Internet haben wir auch Kontakt (..) bald wollen wir auch ein Päckchen dahin schicken, ein Freund hat Geburtstag" (Interview DUsMA14 68-70).

> I: „Siehst du ihn (den nach Deutschland ausgewanderten Bruder d. V.) oft?"
> E: „Ähhh, es ist schon seit zwei Jahren, zwei Jahren, ja und ich fahre im August. Im, am 30., äh, Juli fahre ich nach Deutschland. Ich habe schon die Flugkarte ge-

---

[37] Das System der Interviewkennung enthält Informationen zum Ort des Interviews und Merkmalen des Interviewten und ist im Anhang erläutert.

kauft und ich werde dort einen Monat, August... Aber er sendet schöne Briefe sehr oft und so weiter, er gibt Internet, Email, und so weiter, ja. Eine gute Zusammenhang, ja" (Interview RRME18 100-104).

I: „Und ihr Bruder wollte aber da bleiben?"

E: „Naja, er war verliebt (lacht). Und er wollte lieber bei Sohn bleiben und das war´s. Ja, aber er wollte überhaupt nichts hören von Deutschland (Ja). Ja, und jetzt will er, eh, vielleicht komme ich auch? (lacht) Ja, ich telefoniere nicht oft mit ihm, aber, ich schreibe Mail" (Interview DRWE26 265-268).

Dennoch vermittelt sich hier nicht das Castells´sche Bild einer durch das Internet gestifteten örtlichen und zeitlichen Unabhängigkeit in der Wahl von Interaktionspartnern. In den Äußerungen zur Nutzung des Internets geht es um die Pflege bereits bestehender Bindungen, die häufig nur durch Migration zu transnationalen geworden sind. Lediglich in einer einzigen Äußerung erscheint das Internet auch als Medium des Kennen Lernens, des Stiftens von Beziehungen.

„Ich möchte, natürlich, nach Schweinfurt fahren, weil viele meiner Freunde, aus unserer Clique hier (in Friedland d. V.), viele in Schweinfurt leben. Und so habe ich viele schon im Internet kennen gelernt. Man möchte, natürlich, schon nach Schweinfurt fahren (lacht dabei)" (Interview mit DRWS18 177-181).

Auch in diesem Fall sind jedoch zuvor aus realen Kontakten entstandene Beziehungen der Ausgangspunkt. Die „Clique", die sich vermutlich aus dem Zusammensein im Integrationszentrum in Friedland gebildet hat, ist der Ausgangspunkt für die Suche nach weiteren Kontakten. Wenngleich diese Verbindungen sich also im ortlosen Raum des Internets entwickeln, haben diese selber keinen raumlosen Charakter; die Beziehungen oszillieren um den Ort, an den die Mitglieder der Clique von Friedland aus weitergewandert sind.

Die Netze sind zwar transnational in dem Sinne, dass sie über nationale Grenzen hinweg existieren, allerdings in den meisten Fällen nur binational, bzw. im Fall von Kettenmigration mit Bezug zu drei nationalen Kontexten ausgerichtet.

▪ „In" und „out" im Internet

Zur Internetnutzung durch die Befragten unserer Untersuchung liegen aus verschiedenen Fragestellungen heraus Daten vor. Einen Eindruck vermittelt die Frage nach der Vorbereitung auf die Migration[38]. Hier ergeben sich in der Untersuchung in Friedland (über alle Altersgruppen hinweg) folgende Erkenntnisse:

---

[38] Der Migrationsberater der Caritas in Friedland vertrat im Experteninterview im Juni 2009 die Auffassung, dass trotz bestehender Netzwerkzugänge das Internet kaum als Medium der Information genutzt werde.

180

Obwohl sich die männlichen Befragten etwas häufiger durch das Internet informiert haben (33% gegenüber 28% der weiblichen Befragten) besteht hier keine signifikante Korrelation.

Hingegen ist der Zusammenhang zwischen Internetnutzung zur Vorbereitung und der Zugehörigkeiten zu den Berufsgruppen hochgradig signifikant. Der Wert steigt noch, wenn man bei der Korrelation die dichotome Variable „Akademiker - Nicht-Akademiker" verwendet.

Tabelle 13: Korrelationen zur Vorbereitung mit dem Internet

unabhängige Variablen	Vorbereitung mit dem Internet – abhängige Variable	
	Spearman-Rho[39]	
	Korrelationskoeffizient	Signifikanz
Geschlecht[40]	-0,054	0,484
Altersklassen	-0,258**	0,001
Berufsbereiche	0,265**	0,003
Akademiker[41]	0,323**	0,000
Internetnutzung in der Freizeit	0,484**	0,000

** Die Korrelation ist auf den 0,01 Niveau signifikant (zweiseitig)

Ein signifikanter Zusammenhang findet sich auch bezüglich des Alters und der Nutzung des Internets zur Vorbereitung auf das Leben in Deutschland. Es sind vornehmlich die Jüngeren, die dieses Medium nutzen.

Interessanterweise erfolgen die Nutzung des Internets und das Chaten als Freizeitbeschäftigung allerdings durch die Angehörigen der mittleren Altersklasse mit nahezu 30 % gegenüber knapp 25 % der Jugendlichen am häufigsten.

Tabelle 14: Korrelationen zur Internetnutzung in der Freizeit

unabhängige Variablen	Internetnutzung in der Freizeit– abhängige Variable	
	Spearman-Rho	
	Korrelationskoeffizient	Signifikanz
Geschlecht[42]	-0,095	0,213
Altersklassen	-0,190*	0,012
Berufsbereiche	0,284**	0,001

* Die Korrelation ist auf den 0,05 Niveau signifikant (zweiseitig)
** Die Korrelation ist auf den 0,01 Niveau signifikant (zweiseitig)

---

[39] Hier wie in den meisten folgenden Fällen wurden die Korrelationen mit dem Spearman-Rho-Koffizienten errechnet, da eine oder mehrere der einbezogenen Variablen ordinalskaliert oder nicht normalverteilt waren.
[40] Da es sich bei der Geschlechterzugehörigkeit um eine dichotome Variable handelt, darf diese wie eine metrisch skalierte behandelt werden, obwohl sie streng genommen nur Nominalskalenniveau aufweist.
[41] Für die Variable Akademiker gilt dasselbe wie für das Geschlecht.

Vermutlich haben Jugendliche aufgrund der damit verbundenen Kosten in Russland noch nicht in größerem Umfang einen eigenen Zugang zum Netz.

Offensichtlich gibt es ebenfalls einen signifikanten Zusammenhang zwischen der Nutzung des Internets in der Freizeit und als Medium der Informationsgewinnung. Doch gibt es immerhin 26 Personen, die das Internet zur Vorbereitung auf die Auswanderung verwendet haben, obwohl sie sich nach eigener Aussage in ihrer Freizeit nicht häufig damit beschäftigen. Dies betrifft 15 von 45 Jugendlichen, so dass davon ausgegangen werden kann, dass Jugendliche auch ohne eigenen Zugang über Institutionen die Möglichkeit haben, Recherchen durchzuführen.

In eine ähnliche Richtung deuten die Ergebnisse der Befragungen in Russland: 39 % in der Umfragen in Omsk, Tula und Nowosibirsk geben Internetnutzung und Chaten als Hobbys an, bei der Online-Umfrage sind dies 59 %. Diese Werte geben wahrscheinlich einen ungefähren Hinweis auf diejenigen, die relativ problemlos Zugang zum Internet haben also im Sinne Castells´ „in" sind[43]. In der Umfrage an den drei Hochschulstandorten geben 58 % der Ausreisewilligen an, sich durch das Internet über das Leben in Deutschland informieren zu wollen, wobei von diesen nur 41 % Surfen oder Chaten zu ihren Freizeitbeschäftigungen zählen[44].

Zusammenfassend kann man feststellen, dass ein großer Teil der Jugendlichen in Bezug auf das Internet weder ganz „in", noch ganz „out" ist. Sie können das Netz nutzen, vermutlich aber nicht frei über die Nutzung entscheiden, da dies nicht zur häuslichen Medienausstattung gehört.

---

[42] vgl. Fußnote 40

[43] Darüber hinaus gibt es jedoch sicher noch weitere Personen, die gelegentlich oder z.B. dienstlich das Internet nutzen können, dies trifft z.B. für alle übrigen Respondenten der Onlineumfrage zu.

[44] Sicher gibt es auch einzelne die trotz bestehender Möglichkeiten kein Interesse an der Internetnutzung haben oder sich dies nicht zutrauen. Deren Zahl dürfte jedoch vergleichsweise gering sein. So erklärte nur etwa jeder Zehnte Jugendliche in Friedland, er habe an der Nutzung des dortigen Internetcafés kein Interesse.

22 Jugendliche zwischen Pragmatismus, Gemeinschaftssinn und Zukunftsängsten

Wir haben uns bei der Fragebatterie zur Freizeitgestaltung zum einen an die 15. Shellstudie[45] von 2006 angelehnt, zum anderen haben wir einige Kategorien aus der Untersuchung von Dietz und Roll von 1998 übernommen, andere umformuliert.[46] In der Gesamtschau der Ergebnisse ergeben sich zahlreiche aufschlussreiche Unterschiede zwischen den Gruppen.

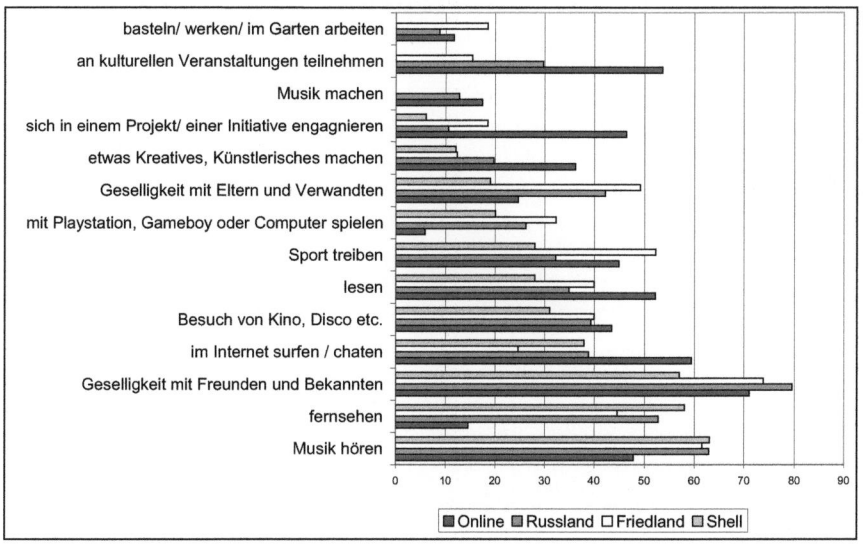

Abbildung 5: Freizeitgestaltung der Jugendlichen in % der Nennungen

---

[45] Im Folgenden kurz als Shellstudie bezeichnet.
[46] Schon daher müssen wir bezüglich der Vergleichbarkeit bei diesen Kategorien Einschränkungen machen. Zum anderen haben wir die Idee nur die fünf häufigsten Arten der Freizeitgestaltung zu erfassen nach den Pretest aufgeben, da sich zu viele der schriftlich Befragten nicht an die Vorgabe gehalten haben. Daher haben wir in der Folge keine Zahl vorgegeben und somit die unmittelbare Vergleichbarkeit mit der Shellstudie und der Untersuchung von Dietz und Roll der innerhalb der befragten Gruppe geopfert.

In der Grafik wurden die Ergebnisse der Shellstudie den jeweils erfassten aus drei Teilen unserer Untersuchung gegenübergestellt: der Umfrage in Friedland, der in Russland (Omsk, Tula und Nowosibirsk) und der Online-Umfrage. In Friedland haben wir die Freizeitaktivitäten vor der Ausreise erfasst.

Zunächst einmal zeigen sich besonders auffallende Werte bei den Respondenten in der Online-Umfrage. Diese liegen nicht nur bei der Internetnutzung weit vorne, sie nehmen am weitaus häufigsten an kulturellen Veranstaltungen teil, sind in der Freizeit öfter kreativ und engagieren sich mehr als alle anderen in Initiativen. Auch beim Lesen liegen sie vor den anderen. Dies stützt den Eindruck, dass in der Stichprobe der Online-Umfrage überzufällig häufig Repräsentanten der russlanddeutschen Organisationen enthalten sind. Es handelt sich bei diesen Respondenten vornehmlich um engagierte junge intellektuelle Erwachsene.

Die Ergebnisse aus Friedland, Omsk, Tula und Nowosibirsk weisen größere Übereinstimmungen auf. Unterschiede erklären sich hier aus dem im Schnitt etwas höheren Bildungsstand und Sozialstatus der in Russland Befragten sowie der Tatsache, dass es sich bei diesen mehrheitlich um Städter bzw. am städtischen Leben Orientierte handelt.

Die Kategorie „basteln/werken/im Garten arbeiten" wurde von uns nach dem Pretest hinzugefügt, da sich ein großer Teil der freien Einträge auf diesen Bereich bezog. Über alle Altersgruppen hinweg ausgewertet, nimmt diese Kategorie über 40% ein. Betrachtet man nur die Jugendlichen, so sind es unter den in Friedland befragten immerhin noch 19 %, die auf diese Weise ihre Freizeit verbringen, typisch ist dies insbesondere für den ländlichen Raum. Hierbei sind die Grenzen zwischen Freizeitgestaltung und notwendiger Subsistenzwirtschaft möglicherweise fließend.

Leider liegen weder für den Besuch der kulturellen Veranstaltungen noch für das Basteln oder Musizieren Vergleichswerte aus der Shellstudie vor.

Die Befragten der Shellstudie geben weitaus seltener an, sich in Projekten oder Initiativen zu engagieren, doch mag sich dies aus der Begrenzung der Antwort in der Shellstudie auf fünf Hauptbeschäftigungen erklären.

Auffallend ist der Unterschied der Freizeitgestaltung im Kreis der Familie[47]. Dass hier die Werte der in Friedland Befragten noch einmal höher liegen, mag seine Ursache darin haben, dass die Migration meist im Familienverband stattfindet und die Familienmitglieder in der Migration spüren, noch stärker aufeinander angewiesen zu sein.

---

[47] Wir haben uns allerdings in Abweichung von der Shellstudie, die nach „Unternehmungen" mit der Familie fragt, für eine Formulierung entschieden, die nicht organisierte Formen der Freizeitgestaltung suggeriert, und nach „Geselligkeit" mit Eltern und Verwandten gefragt.

Auffällig ist weiter die geringe Bedeutung von Computer- und Konsolenspielen bei der Online-Umfrage. Obgleich offensichtlich alle über Zugang zu einem PC verfügen und weit häufiger als die Befragten aller anderen Untersuchungsteile angeben, in ihrer Freizeit im Internet zu surfen oder zu chaten, wird am Computer seltener gespielt und sie sehen weniger fern. Sie entsprechen ganz offensichtlich in der Mehrheit nicht dem in der Shellstudie herausgearbeiteten Typus des „technikfreaks". Der PC ist für sie Medium der Information und des Kontaktes. Sie unterscheiden sich bei der Geselligkeit mit Freunden und Bekannten nur wenig von den übrigen Befragten. Zwar weisen sie hier etwas geringere Werte auf als die in Friedland, Omsk, Tula und Nowosibirsk, doch liegen diese noch deutlich über denen der Shellstudie. Dass Geselligkeit mit Eltern und Verwandten bei Ihnen eine deutlich geringere Rolle spielt als in den anderen Gruppen von Russlanddeutschen, ist möglicherweise darauf zurückzuführen, dass in dieser untersuchten Gruppe die höheren Altersklassen stärker vertreten sind.

In der Gesamtschau der Ergebnisse zu den Freizeitaktivitäten fällt auf, dass die Befragten in und aus den GUS-Staaten bei allen gemeinschaftsbezogenen Aktivitäten höhere Werte aufweisen, wobei ein Teil des Abstandes durch die zahlenmäßige Beschränkung der Antworten in der Shellstudie entstanden sein mag. Dennoch kann man hier von einem Muster sprechen, da sich bei anderen Antwortkategorien ein solcher Vorsprung nicht zeigt.

Ein starkes Bedürfnis nach Geselligkeit trat auch in den Untersuchungen im Integrationszentrum in Friedland hervor. Für 63 % der Jugendlichen gehörte der Besuch im dortigen Jugendclub fest zum üblichen Tagesablauf. Die Außenflächen wurden bei gutem Wetter rege genutzt, 74 % gaben Grillen und Picknick als Freizeitbeschäftigungen an. Unter den Angeboten des Zentrums erfreuten sich insbesondere Angebote großer Beliebtheit, bei denen Begegnung im Vordergrund stand[48].

- Vom Unbehagen in der Gesellschaft

In der Befragung der Jugendlichen in Russland treten teils massive Ängste und Sorgen zu Tage. In einer Fragebatterie zu diesem Thema hat die Hälfte der Befragten für mindestens fünf der dreizehn vorgegebenen Antwortkategorien Ängste artikuliert, jeder Vierte gab an, in mindestens acht der genannten Bereiche Befürchtungen zu haben.

---

[48] So z.B. der Frauengesprächskreis mit 41 % und das „Montagstreffen" im DRK mit 24 %, vgl. Zwischenbericht 2007

Am deutlichsten manifestiert sich dies in den Bereichen Arbeit und soziale Absicherung. 96 %[49] befürchten den Verlust des Arbeitsplatzes, beziehungsweise sorgen sich darum, ihren Ausbildungsplatz zu verlieren bzw. keinen zu erhalten; immerhin noch 70 % sehen sich von zunehmender Armut bedroht. Die Sorge um den Arbeits- und Ausbildungsplatz, sowie die um steigende Armut teilen die Befragten unserer Studie mit den deutschen Jugendlichen in der Shellstudie von 2006. Während die Befürchtungen zur steigenden Armut in der Shellstudie mit 72 % leicht höher sind als in unserer Studie, fallen die Werte bezüglich des Verlustes oder Nichterlangens eines Arbeits- oder Ausbildungsplatzes hier in Deutschland mit 69 % deutlich geringer aus (Shell Deutschland Holding 2006:171).[50]

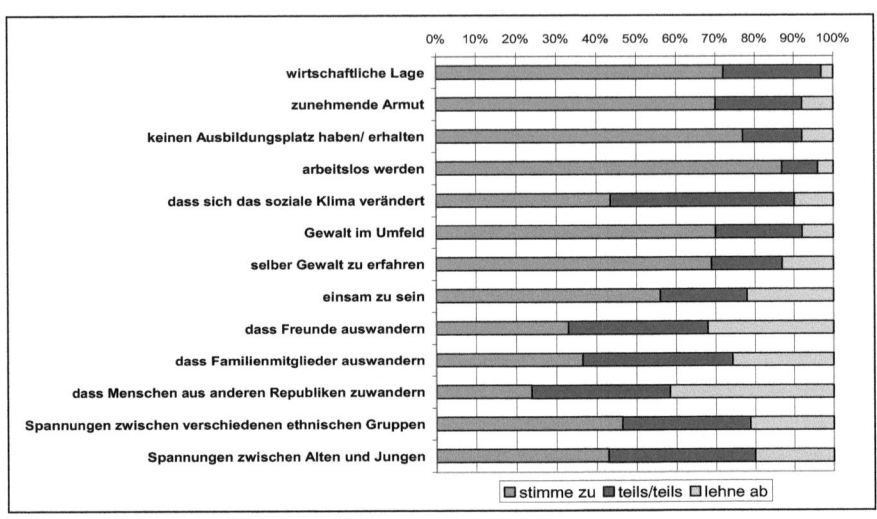

Abbildung 6: Ängste und Sorgen in %[51]

Die Sorge um Gewalt im Umfeld ist in Russland mit 70 % hoch angesiedelt, wobei 69 % befürchten, selber Gewalt zu erfahren, Letzteres gilt für 39 % in der Shellstudie (ebd.: 171). Den befragten russlanddeutschen Jugendlichen fehlt es deutlich an Vertrauen in die Stabilität und Sicherheit ihrer Situation in der Ge-

---

[49] Dieser Wert repräsentiert diejenigen Befragten die mindestens einer der beiden aufgeführten Kategorien zugestimmt haben.
[50] Da die Shellstudie auf eine neutrale Antwortkategorie verzichtet hat, ist der Abstand in den Einstellungen der Jugendlichen vermutlich noch größer als er sich hier bereits abzeichnet.
[51] In der Auswertung wurden der Vergleichbarkeit halber nur die gültigen Prozente berücksichtigt, wodurch N zwischen 204 und 156 variiert.

sellschaft. Die Wahrnehmung der Jugendlichen erscheint weniger nur als die Sicht auf eine im Zuge der Globalisierung sich auffächernde Gesellschaft, die dem Einzelnen (möglicherweise zu viel) Flexibilität und Ambiguitätstoleranz abverlangt. Die gesellschaftliche Situation wird offensichtlich vielmehr als nahezu anomisch empfunden, die Jugendlichen fürchten, ausgesondert/entbettet zu werden und sehen ihre wichtigsten Interessen bedroht. In den qualitativen Interviews gibt es Hinweise auf Probleme der rechtsstaatlichen Ordnung.[52]

> E: „...in Russland funktionieren die Gesetze nicht, ich glaube hier ist alles (...), man beachtet die Menschen (..) in Russland werden die Gesetze einfach nicht eingehalten (..) wie man will, so (...) kann man machen, was auch immer man will und keiner kann... (..) Man kann Schimpfwörter benutzen und egal wen beschimpfen, egal ob einen älteren Menschen oder einen jüngeren (mhm) dafür gibt es keine Strafen."
> I: „Warst du selbst in solcher Situation?"
> E: „Ja (..). Und die Polizei misshandelt die Leute. Auch mein Bruder wurde von den Polizisten verprügelt. Ein Polizeibeamter, er war so alt wie ich, und ging in eine Parallelklasse, er hat meinen Bruder sehr stark verprügelt (mhm), er hat ihm die Nase gebrochen und er hatte so viele blaue Flecken, es war schrecklich, ein Wunder, dass er noch am Leben geblieben ist" (Interview DRWE23 457-466).

Ein Interviewter äußert auf die Frage nach seinen Erwartungen an Deutschland:

> „Es gibt's, ja natürlich, in jede Land gibt's eine kleine vielleicht Korruption in der Regierung, in der Polizei, aber nicht so große wie in Russland. Ich glaube, ich glaube nicht so große wie in Russland" (Interview RRME18 286-288).

In einem Interview wird der empfundene Mangel an Rechtsstaatlichkeit im Herkunftskontext als Möglichkeit für lukrative Geschäfte präsentiert:

> „Ja, alles klar. Das hier ist so ein Land, wo man die Gesetze nicht brechen darf. Und normal kann man nicht Geld verdienen. Das war´s. Ich habe irgendwie immer dort gearbeitet, wo es Geld gab. Wenn man gut leben will und nicht einfach nur existieren (mhm) das geht nicht, ohne dass man einige Gesetze bricht. Das ist eine Tatsache" (Interview DRMS22 157-160).

Über die Hälfte der Befragten in unserer Studie bekundet zudem Angst vor Einsamkeit. Während in der Shellstudie 34 % die Zuwanderung von Migranten nach Deutschland als Grund zur Sorge benennen, äußern nur 24 % der russlanddeutschen Jugendlichen Befürchtungen im Zusammenhang mit der Zuwanderung von Menschen aus anderen Republiken. Allerdings tritt für die Russlanddeutschen im Bereich der Migration das Problem einer Auswanderung von

---

[52] Tatsächlich erscheint Russland den Befragten, zumindest was die zivilgesellschaftliche Entwicklung angeht, mit Beck wohl den Ländern zuzurechnen, die noch der ersten Industriemoderne „hinterher hecheln".

Bezugspersonen hinzu. So äußern 37 % die Sorge, Familienmitglieder könnten auswandern, 33 % befürchten die Auswanderung von Freunden. Zusammengenommen erklären nur 22 %, dass die Sorge um die Auswanderung von Familienmitgliedern oder Freunden für sie gar keine Relevanz besitzt.[53]

Die Konsequenzen der Emigration auf die Atmosphäre und auch auf die Infrastruktur insbesondere in den konzentrierten Siedlungsgebieten - letzteres beklagen auch Vertreter der russlanddeutschen Minderheit[54] - darf nicht unterschätzt werden. Sie entfaltete in den Zeiten großer Auswanderungswellen starke Sogwirkung und dürfte aktuell - mehr als die Minderheitensituation an sich - zur Bedrückung der dort lebenden Russlanddeutschen beitragen.

Trotz der massiv geäußerten Ängste und Sorgen geben 51 % an, die gesellschaftliche Entwicklung eher positiv zu sehen, gegenüber 14 % an Pessimisten. Doch haben nur 38 % eine optimistische Sicht auf ihre eigene Zukunft, während über die Hälfte der Jugendlichen hier die Kategorie „teils, teils" gewählt hat. Nur etwa jeder Zweite, der die gesellschaftliche Entwicklung als positiv beurteilt, hat gleichzeitig Vertrauen in die eigene Zukunft. Die übrigen bezweifeln zumindest, dass sich mit einer positiven gesellschaftlichen Entwicklung für sie persönlich Lebenschancen verbinden.

Die befragten deutschen Jugendlichen in der Shellstudie von 2006 sehen hingegen zumindest zur Hälfte optimistisch in die Zukunft, obgleich sie bei einer optimistischen Beurteilung der gesellschaftlichen Entwicklung mit 42 % unter den Werten unserer Untersuchung liegen[55] (ebd.: 97).

Anders als in der Shellstudie, variiert in unserer Studie der Grad des persönlichen Optimismus kaum mit dem Geschlecht. Allerdings neigen die männlichen Jugendlichen eher zu einer explizit negativen Einschätzung als die weiblichen (13 % gegenüber 8 %), die stärker zu einer ambivalenten Einschätzung tendieren. Hier mag eine Rolle spielen, dass unter den weiblichen Befragten in unserer Untersuchung der Anteil der Studierenden besonders groß ist[56] und diese, wie dies im übrigen auch in der Shellstudie der Fall ist, den größten Optimismus bezüglich ihrer eigenen Zukunft zeigen.

Allerdings erscheint auch der Optimismus unter den Studierenden - in unserer Untersuchung mit 45 % - vergleichsweise gering.[57] Ausbildung besitzt in

---

[53] 81,7 % der Befragten geben an, bereits Familienangehörige in Deutschland zu haben.
[54] Diese stellen fest, dass etliche Personen in leitenden Funktionen von deutschen Häusern und anderen Institutionen durch ihre Auswanderung Lücken hinterlassen haben, die teils das Funktionieren der Institutionen in Frage stellen.
[55] Der Kontrast ist hier vermutlich noch größer als die Zahlen zunächst andeuten, da in der Shellstudie bezüglich der gesellschaftlichen Entwicklung auf eine neutrale mittlere Antwortkategorie verzichtet wurde.
[56] Die weiblichen Befragten sind zu 49 % Studierende, die männlichen zu 31 %.
[57] In der Shellstudie äußern sich 56 % der Studierenden optimistisch (ebd.: 98).

Russland einen hohen Stellenwert, eine gute Qualifikation zu erwerben, ist ein zentrales Ziel für nahezu 90 % unserer Befragten. Fast alle von ihnen geäußerten Zukunftspläne beziehen sich auf das Lernen und das Absolvieren einer guten Ausbildung.

Dabei deutet sich an, dass für die Russlanddeutschen ein Studium das absolut präferierte Ziel darstellt. Dies ist auch der allgemeinen Ausbildungssituation in Russland geschuldet. Denn die meisten der hier im Rahmen des dualen Systems erlernten Berufe, werden in Russland nach wie vor an Berufsschulen vermittelt, die vermehrt zu einem Sammelbecken für Jugendliche werden, die nicht *mehr* erreichen können[58]. Höhns (2004) stellt in Berufung auf das russische „Institut für die Entwicklung der Berufsbildung" fest, dass „immer mehr Berufsschüler aus einem sozial problematischen Umfeld stammen" (ebd.: 2). So liege beispielsweise in 80 % der Familien der Berufsschüler das Einkommen unterhalb des Existenzminimums, 6 % der Auszubildenden hatten als Motiv für ihren Eintritt in die Einrichtung in der Befragung des Instituts die „kostenlose Verpflegung" angegeben (ebd.: 2f.).

Das negative Image der Berufsschüler und der berufsferne Charakter der Unterweisung führen dazu, dass diesen auf dem Arbeitsmarkt die Hochschulabsolventen selbst dann vorgezogen würden, wenn dies für die Betriebe bedeute, diese noch am Arbeitsplatz in die konkreten praktischen Tätigkeiten einweisen zu müssen (vgl. ebd.: 2).

Vor diesem Hintergrund erscheint der eher skeptische Blick auf die Zukunft seitens der künftigen Hochschulabsolventen alarmierend. Tatsächlich schrumpft der Anteil der Optimisten in der Gesamtuntersuchung, wenn man die Schüler und Studierenden herausrechnet auf nur noch 32 % und nur jeder dritte Schüler blickt hoffnungsvoll in die eigene Zukunft.

Auch die genannten Gründe für Migration oder Verbleib widersprechen der geäußerten positiven Einschätzung der gesellschaftlichen Entwicklung. Es wurde erhoben, welche Gründe allgemein und unabhängig von den konkreten Lebensplänen aus Sicht der Befragten für oder gegen eine Auswanderung sprächen.

Hoffnungen auf eine bessere Zukunft für die Kinder, auf eine materielle Besserstellung, bessere berufliche Chancen und eine bessere medizinische Versorgung rangieren mit jeweils über 40 % der Nennungen ganz oben auf der Skala der wichtigsten Migrationsmotive. Noch jeder Dritte verbindet mit einer Auswanderung die Hoffnung auf mehr politische Stabilität und Sicherheit.

---

[58] Die Diskussion um die Berufsschulen in Russland erinnert in einigen Aspekten an die bundesdeutschen Diskussionen um die Hauptschulen.

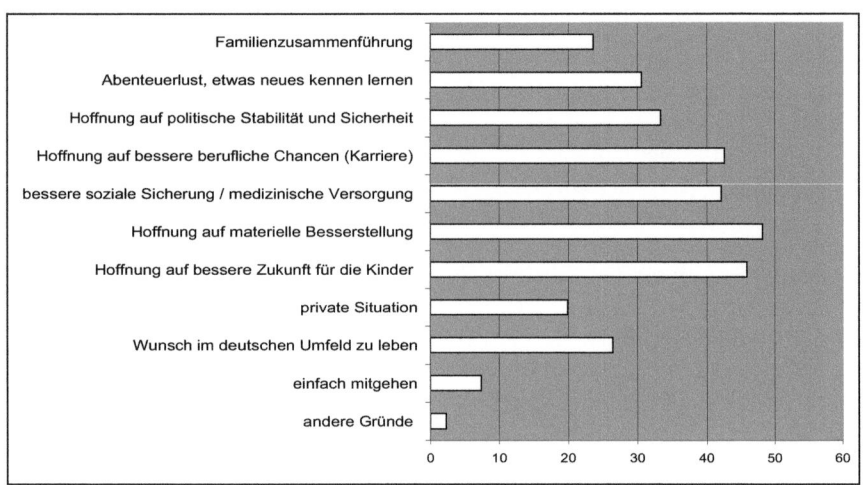

Abbildung 7: Ausreisegründe in % (Russland N=216)

Demgegenüber spielen materielle Gründe bei einer Entscheidung für den Verbleib in Russland keine wesentliche Rolle.

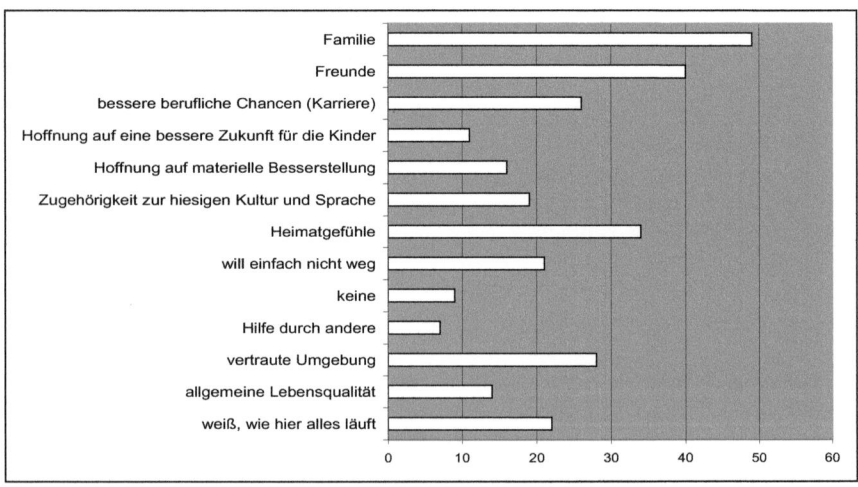

Abbildung 8: Verbleibgründe in % (Russland N= 227/149)[59]

---

[59] Die letzten vier möglichen Verbleibgründe wurden in der Omsker Version des Fragebogens ausgelassen. Daher beziehen sich die aufgeführten Prozentsätze nur auf die reduzierte Stichprobe von 149.

190

Zwar sehen noch 26 % in Russland für sich dort bessere berufliche Perspektiven, doch erreicht weder das Motiv einer materiellen Besserstellung noch das einer besseren Zukunft für die Kinder oder einer allgemein besseren Lebensqualität auch nur annähernd 20 %. Die Liste der Bleibemotive wird von den Beziehungsaspekten angeführt, an erster Stelle den familialen Bindungen (49 %), relativ dicht gefolgt von den freundschaftlichen Bezügen mit 40 %. Auch Verbundenheit mit der Heimat wurde von mehr als jedem Dritten als Grund für den Verbleib genannt. Immerhin nahezu jeder elfte Jugendliche hat mit Russland hingegen vollkommen abgeschlossen und äußert, es gäbe keinen Grund zu bleiben.

Dabei rührt das offensichtliche Unbehagen in der Gesellschaft nicht von der Minderheitensituation her: Nur weniger als 15 % der Befragten sind davon überzeugt, dass Russlanddeutsche als besondere Gruppe angesehen würden, oder Jugendliche Unterschiede zwischen den Nationalitäten machten.

- **Materielle Lage und persönliche Prioritäten**

Zur Höhe des Haushalteinkommens machten die Befragten in Russland folgende Angaben:

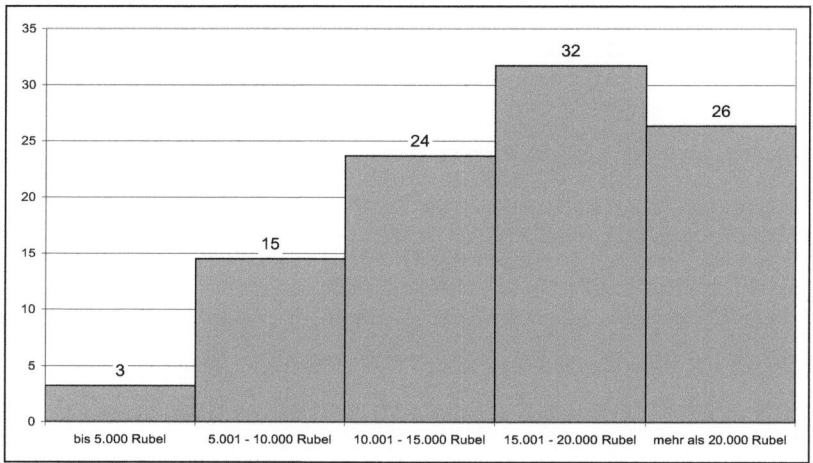

Abbildung 9: Monatliches Haushaltseinkommen in Rubel in % (N=185)

Laut der Föderalen Statistikbehörde Rosstat lag das durchschnittliche Monatseinkommen 2008 in Russland bei 10.000 - 15.000 Rubel (20,1 % der Geldeinkünfte zit. nach rian.ru 2009). In unserer Umfrage liegt das Haushaltseinkommen zu 58 % über und zu 18 % unter diesem durchschnittlichen Einkommen.

Aufgeschlüsselt nach den verschiedenen Orten der Umfrage ergeben sich hier gravierende Unterschiede. Die Einkommenssituation scheint bei den in Nowosibirsk Befragten am günstigsten zu sein, hier finden sich überdurchschnittlich viele besser Verdienende. In Omsk hingegen ist der Anteil der Familien mit teils extrem unterdurchschnittlichem Einkommen besonders groß.

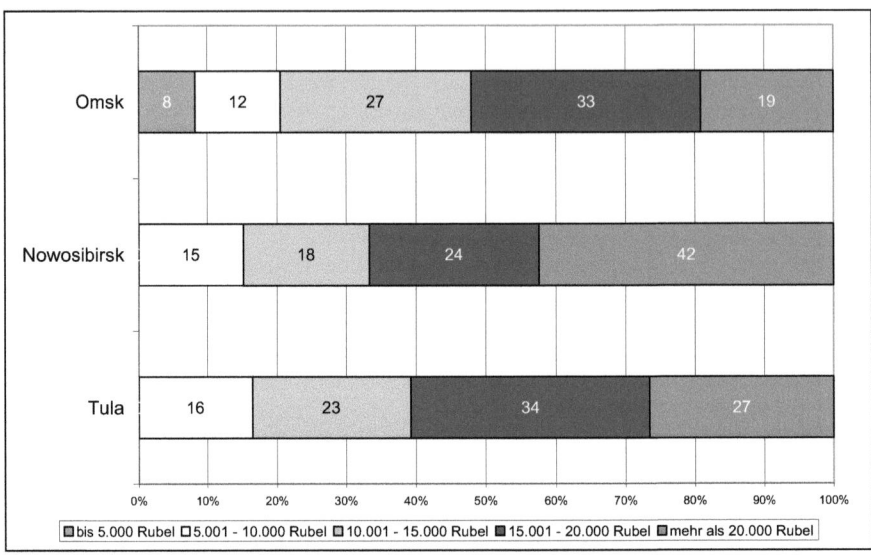

Abbildung 10: Familieneinkommen im Vergleich der Umfrageorte
Omsk (N=79), Nowosibirsk (N=33), Tula (N=73)

Um die reale Einkommenssituation besser beurteilen zu können wurde diese zu der geschätzten Größe der Haushalte in Beziehung gesetzt.[60]

---

[60] Hierzu wurde aus den Variablen, die die Anwesenheit bestimmter Familienmitglieder im gemeinsamen Haushalt betreffen, eine neue Variable errechnet. Der errechnete Wert wird in einigen Fällen unter der tatsächlichen Haushaltsgröße liegen. Dies liegt daran, dass einige Variablen wie das „Zusammenleben mit Geschwistern" keinen Schluss auf die Personenzahl zulassen. Es ist hier kein Einbezug der Omsker Befragten möglich, da das in der dortigen Umfrage vereinfacht verwendete Frageschema zur Haushaltszusammensetzung keine Rückschlüsse auf die Haushaltsgröße zulässt.

192

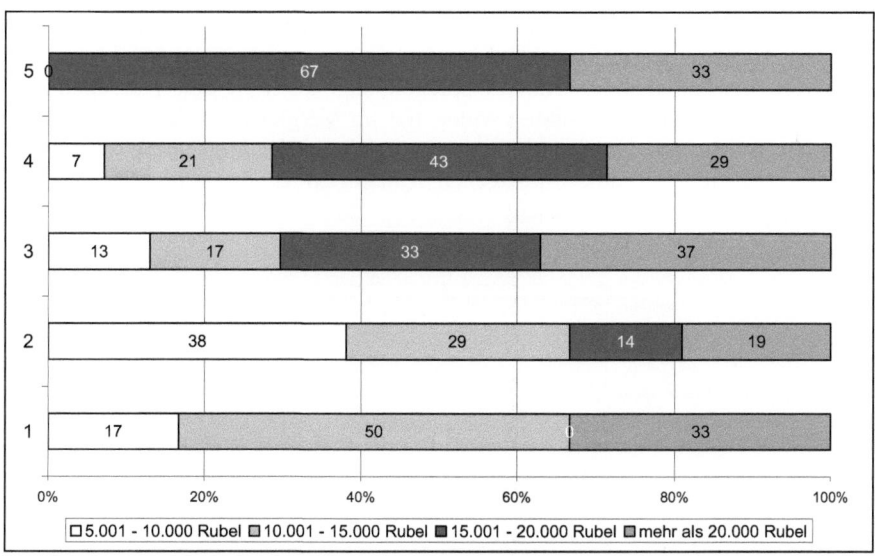

Abbildung 11: Haushalteinkommen in Relation zur Haushaltsgröße in Tula und Nowosibirsk 1 (N=6), 2 (N=21), 3 (N=54), 4 (N=28), 5 (N=3)

Diese Aufschlüsselung der Daten erlaubt auch eine Einschätzung des Anteils an Haushalten mit prekären finanziellen Verhältnissen. Die Angaben zu Armut schwanken in Bezug auf Russland je nach Maßstab. Von offizieller Seite wird diese mit Bezug auf das Existenzminimum definiert. Für das letzte Quartal 2007 hatte die russische Regierung ein Existenzminimum von 4005,- Rubel pro Kopf festgesetzt. Allerdings sind hierbei auch Unterschiede der Lebenshaltungskosten insbesondere im Vergleich der städtischen Zentren zu den ländlichen Regionen zu berücksichtigen[61] (russland.ru 2008). Dennoch kann davon ausgegangen werden, dass mindestens jeder Dritte der von uns befragten Jugendlichen aus 2- bis 4-Personenhaushalten in einer Familie lebt, die am Rande des oder sogar unter dem Existenzminimum wirtschaften muss.

Obwohl 15 % die wirtschaftliche Situation ihrer Familie als mindestens gut einstufen und weitere 59 % als durchschnittlich, erklären nur 8 %, dass es von dem Einkommen möglich sei, etwas zu sparen oder sich etwas Besonderes zu leisten. 43 % sehen diese Möglichkeit hingegen nie als gegeben an. Dies deutet darauf hin, dass das allgemeine Einkommensniveau so niedrig ist, dass selbst

---

[61] So geht beispielsweise die Stadtverwaltung von Moskau für den gleichen Zeitraum von einem Existenzminimum in Höhe von 5.855,- Rubel aus.

ein im gesellschaftlichen Vergleich durchschnittliches Einkommen nur zur Deckung der Grundbedürfnisse reicht.

Dieses grundlegende Problem spiegelt sich auch in den Aussagen der Jugendlichen zu ihren Prioritäten wider, die im Vergleich zu den Ergebnissen der Shellstudie einige Besonderheiten zeigen. Wie in der Shellstudie weisen die auf die „private Harmonie" bezogenen Kategorien zu Freundschaft, Partnerschaft und Familie hohe Werte auf.

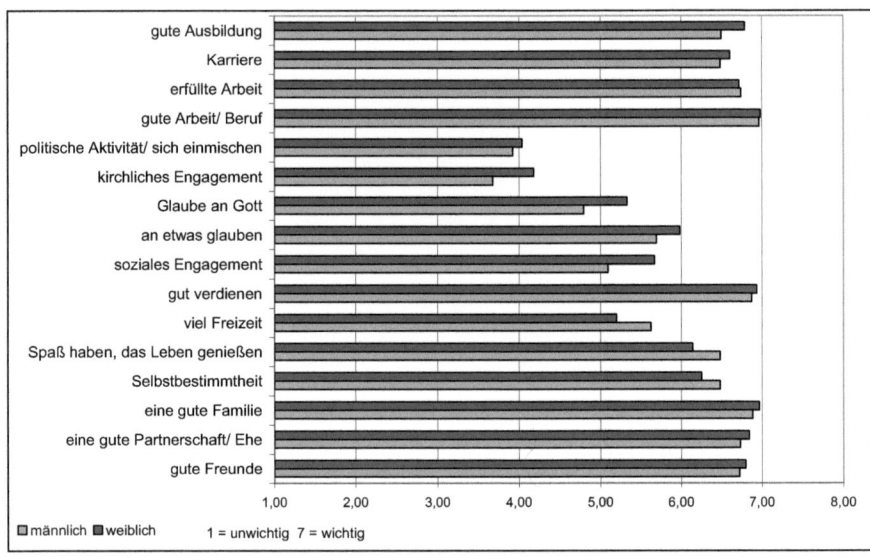

Abbildung 12: Mittelwerte der persönlichen Prioritäten in der Untersuchung in Russland im Geschlechtervergleich

Während jedoch die deutschen Jugendlichen dem Lebensstandard[62] eher geringere Bedeutung beimessen, nehmen bei den von uns befragten Jugendlichen deutscher Herkunft in Russland ein guter Verdienst und eine gute Arbeit bzw. ein guter Beruf die Spitzenpositionen der Prioritätenskala noch vor Freundschaft und Partnerschaft ein. Alleine die „gute Familie" rangiert noch über dem Verdienst. Auch die Höherbewertung der Familie im Vergleich zur Freundschaft und Partnerschaft stellt einen Kontrast zu den Ergebnissen der Shellstudie dar. Wobei in beiden Studien die weiblichen Befragten den Beziehungen mehr Be-

---

[62] Beruf, Ausbildung und Verdienst kommen in der Shellstudie als Kategorien in der Prioritätenliste nicht vor.

194

deutung beimessen als die männlichen, wenngleich der U-Test nach Mann-Whitney zwischen den Geschlechtern keinen signifikanten Unterschied nachweist.[63]

Die größere Bedeutung der Familie bei den von uns befragten Jugendlichen in Russland zeigt sich auch - wie oben bereits ausgeführt - bei der Frage nach der Freizeitgestaltung. Hier fällt der Unterschied zwischen den 42 % Jugendlichen, die Geselligkeit mit Eltern und Verwandten als Freizeitaktivität angeben, gegenüber den nur 19 % Jugendlichen in der Shellstudie ins Auge, die in der Freizeit etwas mit der Familie unternehmen.

Während Eigenverantwortung und Unabhängigkeit in der Shellstudie fast der Bedeutung der Familie entsprechen, wird Selbstbestimmtheit in unserer Studie zwar von deutlich mehr als der Hälfte der Jugendlichen für bedeutsam erachtet, fällt jedoch insbesondere bei den weiblichen Befragten weit hinter den Beziehungsaspekt zurück. Dasselbe gilt auch für den Hedonismus. Obwohl noch deutlich über die Hälfte der Befragten Spaß im Leben für wichtig erachtet, ist viel Freizeit nur für knapp mehr als die Hälfte der Respondenten eine Priorität. Dabei wird beides deutlich weniger von den weiblichen Befragten genannt, die andrerseits ähnlich wie in der Shellstudie bei der Bewertung der Bedeutsamkeit von Glaubensfragen und sozialem Engagement vorne liegen. Weit hinten in der Prioritätenliste liegen das kirchliche und politische Engagement. Im Gegensatz zur Shellstudie sind in unserer Studie beim politischen Engagement die weiblichen Jugendlichen vorne, wenngleich sie im Gegensatz zu den männlichen Jugendlichen dem kirchlichen Engagement noch mehr Bedeutung zumessen als dem politischen.

Dies alles passt zu der Annahme, dass in Russland die existenziellen Sorgen die gesamte Lebenssituation überlagern. Daher wird die materielle Existenzsicherung (über eine gute Arbeit) als Voraussetzung für alles andere gesehen. Möglicherweise rangiert auch daher die Familie als am verlässlichsten eingestufte Solidargemeinschaft noch vor Freunden und Partnerschaft.

- **Exkurs: westliche Mode, Konsumkultur**
Wer in Omsk über die Leninstraße, die zentrale Einkaufsstraße, geht, trifft dort auf viele bekannte Namen, hauptsächlich die Markennamen der westlichen Bekleidungsindustrie. Die Produktpaletten und auch die Preise entsprechen in frappierender Weise denen deutscher Geschäfte. Quelle ist nach eigenen Anga-

---

[63] Der angestrebte Mittelwertvergleich der Variablen „gute Familie" „gute Partnerschaft/Ehe" und „gute Freunde" als Prioritäten konnte nicht in Form eine T-Testes für unabhängige Stichproben vorgenommen werden, da der Kolmogorov-Smirnov-Test keine Normalteilung der Variablen bestätigte. Daher fiel die Entscheidung zugunsten eines Vergleichs der Rangplätze mittels eines U-Tests nach Mann & Whitney.

ben seit 2007 der „führende Textilversender in Russland" (vgl. Steiner 2008). Es gibt in Russland ein reges Interesse an und daher auch einen Markt für „westliche Mode".

Während die Werbung um den Absatzmarkt Russland das Ideal einer auf Freizeitkonsum ausgerichteten Gesellschaft transportiert, werden in Russland im Transformationsprozess gerade eben die Güter Zeit und Geld zunehmend knapp.

Galdarev und Oswald (2002) zitieren Berichte von Arbeitnehmerinnen und Arbeitnehmern der Mittelklasse in Russland, in denen ein dramatischer Verlust an Lebensqualität durch flexibilisierte und ausgedehnte Arbeitszeiten teils auch infolge einer Zunahme im Bereich der Nebenbeschäftigungen deutlich wird. Diente der Nebenverdienst im sowjetischen Russland vornehmlich der Erfüllung besonderer Wünsche, so werde er nun häufig zu einem Muss, um die Grundbedürfnisse abzudecken. Der Mangel an freier Zeit aber auch die sich entwickelnden sozio-ökonomischen Differenzen zwischen Menschen vergleichbaren Ausbildungsstandes erschwerten die Aufrechterhaltung der vormals hoch entwickelten „Gemeinschaftskultur".

Auch in den von uns geführten Interviews werden Situationen geschildert, in denen die Erarbeitung des Lebensnotwendigen so viel Zeit und Kraft zehrt, dass ein „normales Leben" nicht mehr möglich scheint. In diesem Zusammenhang wird das Migrationsprojekt mit der Hoffnung verknüpft, im Einwanderungsland Lebensqualität (zurück)zu gewinnen.

„Ja, ja, mein Vater ist jetzt schon 50, aber mit Arbeit ist es schwierig dort, meine Mutter ist auch, sie ist krank, sie hat, seine Beine sind fast ganz kaputt. Sie kann nicht arbeiten so wie, das ist schwierig, und sie hat noch in Dorf gewohnt, und dann muss man das Viech, und, äh, kümmern und arbeiten, das ist sehr schwierig" (Interview DRWE26 33-36).

I1: „Also ist Moskau schön?"
D: „(…) Gefällt mir, aber dort wurde ich so müde (.). Sehr, sehr müde. Gearbeitet, ähh, zwei Stunden muss ich fahren vom Haus bis zur Arbeit. Mit der U-Bahn. Zwei Stunden, Stadtbahn zuerst, dann U-Bahn."
I2: „Das ist lang (Lachen)."
I1: „Und du hoffst, dass es jetzt in Deutschland besser wird. Nicht so lange fahren wie in Moskau."
D: „Genau (Lachen)" (Interview DRMDca.25 266-277).

„Ich habe keine pessimistische Einstellung, möchte studieren, arbeiten. Irgendwas werde ich schaffen. Dort kann ich dann mein Leben aufbauen, Haus bauen, Familie gründen. Wann werde ich das hier erreichen, so ein Häuschen mit Garage zu haben? Wenn man hier ehrlich Geld verdient, kann man es hier nie schaffen. Ja, und dort kann man es realisieren: Haus, Kinder, Familie" (Interview RKWE23 79-83).

„Früher war die finanzielle Versorgung auf einem niedrigen Niveau garantiert, doch viele Waren und Dienstleistungen waren auch gegen Geld nicht zu haben. Heute hingegen ist Geld die größte Mangelware", stellen Galdarev und Oblasova fest (2002:70). Konsumgüter sind heute in den Metropolen Russlands in Hülle und Fülle erhältlich, häufig auch in Form importierter Waren; jedoch für die Mehrheit der Bevölkerung sind diese kaum erschwinglich. Die Befragten unserer Online-Umfrage geben zu 79 % an, dass das Familieneinkommen allenfalls für das Nötigste, nahezu jeder Vierte gibt an, dass es selbst hierfür nicht reiche.

Viele der jungen Frauen, die wortwörtlich von Kopf bis Fuß, nämlich vom Haarband bis zu den Schuhen in perfekt kombinierter westlicher Markenkleidung auf den Straßen der Städte flanieren, haben sich diesen Auftritt teuer erkauft, indem sie, wie eine Schwester der Caritas in Omsk erklärte, zumeist beim Essen sparten.

Augenscheinlich hat auch im postsowjetischen Russland mittlerweile Konsum insbesondere bei den Jüngeren einen „kulturprägenden Stellenwert" erreicht, wie dies Hochstrasser (2008) für die deutsche Gesellschaft und Bauman für die Postmoderne generell konstatiert. Konsum vollzieht sich zumindest in Teilen im Sinne eines „Konsumismus", der sich von Bedarf und primären Bedürfnissen abkoppelt.

Dabei fällt auf, dass eine spezifische, nicht zufällige Auswahl aus der Produktpalette stattfindet. Obwohl die Konsumentinnen versuchen, ihren ureigenen Stil zu kreieren, gilt auch hier, was Hochstrasser für den Konsumismus im Allgemeinen behauptet: „Bei näherem, oder besser distanzierterem Hinsehen wird allerdings ein eigenartiges Phänomen erkennbar: Konsumierend nähern sich die Menschen einander an, sie werden sich ähnlich. Das bezieht sich nicht auf die zwischenmenschliche Ebene, sondern auf die Produkte, die sie konsumieren. Aus der Warenvielfalt wird offensichtlich Ähnliches ausgesucht" (ebd.: 4).

Dabei unterscheidet sich die Auswahl in Russland allerdings signifikant von der in Deutschland. Frauen in Russland wählen vornehmlich besonders „weibliche" Mode, es dominieren enge kurze Röcke und hochhackige Schuhe; Kleidung, von der man mit Simone de Beauvoir (1998) meinen möchte, sie sei eigens dazu entworfen, die Frauen an der Bewegung zu hindern.[64]

Es schien uns in mehrerlei Hinsicht wichtig, auch das Thema Konsum aufzugreifen. Zum einen muss eine Überformung der Bedürfnisse durch Konsumismus in Betracht gezogen werden, wenn die Jugendlichen feststellen, dass das Einkommen kaum für das Nötigste reicht. Wir haben zwar in unserer Unter-

---

[64] In Reiseberichten von Deutschen stößt man wiederholt auf bewundernde Kommentare darüber, wie die Frauen es schaffen, auf hohen Hacken den Parcours über die obligatorischen Schlaglöcher und durch Eis und Schnee zu meistern.

suchung die Höhe des Haushaltseinkommens in Rubel erhoben, doch konnten wir nicht zweifelsfrei feststellen, wie viele Personen hiervon jeweils leben müssen. Zudem ist davon auszugehen, dass gerade die Jüngeren hinsichtlich der Einkommenshöhe durchaus irren können. Es ist jedoch wahrscheinlich, dass einige der von uns Befragten tatsächlich in Armut leben. Die Angaben zur Armutsquote variieren erheblich in Abhängigkeit von der festgelegten Grenze. Der Direktor des Instituts für Ökonomie in der Akademie der Wissenschaften Russlands spricht in einem Artikel in der „Rundschau" von 40 % - nach offiziellen Angaben (vgl. Grinberg 2008).

Interessant ist zum zweiten auch ein Blick auf Konsum als mögliches Element einer „Verführung", die Castells oder Bauman (zusammen mit der Repression) als Inklusionsstrategien (post)moderner Gesellschaften beschreiben. In der geschilderten gesellschaftlichen Situation sind für einen Großteil der Bevölkerung den GUS-Staaten die verführerischen Objekte des Begehrens über das Ausführen einer regulären Erwerbsarbeit nicht zu erlangen. Daher muss die „Verführung" das Ziel der Inklusion nahezu zwangsläufig verfehlen. Neben den diversen Nebenerwerbsstrategien ist in einzelnen Fällen sicher auch der Gedanke an eine Migration durch Konsumbedürfnisse mitbegründet, die durch die Werbepräsenz der westlichen Produkte entstanden sind.

23 Lebensentwürfe und Identitätskonstruktionen von russlanddeutschen Jugendlichen zwischen Ethnizität und Transkulturalität

Der Frage, welche kulturellen Bezüge bei russlanddeutschen Jugendlichen bestehen und welche Bedeutsamkeit diese haben, näherten wir uns im Rahmen der Untersuchung von verschiedenen Seiten an.

Der Fragebogen in Russland erfasste kulturelle Aspekte aus unterschiedlichen Blickwinkeln. In der Regel wurde mit Antwortvorgaben gearbeitet. Zusätzlich gab es Raum für Anmerkungen und Ergänzungen. Zudem wurden kulturelle Einflüsse in den qualitativen Interviews thematisiert.

Ein Fragenkomplex im quantitativen Teil der Erhebung zielt auf die Selbstsicht/Selbstdefinition der Befragten ab. Da wir die Prozesse der eigenen Identitätsarbeit in den Blick bekommen wollten, haben wir unsere Kooperationspartner gebeten, die Befragten nicht danach auszuwählen, ob diese sich selber als Russlanddeutsche sehen, sondern alleine das Vorhandensein deutscher Vorfahren zum Auswahlkriterium zu machen. Eine entsprechende Filterfrage findet sich auch in der Online-Umfrage.

Um transkulturelle Elemente zu erfassen und die Befragten nicht zu einer ethnischen Definition zu drängen, wurde neben den Kategorien (Russe, Russlanddeutscher, Deutscher) noch die Kategorien „Kosmopolit" „anderes" und „Das ist mir nicht wichtig" eingefügt.

Um den Hintergrund der Selbstdefinition zu beleuchten, wurde nach der Bedeutsamkeit der deutschen Herkunft im Alltag gefragt, nach den Familiensprachen, sowie den kulturellen Einflüssen, die sich aus Sicht der Befragten prägend auf sie ausgewirkt haben. Bei den kulturellen Einflüssen wurden multiple auch nicht-ethnisch bestimmte Einflüsse durch die Kategorien „Jugendkultur", „andere" und „eine Mischung aus vielen" erfasst.

In einer weiteren Batterie mit Einstellungsfragen wurde dem allgemeinen gesellschaftlichen Klima in Bezug auf ethno-kulturelle Fragen nachgegangen und der eigenen Position der Betroffenen zur Ethnizität, dem Umgang von Menschen unterschiedlicher Herkunft miteinander, sowie den Auswirkungen der Herkunft im gesellschaftlichen Leben. Weitere Hinweise zu möglichen transkulturellen Bezügen vermittelte die Frage nach dem „Wunschlebensort".

- **Kulturelle Bezüge und Selbstdefinition**

In den Antworten auf die Frage nach kulturellen Einflüssen, lassen sich durchaus Hinweise auf transkulturelle Prozesse aufweisen. 9 % der Befragten in Nowosibirsk und sogar über 13 % in Tula sehen sich von einer „Mischung aus vielen Kulturen" beeinflusst. 17 % geben in der Online-Umfrage mindestens drei verschiedene sie beeinflussende Kulturen an.[65]

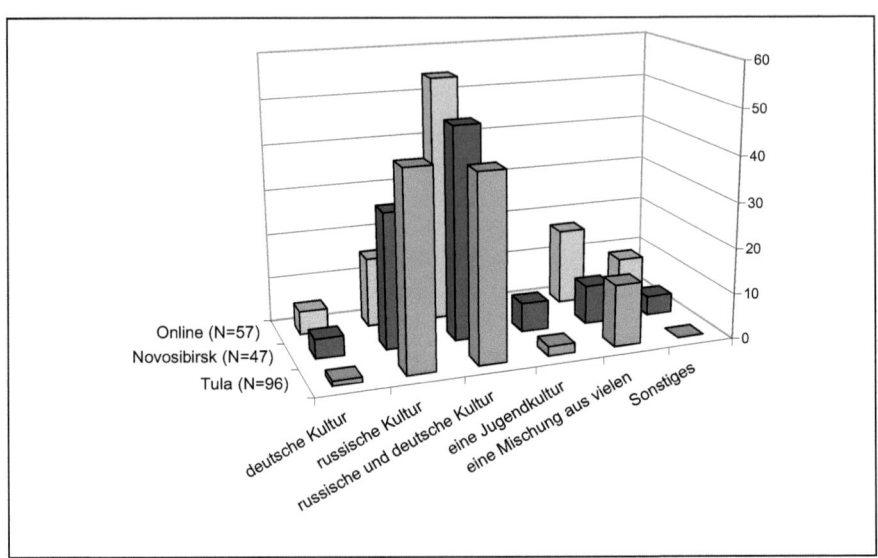

Abbildung 13: Vergleich der prägenden kulturellen Einflüsse in %

Zudem nehmen in Nowosibirsk 6 % einen prägenden Einfluss von Jugendkulturen wahr. Allerdings – und hier zeigt sich vermutlich ein Unterschied zwischen städtischen Ballungsräumen und ländlichen Gegenden[66] - trifft dies nur für rund 2% in Tula zu.

Rund 84 % der Jugendlichen in Tula sehen sich hauptsächlich von der russischen und/oder der deutschen Kultur geprägt, wobei nahezu 43 % alleine die russische Kultur als prägenden Einfluss angeben. Im städtischen Ballungsraum

---

[65] Leider ist hier ein Einbezug der Omsker Ergebnisse nicht möglich, da die dortige Kollegin eine andere Fragestellung gewählt hat. In der Online-Umfrage wurde auf die Kategorie „Jugendkultur" verzichtet.

[66] Nur 12% der Befragten in der Tulaer Studie leben direkt in der Stadt Tula. Die übrigen wurden von den InterviewerInnen im Umland der Stadt in teils entlegenen Dörfern mit schwacher Infrastruktur aufgesucht, die zum Teil nicht einmal ans Telefonnetz angeschlossen sind.

von Novosibirsk benennen 81 % der Befragten die russische und/oder deutsche Kultur. In der Online-Umfrage liegt dieser Wert mit 75 % immer noch relativ hoch. Wobei in Nowosibirsk ebenso wie in der Online-Umfrage die Antwortkategorie „die deutsche und die russische" mit 47 %, bzw. 54 % überwiegt.

Dabei ist der geschilderte Bezug zur deutschen Kultur in den qualitativen Interviews in der Regel wenig umfassend. Insbesondere in den Familien, in denen das Deutsche als Familiensprache verschwunden ist, beschränkt sich die Traditionspflege nahezu vollständig auf das Begehen christlicher Feste. Tatsächlich wird nur in sieben von 22 Familien in Nowosibirsk und in acht von 41 Tulaer Familien, deren Jugendliche von einer deutschen und russischen Prägung ausgehen, innerhalb der Familien Deutsch gesprochen. In der Online-Umfrage sind es sogar nur vier von 29. Dennoch existiert offensichtlich das Konzept ethnisch-national geprägter Kulturen nach wie vor in den Köpfen vieler Jugendlicher und sie ordnen die sie prägenden kulturellen Einflüssen hier ein.

Dies ist sicher auch vor dem Hintergrund gesellschaftlicher Diskurse um die Situation der Russlanddeutschen zu verstehen. In der Literatur wird im Zusammenhang mit der sinkenden Sprachkompetenz der russlanddeutschen Jugendlichen ein hoher Assimilationsgrad der Nachkriegsgenerationen konstatiert. Als Reaktion hierauf haben sich die russlanddeutschen Organisationen, allen voran die Gesellschaft „Wiedergeburt"[67] auch der Sprach-, Traditions- und Kulturvermittlung verschrieben. Von Barbaschina, Eisfeld und Masurova liest man in diesem Zusammenhang: „Gerade von der Fähigkeit der russlanddeutschen Jugend, ihre ethnische Identität wiederherzustellen, zu erhalten und weiterzuentwickeln, hängt letztendlich die Antwort auf die Frage nach der ethnischen Zukunft der Russlanddeutschen im allgemeinen ab" (1997:4).

Diese Formulierung unterstellt zunächst einmal, dass es eine (ethnische) Identität der Russlanddeutschen zumindest in der Vergangenheit gegeben habe, was von anderen Wissenschaftlern in Zweifel gezogen wird, die vielmehr von einer Existenz inhomogener kultureller Inseln der Russlanddeutschen in den verschiedenen Regionen ausgehen (siehe Kap. 20).

Zudem erscheint das Verschwinden der ethnischen Eigenart pauschal als Problem; die Assimilation wird als ein Prozess präsentiert, dem entgegengewirkt werden sollte und den es rückgängig zu machen gelte. Dabei besteht die Gefahr, dass Russlanddeutsche, nachdem sie unbestreitbar in und nach dem 2. Weltkrieg durch Deportation, Diffamierung und Diskriminierung einen massiven Assimilationsdruck erfahren haben, in ihrer Identitätsfindung erneut

---

[67] Vor allen Dingen kämpfte die Organisation nach ihrer Gründung 1988/89 für eine Wiederherstellung der autonomen Wolgarepublik.

Druck ausgesetzt werden, wenn auch diesmal in Richtung auf Retraditionalisierung.

Obwohl die Jugendlichen mehrheitlich deutsche und russische kulturelle Einflüsse als prägend wahrnehmen, werden darüber hinaus ragende transkulturelle Prozesse von ihnen durchaus erkannt: Zwei Drittel der Jugendlichen, die sich in der Region Tula hauptsächlich durch die russische Kultur geprägt sehen, stellen fest, dass sich „die Kulturen heutzutage miteinander verbinden". Nur einer von ihnen steht dieser Aussage völlig ablehnend gegenüber.

Neun von 21[68] dieser Jugendlichen geben an, regelmäßig Musiksender im Fernsehen zu schauen, die sich in Russland im Konzept von den britischen und amerikanischen Vorbildern kaum unterscheiden. Dennoch erfolgt die Benennung prägender kultureller Einflüsse mehrheitlich entlang der beiden ethnisch-nationalen Kategorien.

- *Diese Bedeutung des Ethnischen tritt noch verstärkt in der Frage der Selbstdefinition hervor.*

Nur zwei in Tula und ebenfalls nur zwei in Nowosibirsk sehen sich als Kosmopoliten, alleine die Omsker Untersuchung weist hier mit 9 Befragten (12 %) einen höheren Wert auf. Vier der Jugendlichen in der Region Tula und sechs in Nowosibirsk geben an, dass ihnen die ethnische Zugehörigkeit nicht wichtig sei, auch hier ist der Wert im Omsk mit 16 Nennungen (21 %) am höchsten. In der Online-Umfrage entfallen auf beide Kategorien 6 % der Nennungen. Alle Übrigen ordnen sich in der Selbstdefinition ethnischen Kategorien zu (94 % in Tula, 82 % in Nowosibirsk, in Omsk immerhin noch 66 %).

Selbst in der Online-Umfrage wählen 78 % die Definitionen Deutscher, Russlanddeutscher oder Russe. Ein Befragter definiert sich eindeutig als Ukrainer. Die freien Einträge beziehen sich fast ausschließlich auf deutsche Wurzeln und den aktuellen nationalen Lebenskontext und spiegeln häufig Probleme der Zugehörigkeit wider. So sieht sich einer „als Ukrainer für Deutschland, als Deutscher für die Ukraine", ein andrer definiert sich als „Mensch, der in Russland geboren wurde, sich dort aber nicht zu Hause fühlt", einer spricht explizit von einer „lebenslangen Identitätskrise".

„Russlanddeutsche" stellt in allen Untersuchungsteilen die am häufigsten gewählte Kategorie dar. Dabei bleibt offen, ob die Jugendlichen hiermit einer empfundenen Bikulturalität Rechnung tragen, oder ob sie hiermit vor allem eine spezifische Form des Deutschseins verbinden, die sich infolge unterschiedlicher Weiterentwicklungen der Ursprungskulturen herausgebildet hat.

---

[68] 20 Personen haben hierzu keine Angaben gemacht.

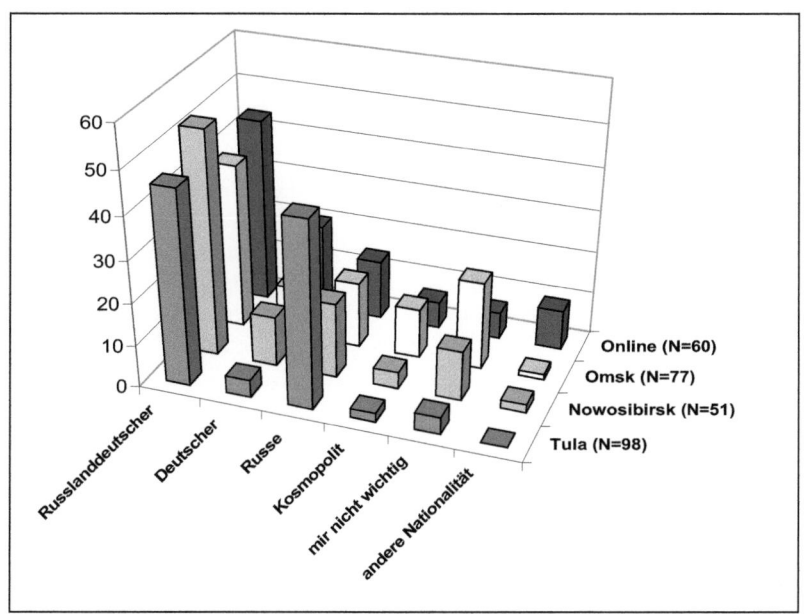

Abbildung 14: Ethnische Selbstdefinition im Vergleich in %

Zusammenfassend lässt sich feststellen, dass, obwohl sich die Existenz verschiedener kultureller Einflüsse in den Daten andeutet, dennoch ethnisch-kulturell definierte von den Jugendlichen als besonders prägend angesehen werden. Zudem existiert ein darüber hinaus gehendes Bedürfnis, sich entlang ethnischer Kategorien eindeutig zu definieren.

Dieses Bedürfnis existiert vermutlich - zumindest zum Teil - nicht trotz, sondern gerade als Resultat von Globalisierungsprozessen. „Die Artikulation ethnischer Identitäten verspricht Sinn und organisiert Wahrnehmung in kleineren überschaubaren Größen in einem Meer weltweiter zunehmend anonymer werdender Zusammenhänge (Stichwort global-local)" (Oswald 2007:101). Ob nun als Rückbettung im Sinne von Giddens oder als Tribalismus im Sinne von Bauman interpretiert, fest steht, dass die beschriebenen Prozesse sich auflösender Bindungen (sei es örtlich, zeitlich oder kulturell) nicht nur Freiräume schaffen, wie dies die Theoretiker des Transkulturalismus in den Mittelpunkt stellen, sondern auch Verunsicherungen generieren, die dann nicht selten zu eine Gegenbewegung führen.

Transkulturelle Prototypen, die sich unter dem prägenden Einfluss verschiedener Kulturen sehen und sich als Kosmopoliten oder ohne Bezug auf ethnische Kategorien definieren, sind in der untersuchten Gruppe in der Minderheit. Dies gilt am deutlichsten für die ländlichen Gebiete um Tula. Die meisten der befragten Russlanddeutschen sind in ihrer eigenen Wahrnehmung höchstens bikulturell und auch Bezüge zu zwei Kulturen sind nicht bei allen gegeben.

- **Hintergründe für die Selbstdefinition „russlanddeutsch"**

Es zeigt sich, dass die Selbstdefinition zumindest teilweise von den wahrgenommenen kulturellen Einflüssen entkoppelt ist. Es sehen sich zwar 29 durch die russische Kultur Geprägte auch als Russen, 40 durch die deutsche und russische Kultur Geprägte als Russlanddeutsche. In den meisten anderen Fällen besteht jedoch eine Diskrepanz zwischen wahrgenommener kultureller Prägung und Selbstdefinition.

Tabelle 15: ethnische Selbstdefinition und kulturelle Prägung Kreuztabelle (Ergebnisse aus Tula und Nowosibirsk)[69]

kulturelle Prägung ethnische Selbst-definition	deutsche Kultur	russische Kultur	russische und die deutsche Kultur	Jugend-kultur	eine Mischung aus vielen	gesamt
Russlanddeutscher	0	21	40	2	6	69
Deutscher	2	0	6	0	0	8
Russe	1	29	11	3	7	51
Kosmopolit	0	0	1	0	3	4
Das ist mir nicht wichtig.	0	4	3	0	1	8
gesamt	3	54	61	5	17	140

So sehen sich z.B. rund 21 von 54 in Tula und Nowosibirsk, die als prägenden Einfluss allein die russische Kultur angegeben haben, dennoch als Russlanddeutsche. Von den 22 Personen, die sich durch Jugendkulturen oder eine Mischung aus vielen Kulturen geprägt sehen, definieren sich dennoch acht als Russlanddeutsche und zehn als Russen.

---

[69] Für Omsk liegen keine Daten zur kulturellen Prägung vor, daher beschränkt sich die Analyse hier auf die Ergebnisse aus Tula und Nowosibirsk.

204

Umgekehrt sehen sich sieben der zwölf Befragten in Tula und Nowosibirsk, die sich als Kosmopoliten definieren oder nicht ethnisch zuordnen wollen, durch die russische oder die russische und deutsche Kultur geprägt.

Auffallend sind hier vor allen Dingen die 21 Personen, die angeben, sich als Russlanddeutsche zu sehen, obwohl sie sich hauptsächlich durch die russische Kultur geprägt fühlen. Hintergrund hierfür mag auch folgendes Paradoxon sein: Das Nichtvorhandensein einer kulturell deutschen Prägung von Russlanddeutschen kann - gedeutet als „Verlust kultureller Merkmale" infolge des Verfolgungsschicksals - gerade auch als typisches Gruppenmerkmal angesehen werden (vgl. Grabowsky 1999).

Bezeichnenderweise spielt die „Treue gegenüber der ethnischen Tradition" bei der „Bestimmung der ethnischen Merkmale der Russlanddeutschen" in der Studie von Barbaschina, Eisfeld und Masurova (1997:17) mit 21 % Nennungen auch nur eine untergeordnete Rolle. Als Hauptcharakteristiken werden Fleiß (85 %) und Genauigkeit (72 %) genannt, an dritter Stelle die „Fähigkeit zur rationalen Führung eines Hofes" mit 44 %. Es fällt insgesamt auf, dass die Charakterisierung nicht primär mit Bezug zu kulturellen Elementen erfolgt, sondern sich an Charaktereigenschaften und Sekundärtugenden festmacht. Möglicherweise bieten also mythische Vorstellungen von einem positiven Nationalcharakter Anreize für eine Identifikation mit der ethnischen Gruppe der Russlanddeutschen trotz einer erfahrenen anderskulturellen Sozialisation.

Interessant ist der Blick auf einen möglichen Zusammenhang zwischen der Abstammungslinie und der Selbstdefinition anhand einer zusammengefassten Datenbank der Umfrageergebnisse aus Omsk, Nowosibirsk und Tula. Der Kontingenzkoeffizient nach Pearson[70] von 0,49 weist einen schwachen Zusammenhang dieser beiden Variablen aus. Die Jugendlichen, deren Eltern beide deutscher Herkunft sind, sehen sich zu 85% als Russlanddeutsche bzw. Deutsche. Allerdings finden sich unter diesen 27 auch immerhin drei, die sich als Kosmopoliten sehen und einer, der seiner Herkunft keine Bedeutung zumisst. Keiner der Respondenten mit zwei deutschstämmigen Elternteilen jedoch definiert sich selbst als Russe. Offen bleibt hier allerdings die Richtung des Zusammenhangs, also die Frage, ob es die elterliche Abstammung ist, die die Herkunftsfrage für die Jugendlichen bedeutsam erscheinen lässt, oder, ob die Wahl eines Partners deutscher Herkunft bei den Eltern ein Indiz dafür ist, dass diese ihrer Zugehörigkeit große Bedeutung zumessen und diese Einstellung an die kommende Generation weitergegeben wird[71].

---

[70] Der Kontingenzkoeffizient findet Verwendung, da beiden Variablen nominalskalierte waren.
[71] Da auch die Auskunft über die Herkunft alleine die Sichtweise der Jugendlichen repräsentiert, werden in Familien mit Elternteilen aus bi- und multikulturellen Familien auch die Relevanzsysteme

Tabelle 16: Zusammenhang der Abstammung mit der Selbstdefinition in Omsk, Nowosibirsk und Tula (N=223)

ethnische Selbst-definition	Russland-deutscher	Deutscher	Russe	Kosmo-polit	andres	nicht wichtig.	Gesamt
deutsche Herkunft							
nur Großeltern	23	1	33	3	1	4	65
nur der Vater	45	3	10	2	1	12	73
nur die Mutter	18	6	20	5	0	9	58
beide Eltern	14	9	0	3	0	1	27
Gesamt	100	19	63	13	2	26	223

Die Hälfte der Jugendlichen, die die deutsche Herkunft nur noch in der Groß-elterngeneration begründet sehen, definiert sich selber als Russen, wobei 5 % Prozent die Kategorien Kosmopolit und 6 % „Das ist mir nicht wichtig" gewählt haben. Obwohl diese Jugendlichen jedoch bereits ihre Eltern nicht als Personen „deutscher Herkunft" bezeichnen, sehen sich immerhin noch 35 % von ihnen selber als Russlanddeutsche (einer bezeichnet sich selber sogar als „Deut-scher"). In der Online-Umfrage trifft dies auf 11 von 21 Jugendlichen zu, was ein Fortbestehen der Bedeutsamkeit der Herkunftsfrage bereits andeutet.

Mit Blick auf die Werte der Personen mit einem Elternteil deutscher Her-kunft offenbaren sich große Unterschiede zwischen der Bewertung entlang der väterlichen bzw. der mütterlichen Linie der Verwandtschaft. Der Spearman-Rho-Koeffizient weist bei einer Signifikanz auf einem Niveau von 0,01 mit 0,243 einen schwachen Zusammenhang aus.[72]

---

der Jugendlichen darüber entscheiden, ob diese als „deutscher Herkunft" bezeichnet werden oder nicht.

[72] Um hier die Verwendung eines höherwertigen Koeffizienten zu ermöglichen, wurden die Variablen dichotomisiert. Die eine Variable hatte die Ausprägungen „nur deutsche Mutter" und „nur deutscher Vater" die andere erfasste eine Definition mit oder ohne Bezug auf die deutschen Wurzeln.

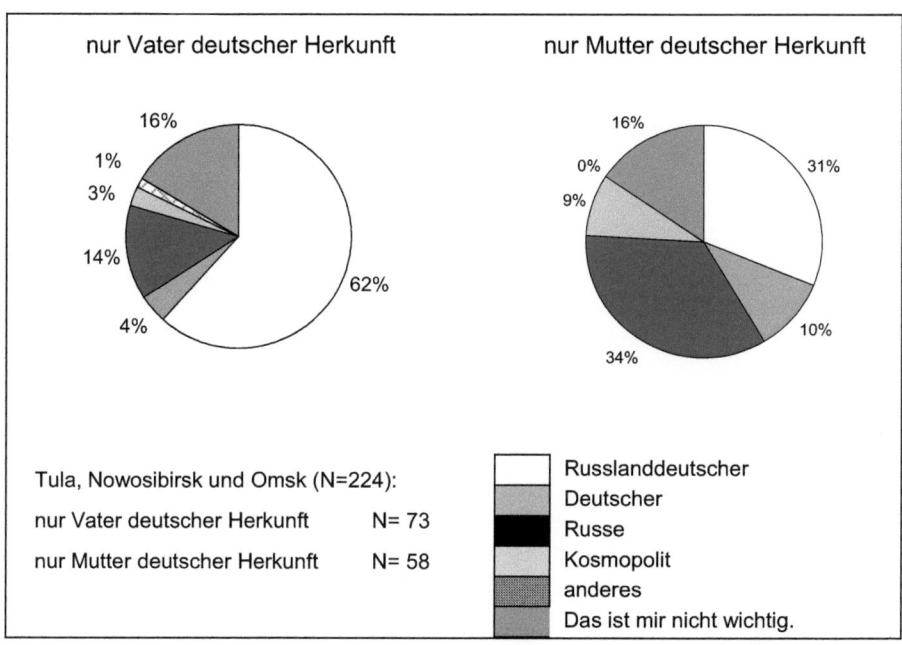

nur Vater deutscher Herkunft

16%
1%
3%
14%
4%
62%

nur Mutter deutscher Herkunft

16%
0%
9%
31%
10%
34%

Tula, Nowosibirsk und Omsk (N=224):

nur Vater deutscher Herkunft   N= 73

nur Mutter deutscher Herkunft   N= 58

Russlanddeutscher
Deutscher
Russe
Kosmopolit
anderes
Das ist mir nicht wichtig.

Abbildung 15: Selbstdefinition bei einem Elternteil deutscher Herkunft

Während in den Familien, in denen die Mutter deutscher Herkunft ist, für 59 % dies nicht mehr für die Selbstdefinition von Relevanz ist (34 % sehen sich als Russen, 9 % als Kosmopoliten, 16 % erklären, dies sei ihnen nicht wichtig), sehen sich demgegenüber 66% derer, deren Vater deutscher Herkunft ist, als Russlanddeutsche bez. Deutsche. Die ethnische Selbstdefinition der Jugendlichen ist also stärker von der väterlichen Linie geprägt.[73]

Hierbei mag eine entscheidende Rolle spielen, dass in Russland der Name des Mannes bei der Heirat zum Familiennamen wird. Der deutsche Name ist jedoch in der Interaktion der Russlanddeutschen mit Unbekannten das deutlichste und häufig einzige Indiz der deutschen Herkunft.

Erfahrungen der Diskriminierung gelten nach Scherr (2000) als ein zentraler Anlass für Ethnisierungsprozesse. Obwohl heutzutage die Gefahr offener Diskriminierung wohl eher gering einzuschätzen ist, bedeutet das Führen eines

---

[73] Die Online-Umfrage vermittelt diesbezüglich ein etwas anderes Bild, doch wird hier auf eine eingehende Analyse aufgrund der zu geringen Fallzahlen und möglicher weiterer intervenierender Variablen verzichtet.

deutschen Namens jedoch für die Betroffenen, dass sie sich häufiger mit Nachfragen nach der Herkunft konfrontiert sehen.[74] Vergleichbare Erfahrungen schildern auch „andere Deutsche", die sich aufgrund der Tatsache, dass sie nicht „dem fiktiven Idealtyp des oder der ‚Standard-Deutschen' entsprechen" (Mecheril 1997:295), häufig gezwungen sehen, diese Abweichung zu erläutern. Dabei wird von den Nachfragenden in der Regel eine Definition in ethnischen Kategorien erwartet.

Selbstverständlich spielt die Geschichte der Deportation und Diskriminierung der pauschal unter Kooperationsverdacht gestellten Russlanddeutschen in und nach dem zweiten Weltkrieg in diese Prozesse hinein. Dies ist unter anderem deswegen noch aktuell, weil eine vollständige Aufarbeitung dieses Aspektes der Geschichte erst durch eine Enttabuisierung im Zeichen von Glasnost und Perestrojka begonnen werden konnte.

- **Alltagsrelevanz der deutschen Herkunft**

55 % der Befragten in und um Tula (N=97), 57 % in Nowosibirsk (N=51) und immerhin noch 48 % in Omsk (N=78) geben an, dass ihre deutsche Abstammung für sie auch im Alltag von Bedeutung ist. In der Online-Umfrage gilt dies sogar für 77 % der Befragten (N=60).

Kreuzt man diese Aussagen mit der persönlichen Bewertung der Relevanz des Ethnischen, so fällt auf, dass von den Befragten, die ihrer ethnischen Zugehörigkeit keine Bedeutung zumessen, die Hälfte dennoch eine Alltagsrelevanz ihrer deutschen Herkunft verspürt. Der Spearman-Rho Koeffizient von 0,222 belegt, dass zwischen beiden Variablen ein zwar signifikanter (auf dem 0,01-Niveau) aber nur schwacher Zusammenhang besteht.

Wie zu erwarten war, behaupten fast alle, die sich als „Deutsche" sehen, eine Relevanz im Alltag. Die Prozentsätze für diejenigen, die sich als Russlanddeutsche wahrnehmen sind entsprechend hoch. Auffallend ist jedoch, dass auch viele derjenigen, die sich selber ohne Bezug auf ihre deutschen Wurzeln definieren, dennoch von deren Relevanz für ihr Alltagsleben überzeugt sind.

Interessant ist in diesem Zusammenhang, dass zwar 63 % der Befragten (N=63) in der Online-Umfrage der Aussage zustimmen, die Kulturen würden sich miteinander verbinden, demgegenüber aber nur rund 30 % meinen, junge Leute würden keinen Unterschied zwischen den Nationalitäten machen (N=62). Nur 41 % sind der Auffassung, dass Russlanddeutsche nicht als besondere Gruppe angesehen würden (N=61).

---

[74] Auch eine der in unserem Projekt mitarbeitenden Studierenden bestätigt einen erheblichen Unterschied in den Erlebniswelten von Russlanddeutschen mit oder ohne deutschen Namen. Daher wäre es für zukünftige Untersuchungen sicher sinnvoll, auch diesen Aspekt mit zu erfragen.

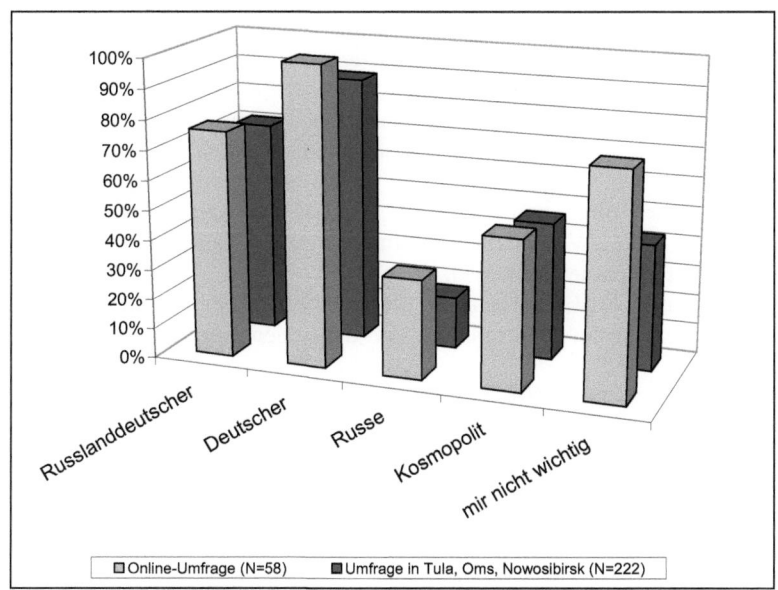

Legende: Online-Umfrage (N=58) ■ Umfrage in Tula, Oms, Nowosibirsk (N=222)

Abbildung 16: Bedeutsamkeit der Abstammung in % der gewählten
Selbstdefinition

In der ländlichen geprägten Tulaer Gruppe gibt es im Vergleich zur Online-Umfrage mit 47 % einerseits weniger Jugendliche, die der Aussage zur Verbindung der Kulturen miteinander vorbehaltlos zustimmen (N=62) und andrerseits deutlich mehr, nämlich 53 %, die feststellen, dass junge Leute keinen Unterschied zwischen den Nationalitäten machen würden (N=79). Im Kontrast hierzu erklären bei der konkreten Nachfrage, ob die Russlanddeutschen als besondere Gruppe gesehen würden, jedoch nur 26 %, dies sei nicht der Fall (N=52).

Fest steht jedenfalls, dass Menschen deutscher Herkunft in den GUS-Staaten trotz sich entwickelnder multipler Zugehörigkeiten und kultureller Mischformen und obwohl sie im Sinne der bundesdeutschen Definitionen gar nicht mehr als „Menschen mit Migrationshintergrund" zu sehen wären, eine gewisse Macht des Ethnischen verspüren.

Dabei ist der Inhalt der Bedeutsamkeit zunächst offen. Eine Zustimmung zu dieser Sichtweise könnte bedeuten, dass die Herkunft (möglicherweise auch im Zusammenhang mit hieraus resultierenden transnationalen Netzwerken) Optionen eröffnet und hierdurch relevant wird. Ebenso können sich hierin Erfahrungen von Abgrenzung und Diskriminierung niederschlagen.

Ein beredtes Beispiel für beide Varianten, wie auch für die Bedeutsamkeit und Bedeutungslosigkeit der Herkunft auf verschiedenen Ebenen bilden die Äußerungen einer Omsker Studierenden in einem von uns geführten Interview:

Der Vater der Interviewten (G.) ist deutscher Herkunft, ihre Mutter ist Russin. Die Familie des Vaters lebt bereits seit vielen Generationen in „Russland".[75] Der Vater selber kann noch Deutsch im Dialekt sprechen. Einige Verwandte der väterlichen Linie sind in den 80er Jahren nach Deutschland ausgewandert, aber die engeren Verwandten der Interviewten leben alle noch in der Region um Asowo und planen keinen Ortswechsel.

In der Kernfamilie ist G. die einzige, die in Anknüpfung an ihre Herkunft ein verstärktes Interesse an Deutschland, der deutschen Sprache und Kultur entwickelt hat:

> „Meine Geschwister (mhm), also ich habe noch drei Schwestern. Und die sprechen schon also haupt-, wirklich kein Deutsch, weil sie in der Schule Englisch haben. Also in Russland gibt es nur eine Fremdsprache in den Schulen und (..) ja, verstehen können sie schon was, also klar, aber so richtig sprechen, also; äm; das heißt, also Sprache beherrschen irgendwie (mhm) können sie schon nicht" (RKWGca.24 45-49).

> „Also klar, dass ich jetzt Deutsch studiere und auch Austauschsemester in Deutschland gemacht habe, das ist für mich, ist es ´ne Chancen, ´ne Möglichkeit in Deutschland zu bleiben. Aber das ist für mich persönlich, für meine Familie ist es auch nicht so, gar nicht relevant" (ebd.: 168-171).

Die Familie von G. sieht sich in der Region beheimatet, doch erscheint dies nicht als etwas Selbstverständliches, sondern als etwas, das es zu verteidigen gilt:

> „Ja (.), also bei, bei meiner Familie kam es wirklich niemals in Frage (.) ob wir auch nach Deutschland (mhm) auswandern können. Ich weiß nicht, also vielleicht (...) Also es war immer schon bei mir in der Familie so stark ausgeprägt, dass wir, unsere Vorfahren schon seit vier Jahrhunderten in Russland leben (mhm). Das heißt, wir haben schon hier Recht, auch in Russland zu leben. Also, was weiß ich, wir haben uns eingelebt (.) hier, also wir haben... (.). Wir fühlen uns heimisch hier vor Ort (mhm) und (..) das ist unsere Heimat, wirklich, wenn man schon so lange hier wohnt in diesem Land..." (ebd.: 158-164)

Die starke Betonung des Rechtes, in Russland zu leben, bedeutet im Umkehrschluss die Befürchtung, jemand könne ihnen dieses Recht absprechen. Tatsächlich hat der Vater der Familie institutionelle Diskriminierung noch am eigenen Leib erfahren, als ihm die Möglichkeit zur Promotion aufgrund seiner Her-

---

[75] Die Familie siedelte sich genau genommen ursprünglich im Krimgebiet in der heutigen Ukraine an und kam später über Kasachstan nach Sibirien.

kunft verweigert wurde. Auch im Zusammenhang mit den Migrationsmotiven der Russlanddeutschen verweist G. auf Diskriminierungserfahrungen der Älteren:

> „Also die haben stark diese Zeit miterlebt, also die Diskriminierung, vielleicht hatten sie auch Angst, dass es einmal (..) zurück kommt" (ebd.: 210-211).

Obwohl die Diskriminierung als Figur aus der Vergangenheit präsentiert wird, wird in G.s Aussagen zum Leben im „deutschnationalen" Rayon deutlich, dass vereinzelt auch heute noch eine ablehnende Haltung spürbar ist:

> „...aber dass man hier einfach, also man lebt, und hier keiner ärgert, über den deutschen Namen, den man nicht richtig aussprechen kann, oder was es früher gab, irgendwo noch (mhm). Das ist schon Vorteil für die Russlanddeutschen, die hier leben im Rajon" (ebd.: 146-149).

Zu dem hier deutlich werdenden diffusen Gefühl von Tendenzen des Ausschlusses trägt möglicherweise bei, dass G. noch Diskriminierung in krasser Form in einem singulären aber prägenden Erlebnis erfahren musste:

> „Also das, was diese Ausgrenzung anbetrifft, ja klar, also die Eltern, also diese Generation (mhm) von meinem Vater, die haben also dieser Zeit, diese Diskriminierung noch stark miterlebt (mhm). (...) Ich persönlich auch schon nicht mehr (.). Also einmal war ich irgendwie auf der Straße als Faschistenkind angespuckt oder so (mhm), das mal miterlebt (..) also, aber das hat mir einmal für das ganze Leben gereicht (.). Also wirklich, dass man so was erlebt" (ebd.: 133-138).

G. identifiziert sich mit der Gruppe der Russlanddeutschen. Sie plant in Zusammenarbeit mit einer deutschen Stiftung ein Projekt zur „Stärkung der kulturellen Identität" für russlanddeutsche Jugendliche in Asowo und macht dort ein Praktikum bei der örtlichen zweisprachigen Zeitung. Als sie bei ihrer Ankunft in Deutschland am Bahnhof ein betrunkenes Paar - junge Russlanddeutsche - erlebt, die auf Russisch schimpfen, fühlt sie sich persönlich betroffen:

> „...also das, also das war wirklich Enttäuschung für mich" (ebd.: 462).

Dennoch gibt es Bereiche, in denen die Herkunft für sie keine Bedeutung hat:

> „Also bei der Freundesauswahl, ist das also ganz eindeutig gar nicht relevant" (ebd.: 132).

G.s Lebensplanung ist von einer großen Eigenständigkeit geprägt. Obwohl für sie die Option einer Auswanderung nach Deutschland offen ist, würde sie, wie sie erklärt, sich niemals in Berufung auf ihre Herkunft in den Status einer Spätaussiedlerin begeben. Im Bereich ihrer persönlichen Lebensplanung ist die deutsche Herkunft nur ein Anknüpfungspunkt für ihre Strategie, sich transnational in Russland und Deutschland Optionen zu eröffnen. Sie hat bereits ein Auslandssemester in Deutschland absolviert und plant, nach Abschluss ihres Studiums in Omsk ein Aufbaustudium in Deutschland anzuschließen. Die Entscheidung für ihren späteren Lebensort hält sie sich offen; entscheidend sind hierbei vor allem die sich ihr bietenden beruflichen Chancen.

An ihrem Beispiel wird deutlich, dass eine selbstbewusste, offene transnationale Strategie der Lebensplanung nicht zwangsläufig mit einem Bedeutungsverlust ethnischer Kategorien einhergehen muss. Im Gegenteil kann es sogar zu einer Reaktivierung ethnischer Bezüge kommen, wenn diese einen Anknüpfungspunkt für transnationale Optionen darstellen.

Für diejenigen, die planen oder erwägen nach Deutschland zu emigrieren, kann Ethnizität in diesem Zusammenhang als Ressource an Bedeutung gewinnen. Dies kann wie bei der Interviewten in Form einer Aktivierung oder Reaktivierung von Wissensbeständen und Bezügen geschehen, dies ist aber auch dann der Fall, wenn der Zuzug in Form einer Aussiedlung erfolgt, für die das „Bekenntnis zum deutschen Volkstum" (§ 6 Abs. 2 BVFG) Legitimation und Voraussetzung ist.

Für einige der Verbleiborientierten stellt die Zugehörigkeit zur Gruppe der Russlanddeutschen insofern eine Ressource dar, als diese ihnen Zugang zu den Programmen verschafft, die eigens für diese Minderheit seitens der deutschen Häuser vorgehalten werden. Diese umfassen regional sehr Unterschiedliches: neben Beratung und Übersetzungshilfen, kulturelle Veranstaltungen (vgl. Vahsen 2005), Sprachunterricht und Qualifizierungsangebote, teilweise medizinische Betreuung und materielle Leistungen an Bedürftige oder Kredite zum Erwerb von Wohneigentum. Da im Zuge der gesellschaftlichen Transformation die Aktivitäten der kommunistischen Jugendbewegung praktisch zum Erliegen kamen, bieten derzeit nur die kirchlichen Organisationen sowie die Organisationen der Minderheiten den Jugendlichen kostenfreie Freizeit- und Bildungsangebote (vgl. Haertel 2004).

Es kann davon ausgegangen werden, dass die damit verbundenen Gestaltungschancen unterschwellig die Attraktivität einer Selbstdefinition entlang ethnischer Kategorien erhöhen und auch mittelbar die Entstehung einer Gruppenidentität unterstützt wird, indem in den Programmen Personen zusammengeführt werden, die sich selber im „Glauben an eine gemeinsame Abstammung, Geschichte und Kultur" (Scherr 2000:13) als ethnische Einheit definieren können.[76]

Gleichzeitig hat sich das Bild der deutschen Minderheit in den GUS-Staaten im Zuge der politischen Veränderungen der 80er Jahre gewandelt. So

---

[76] Dies durch die Förderung der nationalen Rajons auch im Sinne einer „Ethnisierung in Folge der sozialräumlichen Konzentration von Einwanderergruppen" (Scherr 2000:14 unter Rückgriff auf Weber).

stellt Haertel (2004) in Berufung auf Fuchs fest, dass insbesondere in Zentral-asien, die deutschen Minderheitenangehörigen gegenwärtig mit Tugenden wie Fleiß, Sauberkeit, Pünktlichkeit und Strukturiertheit (siehe oben) assoziiert würden.[77] Hiermit bieten sich den Jugendlichen auch im Spiegel der Gesell-schaft positive Identifikationsmomente.

- **Wunschlebensorte**

Als ein weiterer Hinweis auf die Orientierung der jugendlichen Befragten kann die Nennung des Wunschlebensortes gewertet werden. Bei dieser Frage domi-nieren der russische und der deutsche Kontext. 75 von 85 Personen, die einen Ort außerhalb Russlands benennen, nennen Deutschland als Zielland.[78] In der Online-Umfrage sind es 20 von 27.

Zwar ergeben sich relativ hohe Werte einer Ausrichtung auf Orte außerhalb der GUS als gewünschtem Lebensort: 30 % in der russischen Umfrage (Tula, Omsk und Nowosibirsk N=230) und 45 % in der Online-Umfrage. Dennoch wünscht sich die überwiegende Mehrheit, im Land verbleiben zu können: 52 % in der Online-Umfrage und sogar 63 % in der russischen. 7 % in Omsk, Nowo-sibirsk und Tula und 2 Personen in der Online-Umfrage nennen sowohl einen Ort innerhalb als auch einen außerhalb der GUS. Dabei nennen alle 16 Befrag-ten in der russischen Umfrage, die diese doppelte Orientierung aufweisen, auch Deutschland als Wunschlebensort.

- **Migrationsgründe**

Mehr als jeder vierte Jugendliche, in dessen Familie Auswanderungspläne be-stehen, wünscht sich eigentlich in der Region zu verbleiben. Zehn der 28 Betrof-fenen geben dabei explizit an, den Ausreiseentschluss mindestens sehr unter-stützt zu haben, zwei haben sogar alleine entschieden. In diesen Fällen ist offen-sichtlich dieser Widerspruch nicht auf einen mangelnden Einbezug der Jugend-lichen bei der Entscheidungsfindung zurückzuführen. Verantwortlich für die Diskrepanz sind wohl vor allem empfundene Mängellagen. So geben sechs der Befragten die Hoffnung auf politische Stabilität und Sicherheit, sieben die Hoff-nung auf bessere berufliche Chancen und acht die auf eine materielle Besser-stellung als Migrationsgründe an.

In den von uns geführten Interviews zeichnen sich häufig materielle Motive der Migration ab, nicht selten begleitet von Gefühlen des Heimatverlustes. So äußert einer der Interviewten auf die Frage hin, ob er denn auswandern wollte:

---

[77] Auch Dietz (1995) meint, dass der Mythos von der Arbeitsamkeit der Russlanddeutschen dazu führe, dass die Diskriminierung im beruflichen Bereich geringer ausfalle als in andren Bereichen der Gesellschaft.
[78] Acht von ihnen nennen allerdings zusätzlich noch einen weiteren Ort.

„:Ich: nicht! Weil: Ich habe große Sehnsucht nach meinen Verwandten, Großeltern.
:Aber: in Deutschland gibt bessere Leben, Möglichkeiten (..) für mich. Und (leiser
werdend:) ich verstehe, verstehe das" (Interview DUkMW15 102-104).

In zwei anderen Interviews heißt es:

„Es gibt (in Russland, d. V.) viele Probleme mit Studium, mit Arbeit auch, es gibt
keine Ausbildung (mhm). Jetzt kann ich Ausbildung machen, gute Ausbildung, äh,
und dann arbeiten" (Interview DUkMV23 13-15).

„Das war ja eigentlich ʼne ganz schlimme Gegend, (..) arme Gegend, das wissen
wir auch von sich aus selber (..). Man hatte ja auch nie Geld (mhm). Ja, und da ist
man nach Deutschland mit der Hoffnung auf besseres Leben" (Interview RRMW25
18-20).

Solche Äußerungen finden sich vielfach in den Interviews. Die Floskeln „Ich
bin gekommen, weil ich Deutscher bin" oder „Ich bin ausgewandert, um als
Deutscher unter Deutschen zu leben", stellen zumeist nur eine Rechtfertigung
des Hierseins im ersten Kontakt dar. Bei Nachfragen wird das für Migration
typische komplexe Geflecht unterschiedlicher Motive deutlich. Übereinstim-
mend hiermit erscheint im quantitativen Teil der Studie, in dem verschiedene
Kategorien zum Ankreuzen angeboten werden, der Wunsch „in einem deutschen Umfeld zu leben" zwar für einige als relevant, ist jedoch nahezu nie allein
entscheidend.

Obwohl die oben Zitierten aktive Gestalter einer transnationalen Migration
sind, sind sie auch Leidende. Dieses Gefühl, in der eigenen Gesellschaft keinen
Platz zu finden, wurde oben bereits im Zusammenhang mit den Ängsten und
Migrationsmotiven verdeutlicht und spricht wiederum eher für Prozesse der
Entbettung denn für entstehende Freiräume im Prozess der Globalisierung. Die
Entscheidung für die Auswanderung fällt nicht selten deswegen, weil sich auf
lokaler und regionaler Ebene Möglichkeiten verschließen.

So bezieht sich das Etikett „schlimme Gegend" in dem Interview mit W.
sogar nur auf das Viertel, in dem er gelebt hat. Die Erklärung schließt sich an
eine Passage an, in der er zu Freunden in der Schulzeit Stellung bezog:

„...wie soll ich sagen, Schule und Freunde, Privatfreunde das waren zwei ver-
schiede Sachen (mhm). Freunde in der Schule, und Freunde aus meinem (..) aus
meiner Gegend, wo ich da gelebt habe (..). Das war ja eigentlich ʼne ganz schlimme
Gegend..." (ebd.: 16-18).

Die Armut wird hier als lokales Problem präsentiert, obwohl die allgemeine
gesellschaftliche Situation in Form von ausbleibenden Gehaltszahlungen die
Lage verschärfte. Dennoch erschien ein Wechsel in die Welt der Nicht-Armen

im regionalen Kontext unmöglich, die Migration nach Deutschland als einzige Option zur Verbesserung der materiellen Situation.
Vergleichbares gilt für das Interview mit S. Hier deutet sich an vielen Stellen an, dass S. vor allen Dingen der Enge und Beschränktheit des Dorfes entfliehen will:

> "Das war ein richtiges Kaff (lacht dabei). Zu wenig Jugendliche (lacht), so dass die Jugendlichen nichts Besonderes machen konnten. Deshalb wollte ich hierher kommen (lacht) (mhm). Um jemanden näher kennen zu lernen und mehr Freunde zu haben, ich weiß nicht, Ausbildung, eine normale Bildung zu bekommen..." (Interview DRWS18 12-17).

Die hier angedeuteten beruflichen Aspekte erscheinen in der Gesamtschau des Interviews eher nachrangig. Herauszukommen aus dem Dorf, ist das oberstes Ziel. Hierfür scheint es jedoch keine regionale Lösung zu geben.

Eine andere Interviewte schildert konkret die Probleme eines Ortswechsels vom Dorf in die Stadt innerhalb Russlands:

> E: „Tatsächlich war das Leben im Dorf wirklich sehr schwer für uns. Wenn wir in Omsk gelebt hätten, wären wir wahrscheinlich gar nicht nach Deutschland gekommen. Aber da wir in einem Dorf gelebt haben, hatten wir keine andere Wahl (..). In einer Stadt kann man wenigstens etwas finden und in einem Dorf überhaupt nichts."
> I: „Meinst du mit „etwas" einen Job?"
> E: „Ja, einen Job kann man finden (atmet schwer), in der Stadt muss man sich eine Wohnung kaufen und auch wenn wir die Wohnung im Dorf verkaufen würden, würde das Geld für eine Stadtwohnung niemals reichen. Dort sind die Wohnungen sehr teuer (..) auch wenn wir die Wohnung und das Haus verkauft hätten, hätte es nicht gereicht, weil die Wohnungen dort sehr teuer sind. Und um mieten zu können, braucht man auch Geld (..). Alle verkaufen ihre Tiere, damit die Kinder in der Stadt studieren können, aber das reicht auch nicht" (Interview DRWE23 403-415).

- **Remigration und transnationale Veränderungen**

Teilweise wird die Migration nach Deutschland als Zwischenschritt eingeplant. Der Aufenthalt hier soll dazu dienen, die Chancen im Herkunftsland zu verbessern.

> „Und es gab noch so einen Grund, das hat mir meine Mutter hier gesagt. Damit ich eine gute Ausbildung kriege. Wenn ich jetzt zum Beispiel zurückkehren möchte, wenn ich meine Ausbildung fertig habe, dann habe ich größere Chancen so irgendwie eigenes Leben aufzubauen und alles" (Interview DRMK16 47-51).

> J: „Mir fehlt das 5. Semester. Ich möchte studieren, um die Sprache zu lernen. Ich habe einen Kumpel, mit dem ich dort zusammen gearbeitet habe (hhm), also ich habe die Möglichkeit hier zu studieren oder dort arbeiten. Wenn man hier die Sozi-

alhilfe ablehnt, könnte man dort arbeiten, Kasachstan sieht das ganze auch positiv, so 11 Monate oder so dort leben (hhm), ja die Möglichkeit gibt es halt auch."
I: „Also möchtest du dort arbeiten?"
J: „(..) (atmet schwer aus) Dort ist es viel leichter mit dem Geld und dem Job."
I: „In Kasachstan?"
J: „Ja, in Kasachstan."
I: „Du meinst also hier leben und dort arbeiten?"
J: „Das ist eine Möglichkeit. Wenn mir hier das Studium leicht fällt, wenn es klappt (hhm), wenn ich mich hier selbst finde (hhm), mal schauen, wenn hier eine positive Situation entsteht, dann bleibe ich auch hier, aber Kasachstan lasse ich mir offen. Ich habe dort ja auch mein Leben lang gelebt und kenne mich dort aus. Vielleicht ist es auch Geiz. Man sieht ja, dass die Menschen dort auch Geld verdienen und wenn man her kommt, verliert man ja diese Möglichkeit. Man möchte ja gerne hier was machen und auch dort" (Interview DKMJ24 452-467).

Während in diesen Beispielen transkulturelle Bezüge aufscheinen, indem die Zukunftsplanung mit Blick auf beide möglichen Lebensorte erfolgt, entscheiden sich andere bewusst für einen radikalen Bruch:
„Vor allem, wenn man da hinfährt (..) mit dem Land (Herkunftsland, d. V.) erst mal hier abschließen, und sagen: Ich will jetzt ein neues Kapitel eröffnen in meinem Leben. Das heißt: Hier erst mal alles beenden, dahin fahren, und versuchen, die Kultur da zu verstehen, wie das Leben dort läuft, ohne sich an das Leben hier zu erinnern, ohne zu vergleichen (ja). Das würde klappen (..). Die meisten allerdings machen das nicht, die wollen natürlich wieder zurück, oder denken: Ja, dort ist das, in Deutschland ist dies besser, in Russland ist das besser und ich bleib lieber hier, oder komme wieder zurück, oder wie auch immer… (..). Man muss hier erst mal abschließen, wenn man wirklich bereit ist, nach Deutschland zu kommen, und sagt: Jetzt will ich wirklich nach Deutschland, dort leben, dann muss man hier abschließen und sagen: Nein, das Land ist erst mal fertig" (Interview RRMW25 305-314)[79].

Gelegentlich steht auch am Ende einer transnational angelegten Strategie eine endgültige Entscheidung für einen nationalen Kontext:
„Ähm, also ich erzähl´ die Geschichte noch mal ganz kurz: Also, ähm, wir sind eigentlich jedes Jahr nach Deutschland gefahren, äh, um die Verwandten zu sehen. Und es ist jetzt ziemlich schwer, weil man muss ja immer wieder ein Visum beantragen und das kostet sehr viel Geld. Und dann dachten meine Eltern, wir kommen im Jahr 96 nach Deutschland, und, äh, leben ungefähr ein Jahr in Deutschland, damit wir den deutschen Pass haben, weil dann müssen wir kein Visum beantragen, das wär´ eigentlich ziemlich gut für uns. Das haben wir dann, wir waren ein ganzes

---

[79] Das Interview wurde in Russland mit einem Russlanddeutschen geführt, der in Deutschland lebt und studiert und sich dort zur Verbesserung seiner russischen Sprachkenntnisse aufhielt, da er für sein Studium fremdsprachliche Kenntnisse nachweisen musste. Daher ist „hier" in diesem Interview Russland, obwohl der Interviewte seinen Lebensmittelpunkt in Deutschland hat.

Jahr in Deutschland, hatten den, hatten den, äh, die deutsche Staatsangehörigkeit, sind dann wieder nach Russland gefahren, und irgendwie hat uns dann dort das Leben, ähm, nicht mehr gefallen, wir haben uns dort nicht mehr wohl gefühlt. Dann sind wir wieder nach Deutschland umgezogen" (Interview DRMJ21 162-171).

Im selben Interview heißt es an anderer Stelle zu den Kontakten nach Russland:
„Ähm Kontakt, eigentlich gar nicht mehr, also, ähm, gar nicht mehr. Wir, also mein Vater, fährt ab und zu wieder ab und zu nach Russland. Ich, meine Mutter, meine Schwester eigentlich gar nicht. Mein Vater fährt manchmal da hin wegen Geschäftsbeziehungen, und äh ich, also wir eigentlich gar nicht, meine Mutter, ich und meine Schwester (..)" (ebd.: 132-136).

Wieder andere präsentieren von vornherein den Entschluss zur Migration als einen Versuch mit offenem Ergebnis. Hier deutet sich eine transnationale Offenheit an:
„Ja, ich arbeite jetzt schon seit einen Jahr und bin mit der Arbeitsstelle nicht zufrieden, man kann klar etwas Besseres finden. Aber ich habe überlegt, dass ich das Leben von Null gestalten muss und hier hält mich nichts fest. Und ob ich hier von Null anfange oder in Deutschland, ist für mich kein Unterschied. Jetzt bin ich noch ungebunden, habe keine Familie, keine Kinder. Ich möchte später mit vierzig beispielsweise, nicht bereuen, dass ich mit dreiundzwanzig nicht ausgereist bin. Und wenn dort irgendetwas schief gehen sollte, kann ich immer wieder zurückkehren. Ich habe somit nichts zu verlieren" (Interview RKWE23 63-69).

„Ich stellte einen Antrag auf Ausreise und schickte ihn ab. Ich hatte ihn zwar vergessen und wollte eigentlich auch schon gar nicht mehr weg, und dachte, wenn die Erlaubnis kommt, möchte ich gar nicht nach Deutschland. Aber dann kam das Visum. Ich hatte es erst zur Seite gelegt. Konnte mich nicht gleich entscheiden. Warum soll ich fahren, wenn ich hier meine feste Arbeit und mein Hobby habe. Später überlegte ich: Warum nicht ausprobieren? Es gibt in Deutschland auch sehr viele Möglichkeiten, denn es ist nie zu spät nach Kasachstan wieder zurückzugehen. Ich bin noch jung, erst 22 Jahre alt. Also, kann ich nach Deutschland fahren und mal sehen, wie es dort wird. Sollte es mir nicht gefallen, kann ich jederzeit zurück nach Kasachstan. Ich verliere in Prinzip gar nichts. Mal sehen, ob ich hier bleibe oder nicht" (Interview DKMAt22 33-40).

Dabei äußerten einige Jugendliche in einem Gruppeninterview, dass - neben der Möglichkeit zurückzugehen - ein Weiterwandern (z.B. nach Kanada) als Option in Frage käme. Der deutsche Pass als Konsequenz einer Auswanderung nach Deutschland ist für Einzelne auch die Eintrittskarte in die EU oder ein Garant einer weitergehenden Reisefreiheit.
J: „Na ja, nicht ausgesucht, die Wahl ist heutzutage nicht schwer, ich habe mich für die Ausreise nach Deutschland entschieden, da es gut ist."
I: „Warum haben Sie sich dazu entschieden?"

J: „Als erstes ist hier doch die ganze Europa offen zum Beispiel,..." (Interview mit DKMJ24 18-21).

In unserem Material scheinen vereinzelt transkulturelle Identitäten und Lebensentwürfe auf. So werden z.B. von den Befragten der Online-Umfrage als sonstige Wunschlebensorte noch Folgende genannt: Australien, Frankreich, Spanien – Teneriffa, Skandinavien, Deutschland oder Frankreich, Polynesien, Norwegen.

Drei Personen antworten ohne konkrete Nennung möglicher Orte: „Habe mich noch nicht festgelegt!" und „Da, wo alle lächeln." oder „In einer Stadt, wo wärmeres Klima herrscht".

Auch in den geführten Interviews sind Lebensentwürfe erkennbar, in die die Betroffenen in freier Wahl verschiedene kulturelle und lokale Optionen integrieren und sich vielfach noch Änderungen der Planungen vorbehalten. Den Haupttypus bilden solche „Transkulturellen" jedoch nicht einmal unter den transnational Gewanderten.

In der Kategorisierung von Bauman wären viele wohl eher den „Vagabunden" als den „Touristen" zuzuordnen. Von ihnen wird der exponentielle Anstieg von Wahlfreiheiten in der Moderne eher als Belastung erlebt. Sie versuchen Eindeutigkeit zu konstruieren und/oder an regionalen Bindungen festzuhalten. Ob Ethnizität - und dies deutet sich in diesem Zusammenhang an - nicht auch als eine „kulturelle Selbstbehauptung", ein „Widerstand gegen die Zumutungen der Moderne bzw. des sich globalisierenden Kapitals" gesehen werden kann, diese Frage wirft Scherr (2000:6) auf.[80]

Mit anderen Worten dokumentiert sich hier möglicherweise die Suche nach Geborgenheit angesichts des „Unbehagens in der Postmoderne", die nach Bauman im Rückgriff auf überkommene Kategorien der Zugehörigkeit stattfinden kann.

---

[80] „Dass die Kultur moderner westlicher Gesellschaften Individuen dagegen ein Selbstverständnis als von kulturellen Festlegungen und gemeinschaftlichen Bindungen prinzipiell unabhängige, rational handelnde und nutzenmaximierende Individuen anbietet, stellt in der von Sahlins etablierten Perspektive selber noch einen Bestandteil dieser Kultur dar und ist als ein solcher zu analysieren, wenn die Sozialwissenschaft eine unreflektierte Übernahme der Prämissen der Gesellschaft überwinden wollen, in der sie sich entwickelt haben." (Scherr 2000:9f.)

24 Kenntnis und Nutzung der Hilfesysteme

- **Migrationsvorbereitung**

Der Migrationsberater der Caritas verwies im Expertengespräch im Juni 2009 darauf, dass sich aus seiner Sicht die Spätaussiedlerinnen und Spätaussiedler kaum auf das Leben in Deutschland vorbereiteten, obwohl sie im Alltag zunehmend über die Möglichkeiten hierzu verfügen würden. Dies sei geradezu typisch.

Von 176 Personen der *Umfrage in Friedland*, die Angaben zur Ausreisevorbereitung gemacht haben, gaben jedoch nur 16 % an, keine Medien zur Vorbereitung genutzt zu haben.

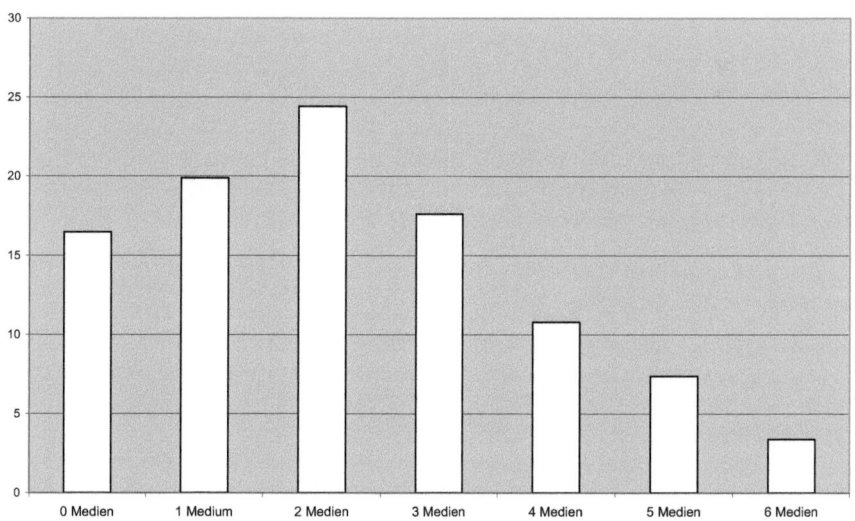

Abbildung 17: Anzahl der genutzten Medien in der Umfrage in Friedland % (N=176)

219

Durchschnittlich wurden zwei verschiedene Informationsquellen verwendet. Bevorzugtes Medium war das Fernsehen, das von über 60 % der Befragten genannt wurde, gefolgt von Zeitungen und Zeitschriften mit knapp über 40 %.[81]

Nur 11 % von 173 gaben an, keine Gespräche zur Vorbereitung auf die Ausreise geführt zu haben. Bei den anderen überwiegen die Gespräche mit Verwandten, die von über 80 % genannt werden, doch auch Freunde wurden von über 50 % zu Rate gezogen. Institutionelle Beratung wurde hingegen nur von etwas mehr als jedem Fünften in Anspruch genommen.

Als aufschlussreichste Informationsquelle von allen nannten 58 von 121 der Befragten in Friedland die Verwandten. Auch in Bezug auf die Ausreisevorbereitung erschien also die Familie als die oberste Beratungsinstanz, Freunde und Bekannte wurden nur von 8 Personen als wichtigste Ratgeber angesehen, Institutionen wurden nur von drei benannt. Auf einzelne Medien als wertvollste Informationsquelle entfielen insgesamt 25 Nennungen, davon bezogen sich 12 auf das Internet.

Dass das Internet, obwohl nur von 30 % der Befragten genutzt, am häufigsten von allen Medien als hilfreich klassifiziert wurde, ist sicher kein Zufall. Dieses ermöglicht eine gezielte Suche nach relevanten Informationen, Suchanfragen können im Detail der eigenen Situation angepasst werden.

Broschüren oder Beratungsangebote für Ausreisewillige sind uns im Verlauf unserer Erhebung nicht genannt worden. Die Vertreter der GTZ erkennen den Sinn dieser Angebote, erklären jedoch, dass ihre grundlegenden Zielvorgaben[82] die Einrichtung eines solchen Angebotes nicht zulassen.

Von den 78 Angaben zur weiteren Vorbereitung bezogen sich 64 unmittelbar auf den Spracherwerb beziehungsweise auf die vorhandenen Sprachkenntnisse. Die zentrale Rolle der Sprachkenntnisse für das erfolgreiche Einleben in Deutschland wird offenbar von den meisten Spätaussiedlern erkannt. Auf Mängel in der Sprachbeherrschung bezogen sich die meisten der antizipierten Schwierigkeiten. Während in Bezug auf die bevorstehenden Hürden beim Einleben ebenfalls andere Aspekte der Integration genannt wurden, allen voran von immerhin etwa jeden Fünften Probleme bei der beruflichen Integration, gibt es andrerseits keine Hinweise auf eine gezielte Vorbereitung in diesem Bereich.

Die Befürchtungen stellten sich bei den Respondenten der *Umfrage in Russland*[83] ähnlich wie in Friedland dar. Von 91 Personen, die hierzu Angaben

---

[81] Insbesondere die bevorzugte Nennung des Fernsehens spricht für eine weniger gezielte Vorbereitung, da die Informationsaufnahme durch dieses Medium kaum Steuerung zulässt.

[82] Die GTZ soll Angebote für Russlanddeutsche in Russland vorhalten mit dem Ziel, diese zum Verbleib zu motivieren und Ihnen vor Ort eine Perspektive zu eröffnen.

[83] Trotz der Fülle an Gründen, die aus Sicht der Befragten der Online-Umfrage für eine Ausreise sprächen, gaben nur 14 an, dass in Ihrer Familie Auswanderungspläne bestehen. Nur vier der

machen, nannten 46 sprachliche Schwierigkeiten, 26 befürchteten Probleme bei der Arbeitssuche, vier im Bereich von Bildung bzw. Ausbildung. Weitere Nennungen bezogen sich auf die andersartige Kultur (12), Kontaktschwierigkeiten (5), Probleme im Zusammenhang mit Behörden und Dokumenten (6), aber auch materielle Schwierigkeiten (7) und solche bei der Wohnungssuche (4). Interessant ist in diesem Zusammenhang, dass 8 Personen die Stichwörter Integration bzw. Adaption als Schlagworte in den Raum stellten.

Zu der Vorbereitung über Medien in der Untersuchung in Russland haben insgesamt 155 Personen Angaben gemacht. Die Frage zielte zum einen auf das verwendete Medium (Bücher, Informationsbroschüren, Zeitschriften, Radio, Fernsehen und Internet). Zum anderen wurde nach der Sprache des Mediums gefragt (Deutsch, Russisch, zweisprachig Deutsch-Russisch, Kasachisch, andere). Die zweisprachigen Medien wurden hier bewusst gesondert aufgeführt, da diese neben der sachlichen Information gleichzeitig über die Rezeption beider Sprachversionen eine Möglichkeit bieten, sich das benötigte Vokabular anzueignen.[84]

Dominierende Sprache war bei der Suche nach Informationen für die Ausreisewilligen das Russische, in weitem Abstand gefolgt von dem Deutschen, wobei der Abstand je nach Medium stark variierte. Andere Sprachen wurden nur von einem Befragten genannt. Informationsbroschüren wurden häufig auf Deutsch oder in zweisprachigen Versionen rezipiert, spielten jedoch insgesamt keine große Rolle.

Die häufigsten Nennungen entfielen auf russischsprachige Fernsehsendungen (41 %) und russischsprachige Internetseiten (36 %). Bei diesen beiden Medien ist der Unterschied zwischen den Nennungen zur Rezeption deutschsprachiger und zweisprachiger Angebote besonders hoch, was darauf verweisen mag, dass zweisprachige Angebote nur in begrenzter Zahl vorhanden sind.

Was die Zahl der Medien anging, die die Auswanderungswilligen zu nutzen gedenken, ergaben sich erhebliche Unterschiede zu den Ergebnissen der Befragung in Friedland. Zwar gaben wieder rund 18 % an, keine Medien nutzen zu wollen, gleichzeitig zeigen diejenigen, die sich über Medien vorbereiten wollten eine deutliche Tendenz zur Nutzung verschiedener Quellen. 13 % der Respondenten beabsichtigten, alle aufgeführten Arten zu verwenden.

Respondenten wollten selber ausreisen und weitere zwei sind noch unentschlossen. Aufgrund dieser geringen Fallzahlen wird darauf verzichtet, die Informationen zur Ausreisevorbereitung aus der Online-Umfrage zu analysieren.

[84] Diese Kategorie ist ebenso wie die Kategorie Kasachisch im Omsker Teil der Untersuchung leider nicht erfasst. Daher konnten diesbezüglich nur Werte von insgesamt 79 Respondenten verglichen werden.

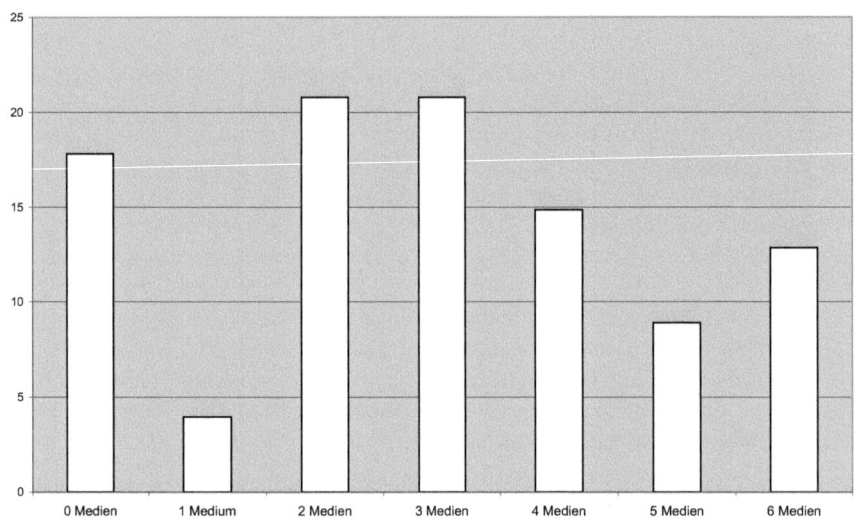

Abbildung 18: Zahl der genutzten Medien in der russischen Umfrage in %
(N=101)

Zudem fiel auf, dass bei den in Russland Befragten das Internet mit 65 % fast
ebenso häufig genannt wurde wie das Fernsehen (69 %). Zeitungen und Zeitschriften wurden von 46 % genannt, Broschüren von mehr als jedem Vierten.

Insgesamt entsteht der Eindruck einer Polarisierung zwischen den sich
nicht Vorbereitenden und solchen, die Ansätze einer systematischen Vorbereitung zeigten. Dabei ist es nicht so, dass diejenigen, die auf eine Vorbereitung
über Medien verzichten, Gespräche bevorzugen. Tatsächlich traf dies nur auf
einen der Befragten zu. Alle anderen bereiteten sich allenfalls durch Spracherwerb auf die Ausreise vor.

Insgesamt 20 % erklärten, keine vorbereitenden Gespräche führen zu wollen. Auch in dem russischen Teil der Erhebung wurden die Gespräche mit Verwandten mit 72 % am häufigsten genannt, wenn auch etwas weniger deutlich als
bei den in Friedland Befragten. Freunde und Bekannte wurden auch in Russland
von etwas über der Hälfte als Ratgeber gewählt. Deutlich höher lag in Russland
mit 38 % der Anteil derjenigen, die sich auch bei Institutionen Rat holen wollten.

58 Personen machten zusätzlich Angaben über weitere Arten der Vorbereitung. Dabei verwiesen 34 auf den Spracherwerb Deutsch, was besonders
auffällt, da dies eine bereits zuvor erwähnte also nicht wirklich zusätzliche Vor-

bereitungsart darstellte. Immerhin noch neun sprachen von der Notwendigkeit auch die Kultur, Sitten und Gebräuche des Aufnahmelandes kennen zu lernen, hingegen erklärte nur *einer*, seine beruflichen Kenntnisse verbessern zu wollen.

Die dennoch aufscheinende Tendenz zur systematischeren Vorbereitung (Internet, Medienvielfalt, Institutionen) hängt vermutlich mit der spezifischen Zusammensetzung der Stichproben zusammen, also damit, dass in Russland vermehrt junge, gut ausgebildete Städter befragt wurden.

- **Kenntnis und Nutzung von Institutionen und Angeboten für russlanddeutsche Jugendliche**

In der Umfrage in Russland (N=228) wurde die Kenntnis und Nutzung verschiedener Institutionen abgefragt, die für Russlanddeutsche relevant sein können. Am bekanntesten von den genannten Institutionen war das deutsche Konsulat (47 %), relativ dicht gefolgt von den russlanddeutschen Häusern (44 %) und dem Goetheinstitut (43 %). Hingegen war die GTZ dem Großteil der Befragten unbekannt, sie wurde nur von knapp 6 % angekreuzt.

Was den Besuch von Kursen anging, so wurden von diesen vier Institutionen die russlanddeutschen Häuser am häufigsten frequentiert (23 %), an zweiter Stelle stand das Goetheinstitut (12 %)[85]. Nur drei Jugendliche geben an, Kurse im Konsulat besucht zu haben, und nur zwei besuchten Kurse der GTZ.

Obschon sich bei den Befragten der Online-Umfrage (N=53) insgesamt wesentlich höhere Prozentwerte der Institutionennutzung ergaben (russlanddeutsche Häuser 47 %, Goetheinstitut 21 %, deutsches Konsulat 9 %), fand sich hier nur ein einziger Jugendlicher, der an einem Kurs der GTZ teilgenommen hatte. Am häufigsten genannt wurden Kurse im deutschen Lesesaal (53 %), 9 % hatten Kurse in einer Kirchengemeinde besucht.[86]

Neben der Frage nach der Nutzung vorhandener Angebote wurde auch eine offene Frage zu gewünschten ergänzenden Angeboten in die Fragebögen aufgenommen. In den Umfragen in Omsk, Tula und Nowosibirsk haben insgesamt 52 Befragte hier ihre Wünsche aufgeführt.

Acht Nennungen entfielen auf Angebote im Bereich Kultur, Sitten und Gebräuche, vier weitere auf musische Angebote. Auffallend ist jedoch, dass diese Antworten zumeist von Jugendlichen stammten, die nach eigenen Angaben die Deutschen Häuser nicht kannten. Für die anderen schienen die in diesem Bereich vorgehaltenen Angebote ausreichend.

---

[85] Angesichts des großen Interesses am Spracherwerb erscheint dieser Prozentwert vergleichsweise gering, was sich vermutlich aus den mit einem Kursbesuch am Institut verbundenen Kosten erklärt.
[86] Nach den beiden letztgenannten Institutionen wurde in den Umfragen in Tula, Nowosibirsk und Omsk nicht gefragt.

19 Personen erwähnten hier erneut den Spracherwerb bzw. die Sprachförderung, drei von diesen wünschten spezielle Kurse für Jugendliche bzw. Fortgeschrittene. 10 Jugendliche äußerten den Wunsch nach Ausflügen bzw. Exkursionen nach Deutschland aber auch innerhalb der Region, weitere sieben wünschten ein Mehr an Kommunikation und Begegnung mit Deutschen oder auch international. Hier zeigte sich eine Übereinstimmung mit den in Friedland geäußerten Vorstellungen (vgl. Zwischenbericht).

Während fünf einen Ausbau des Unterhaltungsprogramms (Feste, Wettbewerbe etc.) erhofften, nannten sechs Maßnahmen zur Stärkung des Kollektivs und der Interessenvertretung sowie Veranstaltungen zur Geschichte der Russlanddeutschen als wichtige Ergänzungen. Einige Beiträge bezogen sich zudem auf eine generelle stärkere Ausrichtung der Programme auf Jugendliche.

- **Zusammenfassung**

Insgesamt wir deutlich, Migrationsprozesse pluralisieren sich. Doch bedeutet dies nicht, dass eine beliebige, große Vielfalt der Lebenschancen für Migranten und Migrantinnen entsteht. Migration ist ein risikoreiches Projekt mit der Hoffnung auf ein besseres Leben, vor allem für die nächste Generation. Diese Perspektive wird in der Realität häufig enttäuscht.

Die Russlanddeutschen wissen bereits vor der Ausreise um die Relativität der Chancen. Sie antizipieren, dass ihnen erhebliche Barrieren zur beruflichen und gesellschaftlichen Integration entgegenstehen werden. Dies betrifft vor allem die Hochqualifizierten. Es fehlt Ihnen jedoch an genauen Kenntnissen über die Beschaffenheit und Funktionsweise der Barrieren, so dass sie ihre eigene Betroffenheit nicht abschätzen können.

Offensichtlich ist es wichtig, den jeweils einzelnen Auswandernden in seiner persönlichen Situation wahrzunehmen und Hilfekonzepte zur Unterstützung an den jeweils vorhandenen Fähigkeiten und Fertigkeiten zu orientieren. Hamburger (2009) fordert den Abschied von der Interkulturellen Pädagogik. Es geht um Erfassung der Ressourcen, die Aktivierung von vorhandenen Potentialen der Einwandernden. In der Sozialen Arbeit wird dies neuerdings unter dem Stichwort Agency diskutiert.

Dies könnte jedoch schon intensiver in Russland beginnen. Eine alltagsorientierte Beratung der Einzelnen über Chancen und Risiken einer Migration bedeutet nicht, Migrationsprozesse anzustoßen. Vielmehr würden den Betroffenen die für eine abgewogene Entscheidung nötigen Wissensgrundlagen an die Hand gegeben. Das Ergebnis wäre hierbei offen und könnte auch darin bestehen, dass Einzelne die Option der Migration wieder verwerfen, da sie erkennen, dass die intendierten Ziele kaum realisierbar sind. Daher könnte diese aus unserer Sicht auch bei der GTZ oder den deutschen Häusern angesiedelt sein.

Sinnvoll wäre darüber hinaus auch eine intensive Beratung derjenigen, die sich bereits fest zu einer Ausreise entschlossen haben, um diesen aufzuzeigen, wie sie sich über den Erwerb von Sprachkenntnissen hinaus für ihren Beruf vorbereiten können. Ideal wäre, bereits in Russland Kurse zur Adaption häufiger Bildungsabschlüsse an Anforderungen des deutschen Arbeitsmarktes anzubieten. Wo ein solches Angebot angesiedelt sein könnte, wäre zu klären.

Dass sich jedoch gegenwärtig Spätaussiedler, die bereits beim Antrag auf Aussiedlung ihren beruflichen Werdegang offen gelegt haben, manchmal noch Jahre nach ihrer Einwanderung in Kompetenzfeststellungsmaßnahmen wieder finden, ohne dass bis dahin auch nur die Frage einer möglichen Anerkennung der mitgebrachten Qualifikation geklärt wäre, ist nicht nur für die Betroffenen, sondern auch für die aufnehmende Gesellschaft eine unerträgliche Situation.

Aber auch was die Angebote für Russlanddeutschen in Russland allgemein angeht, lassen sich aus unserer Untersuchung wichtige Anregungen gewinnen. Es besteht durchaus Interesse an der deutschen Kultur, doch ist dies nicht das zentrale Anliegen der Betroffenen. Die Interessen der Jugendlichen gehen vielmehr in Richtung auf den Spracherwerb sowie Ausflüge und Begegnungen. Alle diese Maßnahmen können jedoch den Bleibewillen der Betroffenen kaum stärken, da die Migrationsmotive vielmehr im Materiellen begründet liegen.

Es fällt auf, dass die überwiegende Zahl der Russlanddeutschen eigentlich im Lande verbleiben will. Migration wird durchaus als Entbettung gesehen, denn Familieverbände lösen sich auf, Freundschaften erodieren, der gesamte Lebensraum verändert sich, nicht zuletzt wird der geographische Raum vermisst, die Weite des Landes. Migration erscheint als Option zur Verbesserung der materiellen Lage und wird doch als Verlust von Heimat antizipiert. Es geht nicht mehr primär darum als „Deutscher unter Deutschen" zu leben, sondern um die Überwindung von Armut und ebenso darum, der Enge der bisherigen Lebensstruktur zu entgehen. Doch dazu will man eigentlich nicht auswandern, sondern würde dies lieber im Lande realisieren. Die sozio-ökonomische Situation lässt jedoch eine Emigration als ratsam erscheinen. Bisweilen schimmert die Hoffnung auf, diese nur als Zwischenschritt zu sehen, um die Chancen im Herkunftsland nach erfolgter Ausbildung zu verbessern. Der Aspekt der Remigration, so ist zu vermuten, wird an Bedeutung gewinnen. Dies wird wahrscheinlich besonders für zwei Gruppen gelten, einmal diejenigen, die sich hier nicht haben einbetten können, die in sozialer Isolation verharren, arbeitslos sind und am Rande der Gesellschaft stehen, eine zweite Gruppe wird beruflich qualifizierte Menschen umfassen, die ihre wachsenden Chancen im Herkunftsland sehen.

25 Quo vadis Soziale Arbeit? Soziale Arbeit im Übergang

Offensichtlich ist die gesellschaftliche Entwicklung voller Widersprüche. Das prognostizierte Sozialpädagogische Jahrhundert hat sich nicht realisiert. Im Gegenteil, soziale Arbeit steht unter erheblichem Druck.

In der medialen Präsentation werden Bedrohungsszenarien entworfen, ein Bild massiver Tendenzen abweichenden Verhaltens gezeichnet. Zunehmende Jugendkriminalität wird festgestellt, Untersuchungen belegen wachsende Kinderarmut. Fälle von Kinderverwahrlosung werden zunehmend dokumentiert und die Nichtbeachtung von problematischen Fällen durch die Jugendämter angeprangert, Sozialarbeiter zur Verantwortung gezogen, ob der Verletzung ihrer Aufsichtspflicht und der mangelnder Erbringung von Hilfe- und Unterstützungsleistungen.

Deutschland erscheint auf den Listen zur Versorgung im „Vorschulbereich", in der Krippen- und Tagsbetreuung, auf den hinteren Plätzen im europäischen Vergleich. Die mangelnde Durchlässigkeit der Schulsysteme und die unzureichende Unterstützung von Kindern und Jugendlichen mit Migrationshintergrund werden kritisiert.

In der Binnenstruktur sozialarbeiterischen Handelns werden blinde Flecken gesehen. Parteilichkeit führe tendenziell zur selektiven Wahrnehmung, so z.B. im Scheidungsverfahren zur einseitigen Fixierung auf vermutete geschlechtsspezifische Problemkonstellationen.

Ohne hier zu diskutieren, warum bestimmte Handlungen auffallender werden, die Darstellungen von Gewalthandlungen bis hin zum Kindesmord nehmen zu. Die Rolle der Soziale Arbeit in der Risikogesellschaft zu diskutieren, war ein beliebtes Thema in der Disziplin. Doch was als Beitrag gedacht war, auszuloten, was Soziale Arbeit zur Abfederung der Lebensbedingungen in der Risikogesellschaft leisten könnte, gerät nun zum Gegenteil: Ist die Soziale Arbeit selbst das Risiko im Bereich der Sozialen Systeme?

Soziale Arbeit, die sich auch immer als emanzipative Profession verstanden hat, hat den pädagogischen Impetus, den Einzelnen bei der Entfaltung seiner Fähigkeiten und Kompetenzen zu unterstützen, möchte sich als einen Schritt auf dem Weg zur Entfaltung einer zusehends menschlicher werdenden Gesellschaft sehen. Gesellschaftstheoretische Annahmen legen dies aber nur bedingt nahe. Die Gesellschaft entwickelt sich in der Industriegesellschaft nicht zur Gemeinschaft. Comtes Stadiengesetz, das eine positive Entwicklung der Gesellschaft vorhersah oder auch Spencers Differenzierungsansatz, der die Kohärenz in einer gesellschaftlichen Verschiedenheit sah, haben sich nicht realisiert.

Wie weiter oben anhand verschiedener gesellschaftstheoretischer Überlegungen verdeutlicht, befindet sich die Gesellschaft in einem Übergang. Die gesellschaftliche Entwicklung ist voller Widersprüche, Moderne nicht mit Modernität zu verwechseln und reflexive Modernisierung meint nicht Selbstreflexion, sondern Unsicherheit, Polarisierung und das Entstehen neuer Grenzen. *Marginalisierung und Entwurzelung sind Folgen der Globalisierung und Ursache für Migrationsprozesse, die sich wahrscheinlich noch steigern werden.*

Die „großen Erzählungen" der Soziologie beschreiben nur z. T. die Veränderungen und Entwicklungen innerhalb der Gesellschaft. Bei Giddens wird die Entbettung der Menschen hervorgehoben, Beck betont die Individualisierung, Castells umgrenzt die Network-Society, Huntington beschreibt den „Kampf der Kulturen" und Bauman verdeutlicht, wie die Modernisierung zur Exklusion führt. Die Veränderungen innerhalb der Gesellschaft verweisen auf eine zunehmende Erosion der Sozialstruktur, eine Auflösung sozialer Milieus und eine sich weiter verfestigende Polarisierung.

Neben Gewaltphänomenen tritt Kinder- und Altersarmut hervor. Man kann die Grundsituation des Lebens in der Moderne als ambivalent beschreiben: Der Strukturierung steht Entstrukturierung der Lebensbedingungen und -verläufe entgegen. Entgrenzt, individualisiert und verdichtet sind die Lebenslagen. Als zentraler Moment der Verdichtung lassen sich Veränderungen im schulischen und Ausbildungsbereich erkennen.

Die flüchtige Moderne verlangt einerseits stabile und kohärente Identitäten, andererseits immer schneller und in kürzerer Zeit mehr Wissen zu erwerben. Beschleunigung der Lebensprozesse ist das Stichwort der Moderne, die Analysen von Hartmut Rosa sind wegweisend. Offensichtlich kommen die gesellschaftlichen Teilsysteme mit den veränderten zeitlichen Strukturen kaum mit. Es besteht das Problem der Synchronisation. Hinzu kommen die grundlegenden Veränderungen des Aufwachsens. Eine klar abgegrenzte Jugendphase gibt es nicht mehr.

Es steigen die Anforderungen an Kinder und Jugendliche, Wissensvermittlung wird vorverlagert (Erwerb von Fremdsprachen und naturwissenschaftlicher Grundkenntnisse im Kindergarten) oder verkürzt durch z.B. das „Turboabitur" und die Lerninhalte so verdichtet, dass z.B. in Niedersachsen im Rahmen des Geschichtsunterrichts Frauen kaum eine Rolle spielen (HAZ v. 2.3.09:24). Dem folgte Soziale Arbeit durch die Aufnahme neuer Lerninhalte im

Vorschulbereich. In den 70er Jahren war dies unter dem Stichwort kompensatorische Erziehung als Antwort auf den damaligen Sputnikschock in die Kindergartenpädagogik aufgenommen worden. Der Ausgleich schichtenspezifische Defizite durch gezielte didaktische Konzepte sollte dazu beitragen, Benachteiligungen im sprachlichen, kognitiven und sozialen Bereich auszugleichen. Der restringierte Code der Unterschicht sollte durch den elaborierten der höheren Schichten ersetzt werden. Dann entdeckte man den „Unfug" der kompensatorischen Erziehung und ließ - für einige Zeit - die Kinder spielen.

Auch jetzt zielen die „neuen" Lerninhalte im Vorschulbereich darauf, die Chancen für den weiteren Bildungsweg des Einzelnen zu verbessern und nicht zuletzt, Kindern mit Migrationshintergrund Chancengleichheit auf ihrem schulischen Weg in Ansätzen zu geben. Positiv gesehen, bedeutet die Expansion pädagogischer, präventiver, niedrigschwelliger und lebensweltnaher Angebote nicht nur zunehmende Lernchancen, sondern die Möglichkeit, das Sozialverhalten der Kinder zu prägen und so z.B. zur Gewaltprävention beizutragen. Im Sinne von Rosa ist deshalb zu fragen, ob wir nicht „Entschleunigungsinseln" brauchen.

Seckinger umgrenzt eindrucksvoll die möglichen Auswirkungen der Verdichtung auf die Soziale Arbeit:

- Kürzere Bearbeitung der Fälle,
- Diagnose statt Aushandeln,
- Zunahme externer und interner Controllingverfahren,
- Individualisierung der Verantwortung,
- Marktwirtschaftliche Prinzipien bestimmend für Soziale Arbeit.

In der Binnenlogik der Sozialen Arbeit gibt es viele Gründe für diese Prozesse. Aber Regulierungsmaßnahmen verstärken sich und führen wiederum zur Verdichtung. Schnelle Entscheidungen werden zur Reduktion der Komplexität verlangt. Insgesamt lassen sich drei Aspekte der Sozialarbeitsentwicklung festhalten, hier vor allem im Kinder- und Jugendbereich, die Seckinger nicht ohne Ironie beschreibt:

- Sie werden Mitglied im Orchester der Verdichter (Mitwirkungspflicht und Sanktionen),
- Teil der Wellnesscombo (Soziale Arbeit als Kompensation für Leistung),
- oder sie ordnen sich der Exklusionskapelle zu (Bootcamps) (Seckinger 2007).

Die Disziplin ist offensichtlich am Scheideweg. Dies ist nicht neu. In ihrer Geschichte hat Soziale Arbeit sich häufig neue Akzente gesetzt, siehe das Paradigma der Lebenswelt gegen die Überorientierung an konflikttheoretischer und antagonistischer - Widersprüche auflösender - antikapitalistischer Jugendarbeit.

Prinzipiell geht es darum, mit widersprüchlichen Anforderungen umzugehen. Aus der soziologischen Analyse und der derzeitigen weltweiten krisenhaften Entwicklung, deren Ausmaß noch kaum abzusehen ist, wird deutlich, dass die Prognose nicht besonders gewagt ist, wenn man feststellt:

- Die Uneindeutigkeit moderner Gesellschaften wächst,
- Exklusion schreitet mit der Modernisierung einher (Bauman).

In der Gesellschaftstheorie selbst, wird *Zeit* zu einer wichtigen gesellschaftlichen (Analyse)Kategorie. Dieses Thema war in der Soziologie etwas verschüttet, obwohl es durchaus eine Reihe von (Freizeit)Analysen gab. Diese erfolgten mehr unter dem Aspekt der Zeitnot von Frauen oder aber unter der Betrachtung pädagogisch „sinnvoll" genutzter und vermuteter zunehmend freier Zeit in der (nach)industriellen Gesellschaft. Die IG-Metall-Initiative zur 35-Stundenwoche rief Freizeitpädagogen auf den Plan, zur „sinnvollen" Freizeitgestaltung beizutragen (vgl. Vahsen 1986).

Das Stichwort ist unseres Erachtens jedoch der Umgang mit Ambivalenzen. Wie bereits weiter oben ausgeführt, entwarf Simmel schon um 1890 das Konzept der Ambivalenz. Es geht um die Entwicklung, die Zwiespältigkeit erzeugt und ständig neu produziert[87].

Die Strukturen der Ambivalenz sind erkenntnistheoretisch, sozial und psychisch aufzufächern. Die Bewältigung der Ambivalenzen hängt ab von Toleranz, Freiheit, Verantwortung und der Solidarität. Dies klingt altmodisch, ist aber - wie die aktuelle Krisensituation uns lehrt - hochaktuell. Hier müssen nicht unbedingt die eklatanten Einkommensunterschiede, die Dumpinglöhne für Leiharbeiter, die Bonus-Zahlungen für Manager und vieles andere mehr herangezogen werden, sondern es geht um den gesellschaftlichen Kitt insgesamt.

Politik muss sich zu einer Politik der Ambivalenzbewältigung entwickeln. Die Frage ist, ob die derzeitigen Ansätze zur Krisenbewältigung dies sind. Die Aussichten auf die heilende Wirkung der staatlichen Milliardensubventionen sind unbestimmt. Ob dies zur multiplikativen Wirkung von Investitionen führt und damit zum volkswirtschaftlichen Ziel des stetigen Wachstums beiträgt, dies hängt von vielen Imponderabilien ab. Es ist zu vermuten, dass dieses Prinzip Verwerfungen noch verstärkt, da die Selektivität der Förderung zwangsläufig zur Aufhebung des Freien Marktes als dem Strukturprinzip der Sozialen Marktwirtschaft führt. Auch die Steuerung der Nachfrage durch direkte Transferzahlungen wie bei der Abwrackprämie findet ein Ende, und was geschieht dann?

---

[87] Ambivalenz, daran sei erinnert, ist Zweiwertigkeit, Ambiguität ist Zweideutigkeit.

Bauman fragt, ob es eine neue Ethik der Gerechtigkeit gebe? Dazu gehört offensichtlich nicht, ALG-II-Empfängern die Abwrackprämie (nicht) zu gewähren. Doch bleiben wir abstrakter, es geht darum die Prinzipien von Freiheit, Verschiedenheit und Solidarität auszubalancieren. Dies gilt sowohl für die Sozialarbeiter als auch für das Klientel. Dafür ist jedoch kein Patentrezept vorhanden. Aber es geht um Offenheit als Prinzip. Dies bedeutet:

- Information über und Akzeptanz der Widersprüche und Unterschiede
- Mitwirkung an deren Auflösung

Das Leiden an der Gesellschaft ist aber nicht das zentrale Thema, sondern die Auflösung von Verdichtungsprozessen: Versucht man nun diese gesellschaftstheoretische Verortung auf die Theorie und Praxis der Sozialen Arbeit zu beziehen, dann sind zwei Dimensionen zu unterscheiden, der disziplinäre und der professionsbezogene Aspekt.

Unter Disziplin wird hier ein:

- *abgrenzbarer Bereich (Ausschnitt: Sozialer Probleme nach Mollenhauer) verstanden,*
- *der spezifische Theorien und Paradigmen beinhaltet,*
- *wissenschaftliche Methoden zur Erkenntnisgewinnung anwendet und eine*
- *eigene Geschichte hat* (Mollenhauer 1989).

Unter Paradigmen werden in Anlehnung an Thomas Kuhn, der in seinem Werk „die Struktur wissenschaftlicher Revolution" den Begriff geprägt hat, Theorien, Konzepte, Modelle verstanden, die Gültigkeit beanspruchen und erklären wollen. Sie sind im übertragenen Sinn Landkarten zur Orientierung. Sie haben relative Gültigkeit und können häufig nur falsifiziert werden (Karl Popper).

Der Profession wird folgendes zugeordnet:

- *Aufgabenbereiche in einer spezifischen Praxis,*
- *Handlungskönnen/berufliche Standards (Wissen und Methoden),*
- *Ethos, beruflicher Habitus und*
- *eine eigene berufliche Organisation.*

Letztlich ist unklar, auf wen die Bezeichnung Soziale Arbeit oder Sozialpädagogik zurückgeht. Buchkremer nennt Mager als den Vater der Profession und Disziplin. Andere greifen auf Adolf Diesterweg zurück. Wieder andere lassen Sozialpädagogik/Soziale Arbeit erst mit Paul Natorp beginnen.
Unabhängig von dieser begrifflichen Zuordnung, der Frage, ob Studierende im Studium Wissen und Können erwerben oder auf Kompetenzen in der Praxis

zurückgreifen (müssen), die sie schon vor dem Studium erworben haben (Ackermann, Thole) verdichten Seelmeyer und Otto die Disziplin auf drei Ansätze/Paradigmen:

- *Soziale Arbeit als Fürsorgewissenschaft (Wiederherstellung der zerbrechenden Gemeinschaft) - nach Scherpner.*
- *kritischer Ansatz (Deformation von Menschen in gesellschaftlichen Zusammenhängen aufheben)*
- *modernisierungstheoretischer Ansatz (professionelle Hilfe soll dazu beitragen, unter normalen Bedingungen zu leben)*

Wie weiter oben diskutiert, bleibt zu fragen, was Erziehung zur Normalität bedeutet. Die soziologischen Beschreibung verweisen eher auf das Nicht-Normale, denn das greifbare, beschreibbare standardisierbare Handeln, das in einen festen Bezugsrahmen gebracht werden kann wie es z.B. in der amerikanischen Soziologie Parsons mit seinen Mustern alternativer Orientierung zwischen Gemeinschaft und Gesellschaft anstrebte, oder Robert Merton mit seiner Theorie abweichenden Verhaltens.

Wenn wie bei Bauman, das Leben als atomisiert gesehen wird, wir alle Spieler sind oder wie bei Giddens den sozialen Bezügen entbettet, dann lässt sich, so man dieser Beschreibung des Lebens in der Moderne folgt, kaum Normalität beschreiben, geschweige denn in Handlungsanweisungen fassen.

An zwei eigenen Versuchen einer Definition von Sozialer Arbeit soll verdeutlicht werden wie unterschiedlich Gegenstand, Bereich und Aufgaben der Sozialen Arbeit als Wissenschaft und Profession gesehen werden können:

- *Soziale Arbeit ist die Wissenschaft und Profession, die sowohl soziale Fragestellungen und Probleme von Individuen und/oder Gruppen, deren Ursachen und Beseitigungschancen beschreibt und erklärt, als auch die Möglichkeiten eines gelingenden Lebens für alle Altersgruppen systematisch untersucht und aufweist.*
- *Soziale Arbeit trägt (vorbeugend) dazu bei, soziale Ungleichheit(en) zu verringern, Lebenslagen und -chancen für den Einzelnen zu verbessern und die Teilhabe an gesellschaftlichen und sozio-kulturellen Aktivitäten und Prozessen zu ermöglichen, durch Mitwirkung an und Gestaltung der jeweiligen Lebens-/Alltagswelt ihrer Adressat(inn)en.*

Die zweite Definition betont den Handlungsaspekt, die professionelle Orientierung der Sozialen Arbeit und bezieht sich ausdrücklich auf den Einzelnen. In der ersten Definition schwingt stärker der Aspekt der Analyse mit und zugleich der Anspruch, Soziale Arbeit auch als Wissenschaft zu sehen. Jedoch wird hier ausdrücklich nicht von einer Sozialarbeitswissenschaft gesprochen, vielmehr der

Bezug zu sozialen Fragen im Sinne von Mollenhauer hergestellt, sich mit spezifischen Problemen auseinanderzusetzen, die andere Professionen und Disziplinen nicht bearbeiten. Hier wird deutlich: Schon die begriffliche Differenzierung schafft unterschiedliche Akzente und Zielsetzungen sowohl für die Disziplin, als auch für die Profession. In beiden Definitionen ist Agency nur implizit aufgenommen. Dies gilt ebenso für Empowerment oder ressourcenorientierte Ansätze. Soziale Arbeit wird hier auf die Idee einer lebensweltorientierten Sozialen Arbeit bezogen. Dieser Ansatz enthält nach wie vor viel Substanz und ist letztlich nicht - siehe das Kapitel zur Lebensweltorientierung - systematisch ausbuchstabiert. Der Sozialraum als wichtige Dimension der Sozialarbeit wird hierin zum Sprechen gebracht, aber eben nicht als abstrakter Bereich, sondern als auf die jeweilige Lebenswelt bezogener.

Da vom Fortbestand sozialer Ungleichheiten auszugehen ist, ist jedoch der Ansatz, diese zu verringern, auch ein zentraler. Offensichtlich ist Soziale Arbeit in der Mitte der Gesellschaft angekommen. In den Seminaren erläutern wir dies mit der Wahrscheinlichkeit, mit dem Jugendamt als Klient in Kontakt zu kommen. Da im Scheidungsverfahren das Jugendamt zur Sorgerechtsregelung für Kinder Stellung bezieht, ist es sicherlich zutreffend vorherzusagen, dass in Anbetracht der Scheidungsziffern, ein erhebliche Teil der im Seminarraum anwesenden Studierenden mit einer den Fall bearbeitenden Jugendamtsmitarbeiterin in Kontakt kommen wird, die dann eine Empfehlung an das Gericht weiterleitet. Raunen geht jeweils durch den Hörsaal.

Soziale Arbeit ist sozusagen ein normalisiertes Hilfesegment. Dies wird im Vorschulbereich genauso deutlich wie in der Altenarbeit. Denn auch hier geht es nicht nur um Pflege, sondern auch um Bildung, Gestaltung des Alltags. Dennoch schwinden die klassischen Felder nicht. Das weite Feld der Jugendhilfe bleibt genauso wie Familienhilfe, andere dehnen sich eher aus, wie Altenarbeit, Schulsozialarbeit und Vorschulpädagogik. Verändert haben sich die Verfahren. Diagnostische Methoden haben an Bedeutung gewonnen, Kontraktvereinbarungen mit den Klienten legen Entwicklungspläne fest, nicht nur im Jugendhilfebereich, sondern auch im Bereich der Migranten, der psycho-sozialen Hilfen generell.

Der Sozialraum erscheint dabei als wichtiger Orientierungspunkt für die derzeitige soziale Arbeit. Zugleich ist aber die Überbetonung der räumlichen Zuordnung zu erkennen. Hier entstehen Momente der Etikettierung. Dies gilt insbesondere für die Migrationsarbeit, da hier räumliche Zuordnung von Migranten zu Wohnbereichen vorschnell als Absonderung interpretiert werden kann.

Der von Thole und Hamburger angesprochene Aspekt der reflexiven Modernisierung ist aus soziologischer Sicht Einsicht schaffend. Jedoch bedarf es der Handlungskomponente. Wie setzt sich dieses Wissen in Handlungen um, die dazu beitragen, die Lebenswelt des Einzelnen zu verbessern, Defizite auszugleichen und Perspektiven aufzuzeigen? Die inspirierende Betrachtung der gesellschaftlichen Struktur schafft noch kein professionelles Handeln. In diesem Sinne fehlt der Analyse der Lebensbedingungen in einer gespaltenen Konkurrenzgesellschaft die Umsetzung in Handlungsstrukturen. Bildlich gesprochen: Der Diagnose müsste die Beschreibung der Heilung folgen und das Benennen der einzusetzenden Verfahren.

Offensichtlich setzen sich aber im Feld der sozialen Arbeit unterschiedliche Handlungstendenzen durch, die der Profession und Disziplin unterschiedliche Pfade weisen. Lutz nennt zwei prinzipiell verschiedene, jedoch grundlegende Perspektiven der Sozialen Arbeit. Auf den Punkt gebracht geht er davon aus, dass eine Zwei-Klassen-Soziarbeit entsteht oder sich bereits in Konturen abzeichnet, die zwischen einer Sozialen Arbeit der Suppenküchen und einer Sozialen Arbeit der professionelle, individuelle Beratung und Betreuung auf sozialwirtschaftlicher Basis unterscheidet (Lutz, 2008: 9).

In diesem „wegweisenden" Artikel umgrenzt der Autor die beiden alternativen Entwicklungspfade der Sozialen Arbeit, die auch Auswirkungen auf den beruflichen und ökonomischen Status der Sozialarbeiter/innen haben. Lutz betont, dass der Begriff Sozialwirtschaft populär werde. Dahinter würden sich neue Positionen und veränderte Wege sozialarbeiterischen Denkens und Handelns verbergen. Dazu stellt er vier Thesen auf:

- Soziale Arbeit muss die Forderung nach „Ökonomisierung" konstruktiv aufnehmen,
- sich noch viel konsequenter als Dienstleister begreifen,
- Aktivierung und Selbstorganisation des Klientel ausbauen,
- den Spagat zwischen ethischem Selbstverständnis und aktuellen politischen und ökonomischen Anforderungen bewältigen (Lutz 2008:3).

Lutz geht davon aus, Soziale Arbeit trage zur fürsorglichen Vernachlässigung bei. Die derzeitigen Sicherungssysteme entmündigten Betroffene, ihre großzügige Organisation entlaste den Einzelnen davon, eigene Entscheidungen zu treffen, und verstärke so seine Abhängigkeit.

Im Prinzip geht es um die:

- Aktivierung zur Verantwortung und privater Vorsorge. Dies entspreche dem Bild des Menschen in der Moderne,
- jeder solle eigennütziger „Unternehmer" sein,
- Soziale Arbeit sei als Sozialwirtschaft im Sinne eines Kontraktmanagements zu gestalten,
- wettbewerbliche Organisation der Hilfesysteme sei sinnvoll (ebd.: 3f.).

Dies bedeute die Überwindung des „Doppelten Mandats" der Sozialen Arbeit, Hilfe und Kontrolle als Strukturmerkmale seien zusehends obsolet. Durch die Betrachtung des Klienten als Kunden komme die Sozialwirtschaft in der Ökonomie an. In der aktivierenden Sozialarbeit gehe es darum, den Einzelnen zu befähigen, das Leben in eigener Verantwortung zu gestalten (ebd.: 6).

Dieser Ansatz entspricht allerdings nur bedingt der Idee der Agency wie von Homberg u.a. formuliert und weiter oben dargestellt. Es geht hier um eine paradigmatische Neuorientierung einer betriebswirtschaftlichen Angebotssteuerung durch *Kontraktmanagement*. Die Klientenversorgung ist ein (marktwirtschaftliches) Produkt, das den Bestand des Trägers/Anbieters sichert. Es gedeiht ein neues Selbstverständnis: Im Kontext der Steuerungsmodelle, des Kontrakt- oder Casemanagement steht einem Leistungsanbieter ein souveräner Leistungsabnehmer gegenüber. Damit wird auch die fürsorgerische Belagerung durch klare Prinzipien von Planung abgelöst. Im Assessment werden Formen und Stärken der Klienten analysiert und darauf basierende Trainings- und Integrationsprogramme entworfen (ebd.: 7).

Die Frage nach der Ethik des Sozialen stellt sich somit neu:
- Die Idee des „Guten Lebens" muss mit Ökonomisierung verbunden werden,
- das doppeltes Mandat wird überwunden - Hilfe und Kontrolle beschreiben nicht mehr die moderne Soziale Arbeit,
- Es geht um die Umsetzung von Hilfemaßnahmen, die: anbietend, beratend, unterstützend und aktivierend wirken.

Aber dennoch: Dienstleistung sei nicht Kontrolle. Es heiße Abschied zu nehmen vom Postulat der Parteilichkeit der Hilfe, sie werde zur Dienstleistung. Dennoch solle der Sozialarbeiter Aufträge ablehnen, wenn sie nicht dem code of ethics entsprechen.

Das Ziel der aktivierenden Sozialen Arbeit orientiere sich zunehmend an der Entwicklung von Gemeinschaften, so z.B. im Quartiersmanagement, den Programmen zur Sozialen Stadt. Am Beispiel des „Persönlichen Budgets" wird deutlich, hier handele es sich um Kunden, die sich auf dem Markte jene Unterstützung kaufen, die sie benötigen. Es gehe nicht um die Erziehung zur Armut, sondern um die Autonomiesteigerung des Kunden.

Deshalb sei eine Reformulierung des Sozialen notwendig. Nicht kollektive Daseinsfürsorge, sondern Selbstsorge und Risikomanagement würden zum zentralen Gegenstand. Damit entferne sich Soziale Arbeit von der Idee des „Helfens" und werde zur Steuerung sozialer Prozesse (so z.B. Ausbau von Netzen,

Förderung von Gemeinschaften, die im Sinne guter Nachbarschaft für sich sorgen).

Planung und Steuerung von Prozessen wird zum Kern der Sozialen Arbeit. Dazu gehört auch der Nachweis der Effizienz der in Auftrag gegebenen Maßnahmen. Der Nachweis ihrer Wirksamkeit erfolgt unter dem Begriff der „Evidence based social work". Auch wenn dies als Technologisierung der Sozialen Arbeit kritisiert werden könne, so trügen belegbarer Erfolg doch dazu bei, die Arbeit für den Klienten und die Organisation des Hilfeprozesses aufzuwerten (ebd.: S. 8).

Prinzipiell wandle sich das Berufsbild. Es kommt zur Polarisierung von Management und ausführender Sozialer Arbeit, einerseits als Dienstleister und Motivator zur Aktivierung individueller Kräfte und andrerseits zur Elendsverwaltung im Rahmen von Kontroll- und Überwachungsprogrammen. Dies führe zu einer „Bruchstelle" der Sozialen Arbeit und deute sich bereits an. „Suppenküchen, Tafeln, Kleiderkammern, kostenloses Mittagessen für Kinder, Arbeitslosenfrühstück, Restaurant des Herzens und viele weitere Instanzen der karitativen Notversorgung haben sich seit einiger Zeit als Basisversorgung für Menschen etabliert, die in Armut bzw. in extremer Armut leben" (ebd.: 8). Diese Hilfeangebote trügen allerdings nicht zur Aktivierung der Menschen bei und schrieben gewissermaßen das Elend fest, indem es nur noch verwaltet und gelindert werde.

Dies kritisiert Lutz, der propagiert, dass in Zukunft nur noch diejenigen eine effektive und professionelle Hilfe erhalten sollen, die motiviert und fähig sind, sich selbst zu engagieren. Folglich spalte sich Soziale Arbeit auf in eine „harte" und eine „weiche" Sozialarbeit. Die weiche Sozialarbeit unterstütze die Selbstentfaltung, die harte orientiere sich an den marginalisierten Klienten.

Soziale Arbeit reformuliert sich, sie könne sich durch die Orientierung an den Aktivierungsfähigen von dem Arme-Leute-Geruch befreien. Dies führe auch zu wachsenden Lohnunterschieden in der Profession. Die soziale Arbeit der Suppenküchen etc. habe nur niedrige Budgets, sei auf Spenden und Almosen angewiesen und nicht zuletzt auf das Ehrenamt.

Die Konsequenzen dieser Zwei-Klassen-Sozialarbeit sind klar. Dies alles führt zu einer „Neuprogrammierung des Sozialen". Aktivierung auf der Seite der Fähigen, Versorgung, Verwaltung und Kontrolle derjenigen, die zur Aktivierung nicht fähig oder willens sind.

Bei dieser Beschreibung wird nicht deutlich, ob es sich um eine Analyse der zukünftigen Sozialen Arbeit handelt, als Mechanismus der sich verändernden Lebensbedingungen in der Moderne, oder ob es sich um einen unterstützenswerten Prozess handelt, der Soziale Arbeit in Teilen gesellschaftsfähig werden lässt. Im Ringen um Anerkennung erscheint der Begriff der Sozialwirtschaft als Substitut für Soziale Arbeit durchaus verlockend. Hinter der klaren Konturierung der Zwei-Klassen-Sozialarbeit verschwinden die Differenzierungen.

In diesen Zeilen schimmert jedoch etwas auf, was auf den Verlust einer helfenden Haltung verweist. Soziale Arbeit wird genormt, Kontraktvereinbarungen legen fest, was in einem Zeitraum X zu erfolgen hat, dies wird evaluiert, die stellvertretende Deutung und Unterstützung löst sich in klare Konturen auf.

So kann man dem Internet Jugendhilfeangebote in Russland entnehmen, für deutsche Jugendliche, die in der derzeitigen Herkunftssituation keine Chance haben. In einem engen Bezugsrahmen und den damit einhergehenden Konflikten sowie im gemeinsamen Erleben sollen diese eigenen Fähigkeiten wiederentdecken und ihr Selbstwertgefühls gestärkt werden. Als Herausforderung wird das Erlernen der russischen Sprache genannt (trent-jugendhilfe: 1).[88]

Dieses Lutzsche Modell würde bei seiner Umsetzung hinter die historisch ausformulierten Ansätze der Sozialen Arbeit weit zurückfallen. Wir erinnern uns, schon bei Nohl ging es um die Überwindung der reinen Fürsorge, der Armenpflege. Bildung, Jugendpflege und Jugendfürsorge sollten verschmelzen und Sozialpädagogik zu einem umfassenden Erziehungs- und Hilfeangebot neben Elternhaus und Schule werden. In der Nachkriegszeit haben Müller, Kentler und Mollenhauer Ansätze einer emanzipatorischen Sozialen Arbeit skizziert. Trotz der Unterschiede der einzelnen Ansätze, ob mehr individuumsbezogen (Sünker) oder mehr gesellschaftskritisch - wie z.B. bei Otto/Schneider ausformuliert. Es ging um die Einheit von Erziehungs- Bildungs- und Hilfeprozessen.

Dies aufzuteilen ist fatal. Nicht nur, dass hier die eigene Profession diskreditiert würde, es stigmatisiert auch das Klientel. Die alleinerziehende Mutter mit Migrationshintergrund, die sich selbst und ihr Kind über „Tafel"-Angebote miternährt, erscheint dann nur noch als menschlicher Abfall wie Bauman es formuliert. Hier wird seine pessimistische Weltsicht zum Sozialpädagogischen Programm.

Die Profession und Disziplin muss diesen Tendenzen entgegentreten. Dazu sind auch die Hochschulen aufgerufen. Was zunächst als neutrale Zeitdiagnose Sozialer Arbeit erscheint, ist zutiefst inhuman. Es ist zugleich von großer Simplifizierung und unangemessener Kategorisierung. In unserer Untersuchung zu den Lebensperspektiven von eingewanderten Russlanddeutschen wird als eine zentrale Dimension immer wieder betont, eine „würdige Arbeit zu finden".

---

[88] Wir haben in Asovo in Sibirien, einem Gebiet, in dem noch viele Russland-Deutsche leben, einen Jugendlichen getroffen, der dort im Rahmen einer Jugendhilfemaßnahme war. Das Gespräch mit ihm löste in unserer Gruppe große Betroffenheit aus.

Dies wird leider in der gesellschaftlichen Realität nur bedingt eingelöst. Kontraktmanagement erscheint dann bisweilen als zynische Reaktion hilfloser Helfer auf die fehlenden Möglichkeiten und Chancen beruflicher Partizipation in der Postmoderne. Nicht zuletzt wird betont, soziale Arbeit als Sozialpolitik zu begreifen und zu gestalten. Der Weg von der helfenden Mission zur sozialen Dienstleistungsfunktion kann nicht der der dargestellten Reformulierung des Sozialen (sic!) sein. Dies wäre die Preisgabe sozialen Helfens und Unterstützens.

Gerade wenn soziale Ungleichheiten zunehmen, man nehme z.B. die Leiharbeit, die in Deutschland nach wie vor eklatant unterschiedliche Bezahlung von Männern und Frauen beinhaltet, dann muss Soziale Arbeit um ihr politisches Mandat ringen.

Die Postmoderne entspricht offensichtlich eher dem Baumanschen Konzept der flüchtigen Moderne, denn der Gestalt einer polyphonen Vielfalt, die neue Chancen eröffnet und Strukturen auflöst, durchlässig macht und Chancen eröffnet.

Der Thiersch'sche Blick auf die Alltag- und Lebenswelt der Adressaten ringt um die Unterstützung von Menschen, „Erziehung, Bildung, Beratung und der Organisation von Ressourcen" (Thiersch 2009:241). Auch wenn das von ihm prophezeite sozialpädagogische Jahrhundert bisher nicht begonnen hat, so ist seine Rahmung der Sozialen Arbeit weiterhin aktuell, die Defizite im Widerspruch von Gesellschafts- und Lebensansprüchen zu erkennen und deren Beseitigung „einzuklagen". Gerade dies gelte in der „an technischer und wirtschaftlicher Effektivität orientierten Zeit" (ebd.: 236).

Soziale Arbeit will Hilfe geben bei der Lebensbewältigung. Das Lebensweltkonzept bedarf der Operationalisierung. Dies stellt Thiersch (2009: 5) selbst in der Einleitung zu der neunten Auflage seines Buches zur lebensweltorientierten Sozialen Arbeit fest. Unabhängig davon, dass dies forschungsmethodisch schwierig ist, verweist der sozialpolitische Impetus seines Werkes auf den nach wie vor gültigen Kernansatz der Profession, Not zu wenden, den Menschen zu helfen, den immer komplexer und undurchschaubarer werdenden Alltag zu gestalten.

Thiersch selbst verweist in Anlehnung an Elias darauf, dass dieser Ansatz ein normativer ist, dass es sowohl um das Untersuchen der Erfahrensdimension von Menschen geht, ihr Erleben und ihre Mitwirkung an der Reproduktion von Strukturen, als auch um die ungeplanten und blinden Verflechtungsmechanismen beim Wandel gesellschaftlicher Lebensbedingungen (ebd.: S.53). Letztlich will auch der weiter oben dargestellte subversive Ansatz von Thole u.a. die reflexive Modernisierung erkennen und dies in das Projekt Soziale Arbeit integrieren. Hier verbindet sich Soziale Arbeit mit der soziologischen Analyse von

Giddens und Beck. Dieses entspricht in der Geschichte der Sozialpädagogik auch der von Otto u.a. formulierten gesellschaftskritischen, aber auch professionskritischen Orientierung der Disziplin. Hier war Soziale Arbeit im Kern Gesellschaftstheorie. Sein Ansatz der Erziehung zur Normalität ist von ihm als das Konzept des dienstleistungsorientieren Professionshandelns weiter entwickelt worden.

Thole umgrenzt in den „Grundrissen Soziale Arbeit" aktuelle Positionen/Paradigmen der Sozialen Arbeit:

- Lebenswelt (H. Thiersch)
- Dienstleistungsorientiertes Professionshandeln (Dewe/Otto)
- Lebensbewältigung als sozialpolitisch inspiriertes Paradigma (Böhnisch)
- Hilfe als Ansatz der Sozialen Arbeit (Hillebrand)
- Bildung (Sünker)
- Soziale Arbeit und Problembewältigung (Staub-Bernasconi).

Rauschenbach hält drei Kernaspekte der Sozialen Arbeit fest:

- „Erziehungstatsache",
- soziale Probleme (Inklusion und Exklusion),
- Lebensbewältigung/Lebensführung

Fasst man unterschiedliche Blickweisen auf das Proprium der Sozialen Arbeit zusammen, dann wir deutlich, es gibt nicht *das* gültige Paradigma. Gerade hier ist unseres Erachtens jedoch nach wie vor das Thiersch'sche Konzept wegweisend, wenn auch nicht ausbuchstabiert in seiner Forschungsanwendung.

Die Dichotomisierung der Beschreibung der Zweiklassensozialarbeit von Lutz kann durch eine differenzierte Beschreibung und Erfassung des Alltagslebens, der Lebenswelt, der darin enthaltenen Widersprüche, Grenzen und Probleme, überwunden werden.

Forschungsmethodisch müsste ein Instrumentarium entwickelt werden, dass die Alltäglichkeit genauer in einzelnen Dimensionen erfasst. Es erscheint dazu notwendig, die rekonstruktiven Forschungspfade durch quantitative zu ergänzen und beide Analyseansätze miteinander zu verbinden. Nicht nur vom Einzelfall zum Typus sollte die Analyse gehen, sondern auch die differenzierten Möglichkeiten quantitativer Sozialforschung sollten in die forschungspraktische Umsetzung stärker integriert werden. Dann lassen sich die Erkenntnisse um die Entwicklung der Profession und Disziplin weniger spekulativ und voluntaristisch gewinnen und können in Zusammenhang mit einzelnen Problemkonstellationen in jeweiligen sozialen Feldern gestellt werden.

Zwischen Suppenküche und Agency klafft ein weites Handlungsfeld mit je spezifischen Aufgaben und Traditionen. Doch außerdem geht es um eine professionelle Haltung, quer durch die Handlungsfelder hindurch. Wenn Soziale Arbeit kalkuliert, ob der Einzelne, in Casemanagement und Kontraktverfahren eingebunden, überhaupt die berechenbare Erfolgsquote der sozialen Hilfeinvestition erfüllt, dann wird sie zur Sozialtechnologie. Es könnten dann mathematische Modelle entwickelt werden, ob sich die jeweilige Investition lohnt und/oder rentiert. Wie hoch ist z.B. die Wahrscheinlichkeit, dass ein älterer Migrant angemessen Deutsch lernt, um hier eine spezifische Arbeitsstelle zu finden?[89]

Um nicht falsch verstanden zu werden, es geht nicht darum, Soziale Arbeit aus Begründungszusammenhängen ihres Tuns zu entlassen, zugunsten rein intuitiver Vorgehensweisen im Kontext subjektiver Hilfeintentionen. Es geht im Gegenteil darum, ihren paradigmatischen Kern substantiell auszugestalten und dies gerade im Kontext von Forschungsverfahren zur Erarbeitung geeigneter Unterstützungsleistungen in den verschiedenen Handlungsfeldern. Es geht um die Überprüfung und Evaluation von laufenden Verfahren - siehe z.B. die Hilfekonzepte für Jugendliche und deren Unterbringung in Sibirien.

Es geht aber vor allem darum, sozialarbeiterisches Handeln nicht holzschnittartig zu rekonturieren und damit zwischen brauchbarer/verwertbarer und letztlich überflüssiger zu unterscheiden. Dies ist nicht so weit von einer Strategie der Ausgrenzung entfernt und/oder einer Bestrafung der Unwilligen, in welcher Form auch immer.

---

[89] Dazu könnten Wortschatztests entwickelt werden. Sollte im Verlauf der Sprachkurse sich Defizite herausstellen, so wäre er nach entsprechender Evaluation an die Soziale Arbeit der Suppeküchen zu verweisen.

26 Nachhaltige Entwicklung und Wiedergewinnung des Gemeinschaftssinns

Im Kontext der dargestellten soziologischen, demographischen und mehr alltagspragmatischen Betrachtung der gesellschaftlichen Entwicklung ergeben sich für die weiteren Perspektiven einige Hinweise.

Die Kernfragestellung ist die, was die Zukunft bestimmt. Wir haben weiter oben festgestellt, dass das von Thiersch (1992) erwartete sozialpädagogische Jahrhundert sich nicht eingestellt hat. Die derzeitige ökonomische Situation ist offensichtlich eine Strukturkrise, die - ausgelöst im Bankensektor - sich ausdehnt und weitgehend den ökonomischen und sozialen Bereich ergreift. Lokale Kürzungen des Sozialen sind an der Tagesordnung. Der Dominoeffekt der zusammengebrochenen Bankenkredite erreicht viele Bereiche der Produktion, sei es die Autoindustrie, deren Zulieferungsindustrie oder auch mittelständische Betriebe.

Man kann das Ganze als strukturellen Bereinigungsprozess sehen, in dem die so genannten Grenzkostenbetriebe und diejenigen, die nicht dem Schumpeterschen Typus der dynamischen Unternehmerpersönlichkeit entsprechen, aus dem Markt gedrängt werden. Dies führt dann tendenziell zur Marktbereinigung und bei offenen Markverhältnissen - ohne Erhaltungssubventionen oder Verzerrung durch monopolartige Marktsituationen - zu einer Balance zwischen Angebot und Nachfrage. Nach dieser reinen Marktlehre wäre die Krise auch ein Gewinn, denn Preise für Waren, Güter und Dienstleistungen würden sich dann einpendeln und dem freien Spiel des Marktes entsprechen. Es ist derzeit müßig zu spekulieren, was nach den globalen staatlichen Interventionen und Stützungen lokal und weltweit geschieht.

Doch die Diskurse um die Entwicklung sind nicht neu: Der Krisendiskurs ist in Deutschland - abgesehen von einem kleinen Zwischenhoch der Verringerung der Arbeitslosenzahlen - aktuell. Armut und prekäre Lebenssituationen wurden in den letzten Jahren in vielfach dargestellt

Schwengel greift den Entwicklungsdiskurs auf und stellt fest: Zukunft ist weder Fortschreibung von bekannten Entwicklungen, noch gibt es Ereignisse, die schlechterdings unvorhersehbar sind. Ihm zufolge geht es um eine operative

Periodisierung des Diskurses. Man könne aus der Geschichte lernen. Drei Bereiche ragen heraus:

- Mit der europäischen und deutschen Vereinigung am Ende des letzten Jahrhunderts, beginne die Krise.
- Die erste moderne Globalisierung entfalte sich schon vor dem ersten Weltkrieg. Der Beginn der Fließbandproduktion und der damit einhergehenden Lebensweise sei bis heute gültig.
- Aber, es gebe schon weiter zurückliegende okzidentaler Einschnitt einer Neuzeit und Renaissance und Entfaltung einer orientalischen Zivilisation.

Die grundlegende Frage ist: Haben wir die Fähigkeit zur Erneuerung? Gibt es einen neuen humanistischen Baukasten? Gelingt es eine Verbindung unternehmerischer Interessen mit gesellschaftlichen Gruppen herzustellen? Kann man wirtschaftliche Leistungsfähigkeit und soziale Verantwortung miteinander in Einklang bringen?

Nach Schwengel sind die zentralen Themen der Zukunft Arbeit, Risiken und Bildung. Aus seiner Sicht gibt es vier zentrale strukturelle Problemlagen:

- Auf new economy folgte Abschwung in Deutschland und Japan.
- Der Zusammenbruch des Ostens und die Wiedervereinigung führten zu einer Dominanz von Indien und China.
- Der deutsche Kapitalismus hat seinen Entwicklungshorizont überschritten (England und Schweden erneuerten sich schneller).
- Die Krise ist viel stärker eine deutsche als angenommen. Schon Adenauers Rentenmodell war falsch.

Die Eliten hätten den Wandel insgesamt nicht erkannt. Neue Eliten werden gefordert: Sogenannte chief-knowledge-officers werden gesucht. Es gehe darum, Arenen für Ideen und Interessen und neue Koalitionen zu finden (Schwengel 2005:20). Dies alles wurde geschrieben, bevor die strukturelle Krise Amerika und die Welt ergriffen hat. Doch schon davor hatte Meadows (1972) die „Grenzen des Wachstums" publiziert, ein Buch, das schon in den 70iger Jahren eindringlich die Folgen der exzessiven Industrialisierung beschrieb.

Die UN-Kommission für Umwelt und Entwicklung setzte sich unter Brundlandt in der Folgezeit mit der Beschreibung und Festlegung der „Nachhaltigen Entwicklung" auseinander. Nachhaltige Entwicklung meint: „Die Bedürfnisse der gegenwärtigen Generation zu befriedigen, ohne die Fähigkeiten künftiger Generationen zu beeinträchtigen, ihre eigenen Bedürfnisse zu befriedigen" (Meadows, 2000:125).

242

Meadows stellt folgendes fest: Nachhaltige Entwicklung ist im Englischen ein Begriff, der ein „Teekessel" ist:

- Der Begriff sei im Englischen (sustainable development) ein Oxymeron (Beispiel: Eile mit Weile).
- Ins Deutsche übertrage würde dies bedeuten, „etwas dauerhaft zu entwickeln oder zu entfalten" (Meadow, 2000: 127).

Nach Meadows ist es zu spät für eine nachhaltige Entwicklung. Deutlich wird dies an der Übernutzung und den schrumpfende Vorräten an Grundwasser, Wäldern, Fischen und Ackerböden (ebd.: 139). Hinzu kommen immer mehr Ansammlungen von Müll und Schadstoffen, ein zunehmend höherer Kapitalaufwand, um vorhandene Ressourcen zu gewinnen und die entstandenen Schäden zu kompensieren, so z.B. bei der Abfallbeseitigung und -aufbereitung. Dies alles führt aus seiner Sicht dazu, dass immer weniger in menschliche Ressourcen wie Bildung, Gesundheitsfürsorge, Schutz vor Obdachlosigkeit investiert wird.

Insgesamt gibt es weniger Solidarität und eine wachsende Kluft zwischen Besitzenden und Habenichtsen. Dieses Szenario entspricht der Baumanschen Erkenntnis der zerfallenden Gesellschaft, der Feststellung des zunehmenden, auszusondernden menschlichen Abfalls. Hier realisiert sich das von Lutz beschriebene Klassenmodell der Sozialen Arbeit nicht durch die Unterscheidung in sozialwirtschaftliche Ansätze und die Restversorgung für die am Rande Stehenden, sondern die Weltgesellschaft sorgt selbst für den Untergang. Wir sind in diese Entwicklung hineingeworfen, alles geschieht scheinbar unausweichlich.

Doch Meadows entwickelt auch ein Konzept einer das „Überleben sichernden Entwicklung". Für das survival development, als Begriff bewusst gegen den Begriff sustainable development gesetzt, bedarf es einer neuen Ethik. Wir leben in einer „verzögerten Wahrnehmung der Realität". Das Ökosystem ist überlastet, es befindet sich in der Phase der Übernutzung. Gleichzeitig wird die Bevölkerung weltweit in vielen Ländern schrumpfen. Was bedeutet dies für die Produktion, den Austausch von Waren, Ströme von Geld und Nahrungsmittel, aber auch die Bearbeitung der Folgen der industriellen Produktion wie Umweltverschmutzung und Verringerung der natürlichen Ressourcen? Die Migrantenströme werden nicht geringer. Wie wird dies geregelt und nach welchen ethischen Normen? Dies alles wird aus seiner Sicht zu einer „drastischen Verschiebung" bei Fragen der Gerechtigkeit führen. Es besteht die Grundtendenz, dass die Besitzenden, Mächtigen das System in einer Weise beeinflussen wollen, „dass sie behalten, was sie haben" (ebd.: 146).

Es gelte Formen der Politik und internationale Organisationen zu finden, die nicht dem Mythos der nachhaltigen Entwicklung folgen, sondern helfen, das

Potential an katastrophalen Brüchen zu verringern. Dennoch seien Zusammenbrüche durch die Übernutzung faktisch unvermeidlich. Es gehe darum, Zukunftsmodelle - auch wenn sie wenig populär und attraktiv sind - zu entwickeln, die dies erkennen und helfen, die Zeitspanne zwischen Problemdefinition und angemessener Reaktion darauf zu verringern.

Offensichtlich setzt hierbei Meadows nicht auf vorhandene internationale Organisationen im Gegensatz zu Huntington, der in seinem Buch „Kampf der Kulturen" auf weltweite Verständigung setzt, sozusagen als Gegenpol zu den beschriebenen Konfliktlinien in und zwischen den Gesellschaften. Der Rückgriff auf Menschenrechte als Orientierungspunkt für alle, die Weltgesellschaft im Sinne einer sustainable Entwicklung zu gestalten, löst sich im Nichts auf, da aus den Menschenrechten sich letztlich nur moralische Appelle ableiten lassen, die nicht mit realer Macht zu ihrer Durchsetzung verbunden sind.

So bleibt am Ende dieser Ausführungen kein „Guter Schluss" im Sinne von Brecht als Wunsch und Illusion. Eine Menschenrechtsprofession auszuformulieren, erscheint als schwierig. Nicht nur Luhmann äußert hier Zweifel, auch die skizzierten Theorien verweisen mehr in eine Richtung einer ungewissen Entwicklung, die allerdings hoffentlich nicht im Zweiklassenmodell ihre Realisierung findet. Andrerseits sind die moralischen Appelle mehr Gemeinsinn zu entwickeln, familienbezogene Werte zu stärken, sich ethisch so zu verorten und so zu handeln, dass der soziale Kitt hält, eben auch nur Appelle und unterliegen bisweilen auch dem Ideologieverdacht.

In den beschriebenen gesellschaftlichen Umbrüchen ist aber eine Selbstreflexion der Sozialen Arbeit ob ihrer eigenen ethischen Grundlagen und Standards durchaus geboten. Wenn Gerechtigkeit ein offener und mit unterschiedlichem Inhalt füllbarer Begriff ist, so ist lebensweltorientierte Soziale Arbeit im Sinne von Thiersch durchaus ein Moment, im Alltag Lebensbedingungen und Handlungsmuster zu gestalten, die zur Verbesserung der Lebensverhältnisse beitragen.

Wenn Thiersch von Modernisierungsrückständen schreibt, die die Soziale Arbeit aufholen solle (2009:254), so wäre zu fragen, ob dies nicht auch für ihre paradigmatischen Orientierungen gelten müsste. Einige Ansätze sind gewillt, neue Erklärungsmuster zu finden, sind jedoch letztlich zu eng, die Profession und Disziplin in ihrer Weite zu erfassen. Doch dies ist für die soziologischen Analysen nicht anders. Sie beschreiben letztlich nur einen Teil gesellschaftlicher Realität und Entwicklung.

Das Projekt Soziale Arbeit muss nicht neu gedacht werden. Soziale Arbeit sollte über die Erkenntnisse vorhandener analytischer und methodischer Zugriffe zurückgreifen, diese auf die Erklärung und Beschreibung spezifischer sozialer Probleme anwenden können und versuchen, zu deren Lösung durch professionelles Handeln beizutragen.

Soziologisches Wissen und Phantasie ist eine Grundlage der Betrachtung gesellschaftlicher Probleme und deren weiterer Entwicklung. Dem kann sich soziale Arbeit bedienen durch das Erkennen von Ungleichheit, Absonderung, Ausgestoßen-Werden, Über- und Unterordnung, abweichendem Verhalten und vieles anderes mehr. Doch Soziale Arbeit ist eben auch Handeln in einem Praxisfeld. Dazu bedarf es der Kenntnis unterschiedlicher Methoden. Hier geht Soziale Arbeit über die soziologische Diagnose hinaus und steht in der Pflicht ethischer Prinzipien, die sich sowohl auf die individuelle Autonomie des/der Betroffenen beziehen als auch auf das Leben in einer Gemeinschaft und deren Gestaltung.

Mitzuwirken, Lebensbedingungen *gerecht* zu gestalten, erscheint uns als der gemeinsame Nenner sozialpädagogischer Intentionen. Eine gerechte Gesellschaft orientiert sich an der Chancengleichheit für den Einzelnen und eine zentrale Bedingung für Gerechtigkeit ist „die Bereitstellung von Bildungs- und Weiterbildungsmöglichkeiten (Henkes/Petring 2007:59). Der universale Zugang zu umfassenden Bildungsangeboten ist eine Voraussetzung, „damit *jeder* seine Talente ausbilden kann." Es muss darum gehen, „diejenigen die aus dem Arbeitsmarkt heraus gefallen sind, zu befähigen, in diesem Markt (...) wieder Fuß zu fassen" und drittens muss die Vereinbarkeit von Beruf und Kindern durch „allgemein zugängliche Kinderbetreuung" ermöglicht werden (ebd.: 53).

In diesem Rahmen ist es die sozialpolitische Aufgabe der Sozialen Arbeit, sich gegen das Zwei-Klassen-Modell zu stemmen und mitzuwirken, die „Befähigungen" von Menschen in das Zentrum der Überlegungen zu stellen, Individuen so auszustatten, dass sie ihre Lebenspläne verwirklichen können. Es geht also nicht nur um die nachträgliche Bearbeitung von Ungleichheit, sondern vielmehr darum zu verhindern, dass soziale Nachteile sich verfestigen, es geht um die Verhinderung dauerhafter sozialer Exklusion (ebd.: 52).

Unterschiedliche Gerechtigkeitsentwürfe, gleich ob man sie eher auf den Aspekt der „Ergebnisgleichheit" - möglichst gleicher Anteil für alle am Ergebnis der gesellschaftlichen Kooperation - oder aber auf die „Leistungsgerechtigkeit" - Anspruch auf die Früchte der eigenen Arbeit - bezieht, beide Ansätze verweisen auf ein umfassendes Spektrum sozialer Unterstützung und Hilfen.

Eklatante Diskrepanzen der Bildungschancen (Schönwalder 2007) belegen die Notwendigkeit, grundlegende Bedingungen für die Integration von Menschen mit Migrationshintergrund zu schaffen. Nach Schönwalder muss es darum gehen, weniger auf unterschiedliche Werte und „vermeintlich trennende Kulturen" zu achten, denn „insbesondere soziale Ausgrenzung sowie Bildungs- und

Arbeitsmarktschancen im Zentrum politischer Aufmerksamkeit" zu haben (ebd.: 386).

Mitzuwirken, gleiche Chancen zur Teilhabe an gesellschaftlichen Gütern zu verwirklichen, dies ist der Kern der Sozialen Arbeit. Dies bedeutet insbesondere eine Förderung von Benachteiligten. Also nicht Menschenrechte als abstrakte Größe sind der Bezugspunkt sozialarbeiterischen Handelns, nicht Agency, nicht das Zweiklassenmodell, sondern es geht um die Umsetzung der Idee der Gerechtigkeit auf allen Ebenen unserer Gesellschaft.

Literaturverzeichnis

Ackermann, F. (1999): Soziale Arbeit zwischen Studium und Beruf: eine qualitativ-empirische Studie zur Berufseinmündung von AbsolventInnen des Fachbereichs Sozialwesen. Frankfurt/M., Berlin, Bern, New York, Paris, Wien

Alt, Ch. (Hrsg.) (2006): Kinderleben – Integration durch Sprache? Bd. 4 Bedingungen des Aufwachsens türkischer, russlanddeutscher und deutscher Kinder. Wiesbaden

Alt, Ch. (Hrsg.) (2006): Milieu oder Migration – was zählt mehr? Zur Bedeutung des Migrationshintergrundes. In: DJI Bulletin 76, Heft 3/2006, S.10-11

Auernheimer, G. (2006): Das Ende der „Normalität" und die soziale Arbeit in der Einwanderungsgesellschaft. In: Otto, H.-U./Schrödter, M. (Hrsg.)

Backe, D. (2007): Jugend und Jugendkulturen. Darstellung und Deutung. Weinheim und München

Bade, K. J./ Olmer, J. (2003^2): Aussiedler: deutsche Einwanderer aus Osteuropa. Göttingen

Badinter, E. (1981): Die Mutterliebe: Geschichte eines Gefühls vom 17. Jahrhundert bis heute. München, Zürich

Barbaschina, E./ Eisfeld, A./ Masurova, M. (1997): Ergebnisse der soziologischen Untersuchungen zu den Lebensbedingungen, Wertvorstellungen und Bildungsproblemen der russland-deutschen Jugend in Westsibirien. Deutsches Forschungszentrum an der staatlichen Universität Novosibirsk (masch.) Nowosibirsk

Bastians, F. (2004): Die Bedeutung sozialer Netzwerke für die Integration russlanddeutscher Spätaussiedler in der Bundesrepublik Deutschland. Bissendorf

Bauer, D.-J. (2007): Aussiedlerfamilien zwischen Tradition und Moderne. Eine empirische Untersuchung aus der Sicht russlanddeutscher Frauen. Saarbrücken

Bauman, Z. (1999): Das Unbehagen in der Postmoderne. Hamburg

Bauman, Z. (2005): Verworfenes Leben. Die Ausgegrenzten der Moderne. Hamburg

Beauvoir, S. de (1998): Das andere Geschlecht: Sitte und Sexus der Frau. Reinbeck bei Hamburg

Beck, U. (1986): Risikogesellschaft. Auf dem Weg in eine andere Moderne. Frankfurt/M.

Beck, U./ Giddens A./ Lash, S. (1996): Reflexive Modernisierung. Eine Kontroverse. Frankfurt am Main

Becker, S. (2006): Kultur oder Sprache? Zur Rechtsprechung nach dem Bundesvertriebenengesetz (BVFG). In: Retterath, H.W.

Birg H. (2005): Die ausgefallene Generation. Was die Demographie über unsere Zukunft sagt. München

BMI (Hrsg.) (2008): Migration und Integration. Aufenthaltsrecht, Migrations- und Integrationspolitik in Deutschland. Berlin

Boos-Nünning, U./ Karakaşoğlu, Y. (2005): *Viele Welten leben*: zur Lebenssituation von Mädchen und jungen Frauen mit Migrationshintergrund. Münster, New York, München, Berlin

Bosnjak, Michael (2003): Web-basierte Fragebogenuntersuchungen – Methodische Möglichkeiten, aktuelle Themen und Erweiterungen. In: IZ Sozialwissenschaften (Hrsg.): Online-Erhebungen. (Sozialwissenschaftliche Tagungsberichte, Bd. 7) Bonn

Braun, K.-H./ Krüger, H.-H. (Hrsg.) (1997): Pädagogische Zukunftsentwürfe. Opladen

Butler, J. (1991): Das Unbehagen der Geschlechter. Frankfurt/Main

Butterwegge, Ch./ Hentges, G .(Hg.) (2003): Zuwanderung im Zeichen der Globalisierung. Migrations-, Integrations- und Minderheitenpolitik. 2. Auflage, Opladen 2003

Castells, M. (1999): Materials for an exploratory theory of the network. (masch.) Berkeley (Article for the special Millenium issue of the british journal of sociology, July 1999)

Castells, M. (2003): Jahrtausendwende. Teil 3 der Trilogie: Das Informationszeitalter. Opladen

Castells, M./ Fernandez-Ardevol M./ Qiu J. L./ Sey A. (2007): mobile communication and society. a global perspective. Cambridge

Dannenbeck C./ Esser, F./ Lösch, H. (1999): Herkunft (er)zählt. Befunde über Zugehörigkeiten Jugendlicher. Münster, New York, München, Berlin

Dewe, B./ Otto H.-U. (1995): Professionelles soziales Handeln. Soziale Arbeit im Spannungsfeld zwischen Theorie und Praxis. Weinheim

Diekmann, A. (2006[15]): Empirische Sozialforschung. Grundlagen, Methoden, Anwendungen. Reinbek bei Hamburg

Diesendorf, V. (2007): Die deutsche Bevölkerung Russlands zu Beginn des 21. Jahrhunderts im Spiegel der Bevölkerungsstatistik. Referat gehalten anlässlich des Fachgesprächs „Geschichte und Gegenwart der Russlanddeutschen in der russischen Gesellschaft" Download von: http://www.ornis-press.de/files/diesendorf__viktor_-_die_deutsche_bevoelkerung_russlands_-_deutsch.pdf

Dietz, B. (1995): Zwischen Anpassung und Autonomie, Russlanddeutsche in der vormaligen Sowjetunion und in der Bundesrepublik Deutschland. Berlin

Dietz, B. (1997): Jugendliche Aussiedler. Ausreise, Aufnahme, Integration. Berlin

Dietz, B./ Roll, H. (1998): Jugendliche Aussiedler. Portrait einer Zuwanderergeneration. Frankfurt/M., New York

Düformantel, K.-D. (1998): Alltagsorientierte Forschung - Ist das Paradigma verblaßt? In: Huppertz, N. (Hrsg.) S.119-135

Eide, A. (2000): Der Prozess der Universalisierung der Menschenrechte und seine Bedrohung im Zeitalter der Globalisierung. In : Krull, W. (Hg.)

Eisfeld, A./ Barbaschina, E./ Mazurova, M. (1999): Integrationsprobleme der Russlanddeutschen in ihren neuen Siedlungsgebieten in Sibirien und Aufbau einer Datenbank. Deutsches Forschungszentrum an der Staatlichen Universität Novosibirsk. (masch.) Novosibirsk

Engelke, E. (1992): Soziale Arbeit als Wissenschaft. Freiburg, Breisgau

Engler, St. (1997): Geschlecht in der Gesellschaft - Jenseits des Patriarchats. In: Kneer, G./ Nassehi, A. /Schroer, M.

248

Finkeldey, L. (2007): Verstehen. Soziologische Grundlagen zur Jugendberufshilfe. Wiesbaden

Fooken, I. (2004): "Fremd im Land" - "Fit für die Zukunft"? Ressourcen und Risiken von jugendlichen Spätaussiedlern. In: Kritische Empirie. Lebenschancen in den Sozialwissenschaften; Festschrift für Rainer Geißler. Wiesbaden S. 471-488

Frik, O. (2006): Abschlussbericht zum Forschungsprojekt „Berufsbiographie und Identitätsentwicklung von Spätaussiedlerinnen aus der ehemaligen UdSSR: Auswirkungen auf Familie und Kindererziehung" (masch.) Hannover

Galdarev, B./ Oblasova. (2002): Ökonomisches Driften und moralische Konsolidierung. Soziale Netzwerkbeziehungen im postsowjetischen Russland. In: Oswald, I./ Dittrich, E./ Voronkov, V. (Hg.)

Galdarev, B./ Oswald, I. (2002): Rationalisierung arbeitszentrierter Lebensführung. Arbeitsstrategien der „sowjetischen Mittelklasse" im Wandel. In: Oswald, I./ Dittrich, E. / Voronkov, V. (Hg.)

Garnitz, M. (2006): Als Mann versagt? Rollenfindung und Rollenkonflikte in Spätaussiedlerfamilien – Erfahrungen aus dem Land Brandenburg. In: Heinrich-Böll-Stiftung (Hg.): Migration und Männlichkeit. Tagungsdokumentation im Eigenverlag. Berlin

Gelten die Menschenrechte überall? Oder sind sie nur ein Machtinstrument des Westens? Ein Gespräch mit den Philosophen Christoph Menke und Arnd Pollmann. Zeit v. 4.12.2008. Nr. 50

Giddens, A. (1999³): Konsequenzen der Moderne. Frankfurt/M.

Giesen, B. (1999): Identität und Versachlichung. Unterschiedliche Theorieperspektiven auf kollektive Identität. In: Willems, H./ Hahn A. (Hg.): Identität und Moderne. Frankfurt/M.

Glick Schiller, N./ Basch, L. and Blanc-Szanton, C. (1992): Towards a Transnational Perspective on Migration. Race, Class, Ethnicity, and Nationalism Reconsidered. Annals of the New York Academy of Science, Volume 645, July 6, New York

Grabowsky, S. (1999): Dimensionen kultureller Identität von Aussiedlern aus der ehemaligen Sowjetunion. In: Dolasse, R./ Kliche, T./ Moser, H.(Hrsg.): Politische Psychologie der Fremdenfeindlichkeit. Opfer – Täter – Mittäter. Weinheim/ München

Griese, B. (2006): Zwei Generationen erzählen. Narrative Identität in autobiographischen Erzählungen Russlanddeutscher. Frankfurt/M., New York

Grinberg, R.: Trugbilder des Aufblühens. http://www.rundschau.mv.ru/leser_d.htm am 06.05.08

Grothe, H. (1926): Grundfragen und Tatsachen zur Kunde des Grenz- und Auslandsdeutschtums. Jahrbuch des Vereins für das Deutschtum im Ausland. Dresden

Grunwald, K. u. a. (1996): Alltag, Nicht-Alltägliches und die Lebenswelt. Beitrag zur lebensweltorientierten Sozialpädagogik. Weinheim

Haertel, A. (2004): Deutsche Minderheiten in Osteuropa und Zentralasien. In: Feld, K./ Freise, J./ Müller, A. (Hg.): Mehrkulturelle Identität im Jugendalter. Münster

Hamburger, F. (2006): Konzept oder Konfusion? Anmerkungen zur Kulturalisierung der Sozialen Arbeit. In: Otto, H-U./ Schrödter, M. (Hrsg.)

Heins, V. (1997): Wirtschaftswunder durch Demokratieverzicht? Westliche Asienbilder im Zeitalter der Globalisierung. In: Universität Bielefeld, Institut für interdisziplinäre Konflikt- und Gewaltforschung, Forschungsnetzwerk für ethnisch-kulturelle Konflikte, Rechtsextremismus und Gewalt. Newsletter Nr.8 2/1997

Heitmeyer, W. (2000): Bedrohte Stadtgesellschaft: soziale Desintegrationsprozesse und ethnisch-kulturelle Konfliktkonstellationen. Weinheim, München

Henkes, Ch./ Petring, A. (2007): Die Zukunftsfähigkeit des deutschen Sozialstaats. In: Kocka, J. (Hg.): Zukunftsfähigkeit Deutschlands. Sozialwissenschaftliche Essays. WZB Jahrbuch 2006. Berlin

Hering, S./ Urban, U. (Hg.) (2004): „Liebe allein genügt nicht". Historische und systematische Dimension der Sozialpädagogik. Opladen

Hetherington, E. M. (1999): Coping with Divorces, Single Parenting and Remarriage: A Risk and Resilience Perspective. New Jersey, London

Hochstrasser, F. (2008): Zusammenhänge zwischen Konsumismus und Sozialer Arbeit. In: neue praxis 01/2008 S. 42-57

Hoffmeister, D. (2001): Mythos Familie. Zur Soziologischen Theorie familialen Wandels. Opladen

Höhns, G. (2004): Entwicklung der Berufsbildung in Russland – erste Schritte hin zur sozialen Partnerschaft. In: BWP, Heft 5, S. 47-50. (Download unter: http://www. bibb.de/de/17418.htm am 26.03.09)

Holzmüller, H./ Kiefl, W. (2000): Der Verlauf des Integrationsprozesses bei Aussiedlerfamilien aus den Staaten der ehemaligen UdSSR in den ersten zwei Jahren nach der Einreise. Forschungsbericht über die Pilotphase. München: DJI, Abteilung Familie und Familienpolitik.

Homfeldt, H.G.,/ Schröer, W./ Schweppe, C. (Hrsg.) (2007): Transnationalisierung Sozialer Arbeit. Transmigration, soziale Unterstützung und Agency. Neue Praxis, Heft 3/2007

Homfeldt, H.G.,/ Schröer, W./ Schweppe, C. (Hrsg.) (2008): Soziale Arbeit und Transnationalität. Herausforderung eines spannungsreichen Bezugs. Weinheim und München

Huntington, S. P. (1997[6]): Der Kampf der Kulturen: die Neugestaltung der Weltpolitik im 21. Jahrhundert. Frankfurt/M., Wien

Huppertz, N. (Hrsg.) (1998): Theorie und Forschung in der Sozialen Arbeit. Neuwied

Ipsen-Peitzmeier, S./ Kaiser, M. (Hg.) (2006): Zuhause fremd. Russlanddeutsche zwischen Russland und Deutschland. Bielefeld

Jakob, G./ v. Wensierski, H.-J. (Hrsg.) (1997): Rekonstruktive Sozialpädagogik. Weinheim und München

Junge, M. (2006): Zygmunt Bauman: Soziologie zwischen Moderne und Flüchtiger Moderne. Eine Einführung. Wiesbaden

Kaiser, M. (2006): Die plurilokalen Lebensprojekte der Russlanddeutschen im Lichte neuerer sozialwissenschaftlicher Konzepte. In: Ipsen-Peitzmeier, S. u.a.

Kaufmann, F.-X. (1995): Generationenbeziehungen und Generationenverhältnisse im Wohlfahrtsstaat. In: Lüscher, K./ Schultheis, F. (Hrsg.): Generationenbeziehungen in „postmodernen" Gesellschaften. Analyse zum Verhältnis von Individuum, Familie, Staat und Gesellschaft. 2. Auflage, Konstanz

Kelle, U. (2007): Die Integration qualitativer und quantitativer Methoden in der empirischen Sozialforschung. Theoretische Grundlagen und methodologische Konzepte. Wiesbaden

Kissler, A. (2004): Konsensmaschine a. D. Ein Nachruf auf den Nationalen Ethikrat zu Lebzeiten. In: Süddeutsche Zeitung v. 24.9.2004, Nr. 222, S.13

Klös, H.-P. (1998): Dokumentation, Bedeutung und Strukturen der Beschäftigung im Non-Profit-Sektor. iw-trends 2/98

Kneer, G./ Nassehi, A. / Schroer, M. (1997): Soziologische Gesellschaftsbegriffe. München

Knjazeva, O. (2009): Bericht über die Ergebnisse der Untersuchung in Tula. Vortrag auf dem Interpretationsworkshop in Hildesheim am 3.2.09

Kocka, J. (Hg.) (2007): Zukunftsfähigkeit Deutschlands. Sozialwissenschaftliche Essays. WZB Jahrbuch 2006. Berlin

Krull, W. (Hg.) (2000): Zukunftsstreit. Weilerswist

Kubsch, R. (2007): Die Postmoderne, Abschied von der Eindeutigkeit. Holzgerling

Kuhlmann, Carola (2008): Geschichte Sozialer Arbeit Band I - Studienbuch. Schwalbach/Ts.

Kuhn, T. (2007^2): Die Struktur wissenschaftlicher Revolution. Frankfurt/M.

Lindner, R. (2002): Konjunktur und Krise des Kulturkonzepts. In: Musner, L./ Wunberg, G.: Kulturwissenschaften. In Forschung-Praxis-Positionen. Wien

Lüders, Ch. (2007): Entgrenzt, individualisiert, verdichtet. Überlegungen zum Strukturwandel des Aufwachsens. In: SOS Dialog, Fachmagazin des SOS-Kinderdorf e.V.: Jugendliche zwischen Aufbruch und Anpassung. Sozialpädagogisches Institut (SPI) im SOS-Kinderdorf e.V. (Hrsg.). München

Luhmann, N. (1970): Soziologische Aufklärung. Aufsätze zur Theorie sozialer Systemen. Opladen

Luhmann, N. (1984): Soziale Systeme. Grundriss einer allgemeinen Theorie. Frankfurt/M.

Luhmann, N. (1993): Das Recht der Gesellschaft. Frankfurt/Main

Lutz. R. (2008): Perspektiven der Sozialen Arbeit. In: APuZ, Beilage zur Wochenzeitung das Parlament, 12-13/2008

Mane, G./ Vahsen, F. (2007): Zwischenbericht über die Ergebnisse der Erhebung in Friedland im Rahmen des Forschungsprojektes „Lebenslagen von Russlanddeutschen in Sibirien und Kasachstan – zwischen Bleiben und Auswandern – Konsequenzen für Hilfesysteme". Hildesheim. (masch.) Hildesheim (http://www.hawk-hhg.de/hawk/fk_soziale_arbeit/media/Mini_Bericht.pdf)

Mannheim, K. (1928): Das Problem der Generation. In: Kölner Vierteljahresheft für Soziologie 7. Jg., H. 2

Mannheim, K. (1964): Das Problem der Generation. In: Mannheim, K.: Wissenssoziologie. Auswahl aus dem Werk. Berlin, Neuwied

Maslova, E. (2009): Bericht über die Ergebnisse der Untersuchung in Nowosibirsk. Vortrag auf dem Interpretationsworkshop in Hildesheim am 4.2.09

Mavrina, I. (2009): Bericht über die Ergebnisse der Untersuchung in Omsk. Vortrag auf dem Interpretationsworkshop in Hildesheim am 3.2.09

Meadows, D. L. (1972): Die Grenzen des Wachstums: Bericht des Club of Rome zur Lage der Menschheit. Stuttgart

Meadows, D. L. (2000): Es ist zu spät für eine nachhaltige Entwicklung. Nun müssen wir für eine das Überleben sichernde Entwicklung kämpfen. In: Krull, W. (Hg.)

Mecheril, Paul (1997): Zugehörigkeitserfahrungen von anderen Deutschen. Eine empirische Modellierung. In: Soziale Welt. Sonderband 12, Nomos, 1997

Merten, R. (2002): Über die Möglichkeiten und Grenzen des Generationenbegriffs für die (sozial-)pädagogische Theoriebildung. In: Schweppe, C. (Hrsg.) (2002): Generation und Sozialpädagogik. Theoriebildung, öffentliche und familiale Generationenverhältnisse, Arbeitsfelder. Weinheim und München, S. 21-40

Mikos, L./ Hoffmann, D. / Winter, R. (Hrsg.) (2007): Mediennutzung, Identität und Identifikation. Weinheim und München

Mollenhauer, K. (1989): Sind die Begriffe Erziehung und Bildung revisionsbedürftig? In: Böllert, K./ Otto, H.-U. (Hg.) (1989): Soziale Arbeit auf der Suche nach der Zukunft. Bielefeld

Müller, H. (2001[4]): Das Zusammenleben der Kulturen. Ein Gegenentwurf zu Huntington. Frankfurt/M.

Müller, H.-P. (1993): Soziale Differenzierung und Individualität. Georg Simmels Gesellschafts- und Zeitdiagnose. In: Berliner Journal für Soziologie, H.2

Müller, R./ Calmbach, M./ Rhein, St./ Glogner, P. (2007): Identitätskonstruktion mit Musik und Medien im Lichte neuerer Identitäts- und Jugendkulturdiskurse. In: Mikos, L./ Hoffmann, D. / Winter, R. (Hrsg.) S. 135-147

Nassehi, A. (2006): Der soziologische Diskurs der Moderne. Frankfurt am Main

Nick, P. (2006): Mit Differenz leben - Interkulturalität als Querschnittsaufgabe der Sozialen Arbeit. In: Otto, H.-U./ Schrödter, M. (Hrsg.)

Nuscheler, F. (2003): Globalisierung und ihre Folgen: Gerät die Welt in Bewegung? In: Butterwegge, Ch./ Hentges,G. (Hg.)

Oelkers, J. (1997): Öffentlichkeit und Bildung: Zur historischen Genesis eines europäischen Konzepts. In: Braun, K.-H./ Krüger, H.-H. (Hrsg.)

Oelkers, J. (1997): Was bedeutet „Qualität" in der Pädagogik? In: Arnold, R. (Hrsg.): Qualitätssicherung in der Erwachsenenbildung. Opladen

Onuma, Y. (2000): Auf dem Wege zu einem interzivilisatorischen Verständnis der Menschenrechte. Für ihre Universalisierung durch Überwindung ihrer Orientierung am Westen. In: Krull, W. (Hg.)

Ostner, I. (19823): Beruf und Hausarbeit: die Arbeit der Frau in unserer Gesellschaft. Frankfurt/M., New York

Oswald, I./ Dittrich, E./ Voronkov, V. (Hg.) (2002): Wandel alltäglicher Lebensführung in Russland. Besichtigung des ersten Transformationsjahrzehnts in St. Petersburg. Münster, Hamburg, London

Oswald, Ingrid (2007): Migrationssoziologie. Weinheim und Basel

Otto, H.-U./ Seelmeyer, U. (2004): Soziale Arbeit und Gesellschaft - Anstöße zu einer Neuorientierung der Debatte um Normativität und Normalität. In: Hering, S./ Urban, U., (Hg.)

Otto, H.-U./ Schrödter, M. (Hrsg.) (2006): Soziale Arbeit in der Migrationsgesellschaft. Multikulturalismus-Neo-Assimilation-Transnationalität. Neue Praxis Zeitschrift für Sozialarbeit, Sozialpädagogik und Sozialpolitik, Sonderheft 8

Parsons, T. (1985): Das System moderner Gesellschaften. Weinheim, München

Poljan, Pawel/ Karatschurina, Lilija/ Mkrtschjan, Nikita (2004): Die Volkzählung in Russland 2002 und die demographische Realität. FG 5, 2004/01. Diskussionspapier. auf: www.swp-berlin.org/common/get_document.php?asset_id=980 am 08.02.08

Pries, L. (Hg.) (1997): Transnationale Migration. Soziale Welt, Sonderband 12, Baden-Baden

Procenko, O. (2007): Lebenslagen der Russlanddeutschen - Zum Stellenwert des Integrationskonzeptes im Grenzdurchgangslager Friedland. Diplomarbeit vorgelegt im SS 07 (masch.) Hildesheim.

Rauschenbach, Th. (2005): Theorie der Sozialen Arbeit. In: Thole, W. (Hrsg.)

Reitemeier, U. (2006): Aussiedler treffen auf Einheimische. Paradoxien der interaktiven Identitätsarbeit und Vorenthaltung der Marginalitätszuschreibung in Situationen zwischen Aussiedlern und Binnendeutschen. Tübingen

Rettrath, H. W. (Hg.) (2006): Russlanddeutsche Kultur: eine Fiktion? Schriftenreihe des Johannes-Künzig-Instituts Bd. 7, Freiburg

Richter, D. (1997): Weltgesellschaft. In: Kneer, G./ Nassehi, A. / Schroer, M. (Hg.)

Roll, H. (2002): Jugendliche Aussiedler Sprechen über ihren Alltag. Rekonstruktion sprachlichen und kulturellen Wissens. München

Rosa, H. (2005): Beschleunigung. Die Veränderung der Zeitstrukturen in der Moderne. Frankfurt/M.

Rosen, R. (1997): Leben in zwei Welten. Migrantinnen und Studium. Frankfurt/M.

Rouse, R. (1992): Making Sense of Settlement: Class Transformation, Cultural Struggle and Transnationalism among Mexican Migrants in the United States. In: Glick-Schiller, N./ Basch, L. and Blanc-Szanton, C.

Schefold, W. (2005): Sozialpädagogische Forschung. Stand und Perspektiven. In: Thole, W. (Hrsg.)

Scherr, Albert (2000): Ethnisierung als Ressource und Praxis. In: Prokla – Zeitschrift für kritische Sozialwissenschaft, H. 120/2000, S. 399-414

Schirrmacher, F. (2006): Minimum. Vom Vergehen und Neuentstehen unserer Gemeinschaft. München

Schönhut, M. (2008): Remigration von Spätaussiedlern: ethnowissenschaftliche Annäherungen an ein neues Forschungsfeld. In: IMIS-Beiträge Heft 33/2008

Schönwälder, K. (2007): Reformprojekt Integration. In: Kocka, J. (Hg.): Zukunftsfähigkeit Deutschlands. Sozialwissenschaftliche Essays. WZB Jahrbuch 2006. Berlin

Schwengel, H. (Hg.) (2005): Wer bestimmt die Zukunft? Wie die Verantwortlichen aus Politik, Wirtschaft und Gesellschaft die Weichen für eine gute gesellschaftliche Entwicklung stellen können. Frankfurt/M., Berlin, Bern, Bruxelles, New York, Oxford, Wien

Schweppe, C. (2005): Internationalität als Erkenntnispotential in der Sozialen Arbeit. Neue Praxis, Heft 6/2005

Seckinger, M. (2007): Verdichtung der Jugendphase. In: SOS-Dialog. Jugendliche zwischen Aufbruch und Anpassung. Fachmagazin des SOS-Kinderdorfes e.V.

Senghaas, D. (1989): Zivilisierung wider Willen. Frankfurt/M.

Sennett, R. (2006): Der flexible Mensch: die Kultur des neuen Kapitalismus. Berlin

Shell Deutschland Holding (Hrsg.) (2006): Jugend 2006. Eine pragmatische Generation unter Druck. Frankfurt am Main

Simmel, G. (1992): Soziologie, Untersuchungen über die Formen der Vergesellschaftung. Frankfurt/M. (Original 1908)

Simmel, G. (1995): Aufsätze und Abhandlungen 1901-1908. Bd. I Gesamtausgabe Bd. 7, Frankfurt/M.

Simmel, G. (1995): Soziologie des Raumes. In: Simmel, G.

Simmel, G. (1995): Über räumliche Projektionen socialer Formen. In: Simmel, G.

Simmel, G. (2008): Individualismus in der modernen Zeit und andere soziologische Abhandlungen. Frankfurt am Main (Original 1973)

Simmel, G. (2008): Soziologische Apriori. In: Simmel, G.

Smirnova, Tatjana (2003): Nemcy Sibiri: ėtničeskie processy i ėtnokul'turnoe vzaimodejstvie. Novosibirsk: Izdatel'stvo Instituta archeologii i ėtnografii SO RAN. Str. 38-44. [Deutsche in Sibirien: ethnische Prozesse und ethno-kulturelle Zusammenwirkung]

Staub-Bernasconi, S. (1995): Systemtheorie, soziale Problem und Soziale Arbeit: lokal, national, international. Oder: vom Ende der Bescheidenheit. Bern, Stuttgart, Wien

Staub-Bernasconi, S. (2005): Soziale Arbeit und soziale Probleme. In: Thole, W. (Hrsg.)

Steiner, E. (2008): Russland ist ein Paradies für Versandhändler. In: Die Welt, 09.04.08

Stern, M. J. (1999): Gesellschaftsanalyse und Soziale Arbeit Heute. Manuel Castells "The Information Age" und die Zukunft von Wohlfahrtsstaat und Sozialpolitik. In: Sozialwissenschaftliche Literatur Rundschau, 1/1999, SLR 38, S. 5-22

Struck-Soboleva, J. (2008): Zum Einfluss ethnischer Freundschaftsnetzwerke von Aussiedlerjugendlichen auf ihre Integrationschancen. Eine diskursanalytische Studie. Diss. Sekler Uni Hannover (download von www.intern.dji.de/bibs/FoBer_Struck-Soboleva.pdf am 17.09.09)

Thiersch, H. (1978): Alltagshandeln und Sozialpädagogik. In: Neue Praxis, H.1/78

Thiersch, H. (1995[2]): Lebensweltorientierte Soziale Arbeit. Aufgaben der Praxis im sozialen Wandel. Weinheim, München

Thiersch, H. (1998): Alltagshandeln und Sozialpädagogik. (Neue Praxis 1978) wiederabgedruckt in: Thole u.a.: KlassikerInnen der sozialen Arbeit. Neuwied

Thiersch, H. (2004): Widersprüche in der Sozialen Arbeit. In: Hering, S./ Urban, U.

Thiersch, H. (2009[7]): Lebensweltorientierte Soziale Arbeit. Aufgaben der Praxis im Sozialen Wandel. Weinheim und München

Thole, W. (Hrsg.) (2005[2]): Grundriss Soziale Arbeit. Wiesbaden

Thole, W./ Ahmed, S./ Höblich, D. (2007): Soziale Arbeit in der gespaltenen Konkurrenzgesellschaft. Reflexionen zur empirischen Tragfähigkeit der „Rede von der zweiten Moderne". In: Neue Praxis, Zeitschrift für Sozialarbeit, Sozialpädagogik und Sozialpolitik, Heft 2/2007

254

Thole, W./ Küster-Schapfl E.-U. (1997): Sozialpädagogische Profis: beruflicher Habitus, Wissen und Können von PägagogInnen in der außerschulischen Kinder- und Jugendarbeit. Opladen.

Thomas, T. (2007): Showtime für das „unternehmerische Selbst" – Reflexion über Reality-TV als Vergesellschaftungsmodus. In: Mikos, L./ Hoffmann, D./ Winter, R. (Hrsg.) S. 51-65

Tschöpe, I. (2003): Zwischen Doppel-Adler und Schwarz - Rot - Gold. Russlanddeutsche Frauen in der Transformation. Arbeitspapier. (download unter: http://www2.hu-berlin.de/ffz/dld/tschoepe.pdf am 28.08.09)

Vahsen, F. (2000): Migration und Soziale Arbeit, Konzepte und Perspektiven im Wandel, Neuwied/ Kriftel/Berlin 2000

Vahsen, F. G. (2003): Methodologische Aspekte zur Erforschung von Migrations-prozessen. In: Otto, H.-U./ Oelrich, G./ Micheel, H .G.: Empirische Forschung und Soziale Arbeit. Ein Lehr- und Arbeitsbuch. Darmstadt

Vahsen, F.(2005): Freizeitkulturarbeit zwischen German Oktoberfest und Sibirischem Volkstanz - Deutsch in Nordamerika und Sibirien. In: Zukunft - Freizeit – Wissen-schaft. Festschrift zum 65. Geburtstag von Univ.-Prof. Dr. Horst W. Opaschowski. Wissenschaftliche Schriftenreihe des Zentrums für Zukunftsstudien - Salzburg, Bd. 6. Wien

Vahsen, F./ Mane, G. (2008): РОССИЙСКИЕ НЕМЦЫ МЕЖДУ СЕГРЕГАЦИЕЙ И ИНТЕГРАЦИЕЙ. Russlanddeutsche Auswanderer zwischen Segregation und Integration. In: Kultura Nr. 14, 2008

Villány, D./ Witte, M. D. (2004): Jugendkultur zwischen Globalisierung und Ehnisierung. Global Clash – Der Kampf des Globalen im Lokalen am Beispiel Russlands. In: Zeitschrift für Erziehungswissenschaft, Heft 1/2004

Vogelgesang, W. (2008): Jugendliche Aussiedler. Zwischen Entwurzelung, Ausgrenzung und Integration. Weinheim und München.

Wagner, L./ Lutz, R. (Hrsg.) (2009): Internationale Perspektiven Sozialer Arbeit: Dimen-sionen - Themen – Organisationen. Wiesbaden

Wallerstein, J./ Blakeslee, S. (1992): Gewinner und Verlierer: Frauen, Männer, Kinder nach der Scheidung. München

Welsch, W. (2002^6): Unserer postmoderne Moderne. Berlin

Wendt, W. (1990): Ökosozial denken und handeln. Grundlagen und Anwendung in der Sozialen Arbeit. Freiburg i. B.

Westphal, M. (2003^2): Familiäre und berufliche Orientierungen von Aussiedlerinnen. In: Bade, K. J./ Olmer, J.

Westphal, M. (2007): Migration und Gender-Aspekte. In: Migration und Soziale Arbeit 1/2007 S.4-15

Wieck, Wilfried (1988): Männer lassen lieben: die Sucht nach der Frau. Stuttgart

Wollrad, E. (2005): Weißsein im Widerspruch. Feministische Perspektiven auf Rassis-mus, Kultur und Religion. Königstein/Taunus

World Vision Deutschland e.V. (Hrsg.) (2007): Kinder in Deutschland 2007. World Vision Kinderstudie. Frankfurt

Zima, P. V. (2001^2): Moderne/Postmoderne. Tübingen und Basel

Zinnecker, J. (2000): Kindheit und Jugend als pädagogische Moratorien. Zur Zivilisationsgeschichte der jüngeren Generation im 20. Jahrhundert. In: Benner, D./ Tenorth, H.-E. (Hg.): Bildungsprozesse und Erziehungsverhältnisse im 20. Jahrhundert. Praktische Entwicklungen und Formen der Reflexion im historischen Kontext. Zeitschrift für Pädagogik. 42. Beiheft. Weinheim, Basel S. 36-68

Presse und Internet:

Das Parlament Nr. 35-36 / 25.08.2008, von http://www.bundestag.de/dasparlament/ 2008/35-36/Thema/22103342.html am 02.12.08

DJI Bulletin 3/2006

http://www.daad-magazin.de/06408/index.html am 21.08.08

http://de.rian.ru/russia/20090209/120056319 am 13.07.09

http://www.perepis2002.ru/index.html?id=87 (Ergebnisse der russischen Volkszählung von 2002) am 21.08.08

http://ornis-press.de/aussiedler-befuerworten-integrationskonzept-in-friedland.637.0.html am 21.08.08

http://russland.ru/ruwir0010/morenews.php?iditem=17006 am 13.07.09

http://www.trent-jugendhilfe.de/html/auslandsprojekt_azovo_html, am 28.02.2009

Erläuterungen zu den Interviews

System der Interviewkennungen:

abcdx

a= Ort der Interviewführung
        D= Deutschland
        R= Russland
b= Herkunftsland der interviewten Person
        R= Russland
        K= Kasachstan
        Uk= Ukraine
        Us= Usbekistan
c= Geschlecht der interviewten Person
        M= männlich
        W= weiblich
d= Anfangsbuchstabe des Vornamens
x= Alter der interviewten Person

Verwendete Transkriptionszeichen

(.)	=	ganz kurzes Absetzen einer Äußerung
(..), (…)	=	Pause
(Pause)	=	längere Pause (mehr als 5 Sek.)
(mhm)	=	Pausenfüller, Rezeptionssignal
		auch (genau) oder (ja) im Text des Sprechers
sicher	=	auffällige Betonung
:sicher:	=	gedehnt
&	=	auffällig schneller Anschluss
(?)	=	Frageintonation
(leiser werdend):	=	andere Färbungen in der Art einer Regieanweisung vor der
(schnell):		Äußerung
		z.B.: Sprechweise, Tonfall
(Lachen)	=	Charakterisierung von nicht sprachlichen Vorgängen
(geht raus)		
[…]		unverständlich
[Kommt es?]		nicht mehr genau verständlich, vermuteter Wortlaut

VS Forschung | VS Research
Neu im Programm Soziale Arbeit

VS VERLAG FÜR SOZIALWISSENSCHAFTEN

Abraham-Lincoln-Straße 46
65189 Wiesbaden
Tel. 0611.7878 - 722
Fax 0611.7878 - 400

VS Forschung | VS Research
Neu im Programm Politik